모멘트 리더십

Moment Leadership

김성국 저

탑북스

필자가 2001년 봄, 미국 캘리포니아 대학교 버클리 캠퍼스의 교환교수로 있을 때 학교 앞 대학가의 서점을 기웃거리면서 한국에서 보지 못했던 새로운 서적들이 있는지 둘러보는 일이 잦았다. 때로는 차를 몰고 떠나, 이름 모르는 소도시의 책방에 들어가서 낯선 책들을 구경하는 쏠쏠한 재미에 빠지게 되었다. 그러다가 어느 서점의 서가에 꽂힌 『The Leadership Moment (2008)』[1]라는 단행본을 빼서 읽게 되었다. Wharton School의 리더십 센터장 Michael Useem이 펴낸 그 책에는 리더십에 성공한 리더들과 실패한 리더들의 이야기들이 흥미진진한 아홉 편의 스토리로 묘사되어 있었다. 예를 들면, 미국의 유명한 산악인 피터 힐러리의 실패담, 몬타나 주에서 발생한 위험한 산불 속에서 부하들을 무사히 구해낸 와그너 닷지 소방관 이야기, 달 탐험을 떠났으나 폭발사고로 기기고장을 일으킨 아폴로 13호의 승무원들을 무사히 지구로 귀환시켜야 하는 책임을 맡은, NASA의 유진 크랜츠 국장의 피를 말리는 시간과의 사투 등 감동적 이야기들이 이어져 있었다.

그 책을 사서 일독을 하고나서 필자는 『The Leadership Moment』의 저자가 책의 제목에 'Moment'라는 단어를 사용한 이유가 궁금해졌다. 리더십의 성공과 실패를 결정짓는 절체절명의 순간에 직면한 리더들에게 있어서 순간의 결단이 삶과 죽음을 가른다는 것을 알리려고 한 것이라고 나는 추측하였다.

그 후 한국으로 돌아온 내게 평소 리더십을 연구해 오던 동료 교수들이 리더십 관련 학회를 한번 만들어 보자는 제의를 해왔고, 2001년 가을, 나는 생각지도 않게 대한리더십학회 초대회장에 추대되었다. 회장으로서 필자는 리더십에 관심이 있는 사람들을 회원으로 가입시키고 봄과 가을에 한 차례씩 전국적인 학술대회를 개최하고 각종 세미나를 준비하는 등 분주한 시간을 보내면서도 언제 한번 '리더십 모멘트' 또는 '모멘트 리더십'에 대한 나의 생각을 정리하여 책을 써봐야지 하는 마음을 늘 가지고 살아왔다.

그로부터 14년이 흐른 오늘에야 비로소 나의 꿈이 이루어졌다. 이 책에는 필자가 생각하는 모멘트 리더십이란 무엇인지, 모멘트 리더란 어떤 사람들인지에 대해서 분야별 이야기(narratives) 형식으로 서술되어 있다.

이 책이 세상에 나올 수 있도록 인도해 주신 하나님의 은혜에 먼저 감사드린다. 그리고 흔쾌히 출판을 허락해 주신 도서출판 탑북스의 김광식 대표님과 이신정 주간님의 배려에 충심으로 감사드린다. 이 책은 필자가 소장으로 있는 역사문화 연구소 '노스토리아(Nostoria)'의 첫 번째 총서로 발간되었다. '노스토리아'의 설립과 운영을 위해 그간 물심양면으로 지원하시고 격려해 주신 기독대학인회(ESF) 김성희 대표간사님과 관악지구 제현철 간사님, 또 장달식 박사님을 비롯한 이사님들께 고맙다는 인사를 드린다.

아무쪼록 이 책이 리더십에 관심이 있는 경영계와 학계의 인사들을 비롯한 학생과 일반인 등 모든 분들에게 리더십 연구의 지평을 넓히는 데 유익한 정보가 되기를 소망한다.

2015년 8월

이화동산에서 저자 김 성 국

① 제1장 모멘트 리더십의 개념

② 제2장 세상을 변화시킨 모멘트 리더십

③ 제3장 조직을 변화시킨 모멘트 리더십

④ 제4장 영화 속에 비쳐진 모멘트 리더

⑤ 제5장 모멘트 리더십과 미래의 도전

제1장 모멘트 리더십의 개념

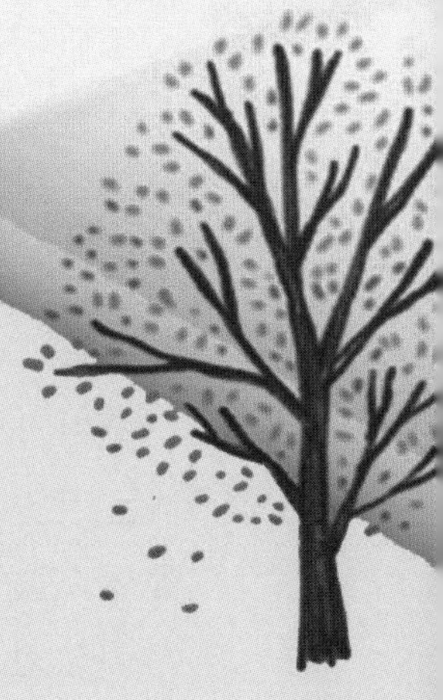

1

Chapter

모멘트 리더십의 개념

1. 모멘트 리더십의 개념

모멘트 리더십(moment leadership)이 무엇인지를 설명하기 위해서는 먼저 '모멘트'가 무엇인지를 정의할 필요가 있다. 모멘트(moment)라는 말은 물리학 용어이다. 물리학에서 정의하는 모멘트란 '회전운동 시스템에 있어서 적용되는 힘의 크기'이다.[2)] 모멘트를 일상생활에서 가장 잘 이용한 도구 가운데 하나가 지렛대이다. 고대 그리스의 물리학자인 아르키메데스(Archimedes)는 지렛대(또는 지레)의 법칙을 발견하고 시라쿠사의 왕 히에론 앞에서 "긴 지렛대와 지렛목만 있으면 이 세상도 움직여 보이겠다"고 장담하였다. 실제로 그는 히에론 왕이 해변 모래톱에 올려놓은 군함에 무장한 군인을 가득 태우고 이 배를 지렛대를 응용한 도르래를 사용하여 바다로 띄우는 기적 같은 일을 보여주기도 하였다.[3)]

모멘트 리더십(moment leadership)을 가졌다는 말은 마치 사람이 도저히 들 수 없는 무거운 물체를 지렛대를 이용하여 쉽게 원하는 방향으로 움직이듯이 처한 상황을 변화시킬 수 있는 '모멘트'를 파악하여 결단력 있게 행동함으로써 산을 움직이는, 불가능을 가능으로 만드는 리더라는 의미가 된다. 일반적으로 물리학에서는 모멘트를 다음과 같은 공식으로 설명한다.

$$M_A = r \times B$$

M: 모멘트　B: 물체(질량)　r: 벡터　A: 지렛목 A

이 공식이 설명하는 바는 다음과 같다. '어떤 물체 B벡터를 움직이는 모멘트는 A지점을 축으로 회전시킬 수 있는 벡터를 곱한 것이다.' 마치 아르키메데스가 거대한 군함을 움직이기 위해서 지렛대를 이용하여 지렛목인 A지점을 정확히 파악하고 r벡터 만큼의 힘을 가하자 모래사장에 있던 군함이 바다로 스르르 미끄러지듯이, 탁월한 리더는 산더미 같이 거대하고 힘겨운 문제가 앞을 가로막고 있는 상황에서 전광석화(電光石火)와 같이 짧은 시간내에 산더미를 움직일 수 있는 정확한 지점을 찾아내고, 적절한 행동을 함으로써 불가능해 보였던 거대한 난제를 해결하여 조직과 구성원을 구해낸다. 이런 리더가 바로 '모멘트 리더(moment leader)'인 것이다.

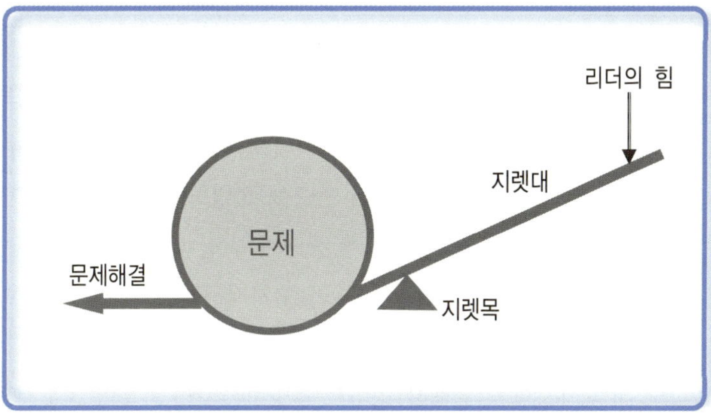

[그림 1] 모멘트의 원리(지레의 원리)

이제 모멘트의 정의를 물리학과 리더십의 관점에서 재조명해 본다. 모멘트라는 용어에는 물리학적 힘(power)의 개념과 '계기'라는 시간(time 또는 timing)의 개념, 그리고 방향(direction)의 개념이 모두 들어있다. 그리고 모멘트는 경우에 따라 영어의 모멘텀(momentum)이라는 용어와 함께 사용할 수도 있다.

먼저 모멘트가 물리학 용어로 사용될 때는 어떠한 벡터(vector)의 크기와 물체의 적절한 질량의 곱으로 나타낸 양을 말한다. 예를 들면, 지레를 이용하면 작은 힘으로 아주 무거운 물체를 쉽게 움직일 수 있다. 지레의 원리에 따르면 지렛목(받침점), 힘점, 작용점(일점)만 있으면 작은 힘으로 큰 힘을 낼 수 있으며 이러한 힘이 바로 모멘트이다.[4)]

모멘트의 두 번째 개념은 시간이다. 즉 모멘트는 어떠한 일을 일으키는 기회 또는 계기라고 표현할 수 있다. 예를 들면, 우리가 일반적으로 '진실의 순간(moment of truth)'이라는 말을 흔히 사용하는데 이 말은 일반적으로 한 개인의 용기나 능력이 시험대에 오르는 중요한 순간을 일컫는 말이다. 중국어로는 진실의 순간을 '관건시각(關鍵時刻)'으로 번역한다. 결국 모멘트의 개념은 어떤 일을 수행하는 데 있어서 핵심적으로 중요한 시간이나 순간을 일컫는다. 투우사가 달려드는 수소를 붉은 천을 흔드는 속임수로 지치게 한 다음, 결정적인 순간에 소의 급소를 작살로 정확히 찔러 단숨에 절명하게 하는 적절한 타이밍을 뜻한다고 볼 수 있고, 유력한 증인이 법정에 나와서 피고인에게 결정적으로 유리하거나 불리한 증언을 시작하는 순간도 모멘트라고 표현할 수 있다.[5)]

지금까지 국내외에서 위대한 리더로 추앙받은 지도자들의 공통점은 대부분 위기의 순간에서 모멘트 리더십을 발휘하여 산적한 난제를 해결해 왔으며 그 결과로 국가나 조직의 위기를 슬기롭게 잘 극복하였다. 이들은 미래에 닥칠 전쟁을 잘 준비하여 불리한 여건에서 큰 승리를 거둔 장군 또는 군사전문가, 아무도 낙관할 수 없는 위험한 투자에 성공하여 큰 업적을 남긴 경영자, 그리고 세계적인 초우량 기업을 일구어낸 CEO 들이었다. 그들은 위기를 성장을 위한 모멘트(moment)로 활용하였고 도전과 문제들의 지렛목을 정확히 찾아내어 지렛대로 뛰어넘음으로써 위기를 성장의 기회로 삼았던, 진정한 위기관리의 리더들이라고 말할 수 있다. 이들의 '모멘트 리더십'으로 말미암아 난파되던 조직도 활력을 얻었고, 해결될 것 같지 않았던 산 같은 문제들도 움직여졌다. 모멘트 리더들의 성공사례를 통해서 사람들은 영감을 얻을 수 있었고, 이들의 성공신화는 조직문화를 구성하는 스토리라인이 되었다.

모멘트 리더십의 마지막 세 번째 개념은 방향(direction)이다. 모멘트 리더십은 결정적인 순간에 작용하는 힘이라고 설명한 바 있다. 그런데 힘이 쏠리는 방향에 따라 물체가 진행하듯이 모멘트 리더의 리더십 목표에 따라 모멘트 리더십의 성패가 갈릴 수 있다. 마치 카리스마 리더십(charismatic leadership)이 그 자체가 선한 것이라기보다는 인류의 보편적 가치와 구성원의 공동선을 지향할 때 카리스마 리더십은 선한 영향력으로 평가되는 것과 같은 이치이다. 히틀러나 무솔리니는 엄청난 카리스마 리더였고 추종자들에게 엄청난 영향력을 행사하였지만 그 영향력의 방향이 인권을 유린하고, 생명을 파괴하며, 인류 보편적인 윤리와 가치에 반하는 방향으로 행사되었기 때문에 그들의 카리스마 리더십은 대재앙을 초래하였고 사람들로부터 철저히 외면당하는 리더십이 되었다.[6] 따라서 모멘트 리더십의 힘과 타이밍 못지않게 중요한 것이 바로 방향성이다.

선한 양심으로 선한 씨앗을 뿌리는 리더는 비록 당장에는 목표를 달성하지 못한다고 하여도 언젠가는 추종자들의 지지를 받으며 그가 추구했던 방향으로 리더십이 행사되고 성공을 거둔다는 것은 지금까지의 역사가 증명하고 있다. '캘커타의 성녀' 마더 테레사 수녀는 조용한 카리스마로 위대한 리더십 업적을 달성하였다. 그녀가 지향한 방향으로 오늘도 많은 추종자들이 그 길을 따라가고 있다.

결론적으로, 모멘트 리더십은 힘(power), 시간(time), 그리고 방향(direction)이라는 구성요소가 통합되어 한 리더에 의해 발휘되는 영향력의 과정(process)이자 자산(property)이라고 말할 수 있다.

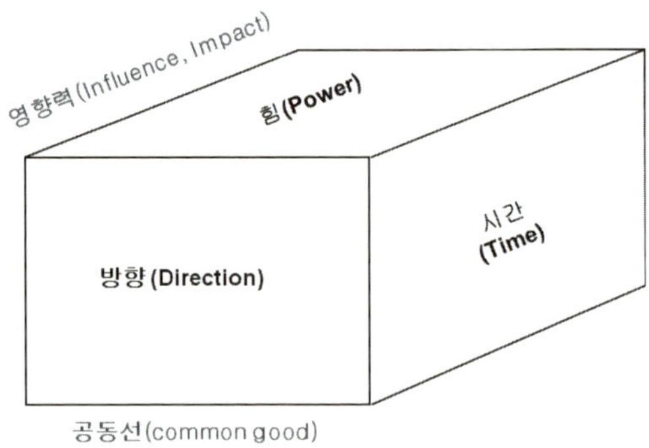

[그림 2] 모멘트 리더십의 3요소

그런데 현실에서 모멘트 리더십을 발휘하기란 여간 어려운 일이 아니다. 리더가 위기에 봉착하여 의사결정을 속히 해야하는 절박한 순간에 모멘트 리더십을 발휘하지 못하고 리더십 발휘에 실패하고 나서 후회하게 된 사례를 하나 소개하고자 한다.

세계 최초로 에베레스트 산 등정에 성공한 영국의 에드먼드 힐러리 경의 아들 피터 역시 유명한 산악인이었다. 그는 1990년 아버지가 올랐던 에베레스트를 등반하는데 성공한다. 1994년 그는 동료 7명과 함께 에베레스트 옆에 있는, 세계에서 두 번째로 높은 봉우리 K-2 등정에 도전하게 된다. 이들은 정상을 눈앞에 둔 시점에서 갑자기 악천후가 몰아닥치자 등정을 계속할 것인지, 아니면 포기하고 하산해야 할 것인지 결정해야 했다. 등반대장 격인 피터 힐러리는 대원들에게 이 같은 악천후에서 등반을 강행하는 것은 너무 위험하므로 다음 기회를 기약하고 하산하자는 의견을 제시하였으나, 대원들은 천신만고 끝에 여기까지 왔는데 쉽게 포기할 수 없다며 등정 강행을 주장하였다. 눈보라 속에서 수 시간 동안 진행된 대책회의는 쉽게 결론이 나지 않았다. 결국, 피터는 대원들을 설득하는 데 실패하고, 혼자 하산 길에 올랐으며, 나머지 7명의 대원들은 눈보라가 휘날리는 정상을 향해 출발하였다. 그 후 7명의 산사나이들은 영원히 돌아오지 못했다.[7)]

피터는 그 후 악몽에 시달리곤 했다. 그는 등반대의 리더로서 옳은 길을 알고서도 대원들을 끝까지 설득하지 못했다는 자책감에 평생 괴로워하며 살았다. 설득에 실패했다고 리더가 대원들을 쉽게 포기하고 하산한 행동은 아무리 생각해도 바람직하지 못했다고 그는 생각했다. 수 십 번이라도 그들을 설득해서 함께 내려왔었어야 했다는 자책감에 괴로워했다. 경영자는 '리더십의 실패'를 거울삼아 자신의 리더십 경력을 풍요롭게 해야 하는 운명을 지녔다. 그런데 위기의 순간에 능력을 발휘하는 리더십은 갑자기 길러지는 것이 아니다. 작은 실패를 맛보고 난 후 '큰 결단'을 할 수 있는 배포와 능력이 배양되는 것이다.

이와 대조되는 모멘트 리더십의 성공사례가 있다. 그것은 섀클턴(E. Shackleton)의 '서바이블 리더십(survival leadership)'이다. 1914년 초, 영국의 탐험가 어니스트 섀클턴은 미지의 남극대륙을 횡단한다는 야망을 품고 27명의 대원들과 함께 탐험선 인듀어런스 호에 올랐다. 하지만 이들은 엄청난 시련을 겪게 된다. 혹독한 남극의 기후 때문에 배는 곧 얼음 속에 갇히게 되었고 대원들은 살을 찢는 혹독한 추위 속에서 배의 침몰, 얼음균열(크레바스)의 위험을 겪으면서, 빙원을 가로지르는 행군을 감행하고 비상보트에 의지하는 등 사람이 겪을 수 있는 가장 혹독한 극한상황 하에서도 탁월한 모멘트 리더십을 발휘한 섀클턴 대장 덕분에 드디어 1916년 8월 30일, 사우스조지아 섬을 출발한지 634일 만에 탐험대원 전원이 무사히 기지로 돌아올 수 있었다.[8)]

오늘날 디지털, 지식정보화 시대를 맞이하여 경영자는 한 치 앞을 내다보기 어려우면서 무한 경쟁이 펼쳐지는 경영환경에 처해 있다. 이러한 다이내믹하고 불확실한 환경 하에서는 그에 걸 맞는 리더십이 필요한데, 모멘트 리더십이 바로 그것이 아닌가 생각한다.

우리나라에도 물론 모멘트 리더가 필요하다. 모모세 타다시(前 일본 Tomei 상사 한국지사장)라는 일본인이 쓴 한국과 한국인에 관한 책『한국이 죽어도 일본을 못 따라잡는 18가지 이유』중에서 '한국, 88올림픽 때만 쓰레기가 없던 나라'라는 표제의 글에서 그는 다음과 같은 흥미로운 이야기를 들려주고 있다. 한국인들은 1988년 서울 올림픽을 1~2년 앞두고 있던 시절, 국가적인 대 행사인 올림픽을 앞두고 온 국민은 일치단결하여 협력하였다. 서울의 골목 구석구석까지 시민들이 자발적으로 청소를 했다. 길거리에는 정말 쓰레기 한 점 보이지 않았다. 예상대로 서울 올림픽이 아주 성공적으로 치러졌다. 그런데 올림픽이 끝나자마자 서울 거리는 다시 어지러이 쓰레기가 나뒹구는 곳이 되는 것을 지켜본 저자 모모세 타다시는 안타까워했다.[9)] 왜 이러한 현상이 일어나는 것일까? 88올림픽은 그야말로 우리 민족의 단군 이래 최대의 국제행사였다. 평생 한 번 있을까 말까하는 이 귀한 행사를 앞두고 잘 준비해서 이 행사를 반드시 성공시켜야 겠다는 강한 모티베이션이 한국인들에게 모멘텀을 제공하였고 선한 방향으로 집중된 힘을 실어 준 것이다. 그래서 대중교통수단을 이용할 때 '줄서기 운동'을 전개하거나 지저분한 쓰레기를 줍고 말끔히 청소하였던 것이다. 그때는 국민전체가 강한 모멘트의 힘을 받게 된 것이다.

88올림픽 이후에 무질서가 다시 고개를 든 것은 그러한 파워와 시간의 모멘트를 한국인들은 상실하였기 때문이다.

2. 진실의 순간과 모멘트 리더십

'진실의 순간(moment of truth)'이란 일반적으로 한 개인의 용기나 능력이 시험대에 오르는 중요한 순간을 일컫는 말이다. 중국어로는 '관건시각(關鍵時刻)'으로 번역하는데, 관건, 즉 문빗장과 자물쇠와 같은 시각, 즉 문제 해결의 가장 중요한 순간을 의미한다. 투우에서도 진실의 순간이 널리 사용되는데, 투우사가 달려드는 수소를 붉은 천을 흔드는 속임수로 지치게 한 다음, 결정적인 순간에 소의 급소를 작살로 정확히 찔러 단숨에 절명하게 하는 적절한 타이밍을 뜻한다. 이렇듯 진실의 순간은 일반적으로 '핵심적인 중요 순간'이라는 뜻으로 사용된다.[10)]

경영학 분야에서 거론되는 '진실의 순간 경영'은 스웨덴의 항공사 SAS가 1980년대 초에 겪은 한 사건이 계기가 되었다. 루디 피터슨(Rudy Peterson)이라는 한 미국인 사업가는 아침 일찍 스웨덴의 수도 스톡홀름의 그랜드 호텔을 나섰다. 스톡홀름 북쪽에 위치한 아를란다 국제 공항에 가기 위함이었다. 그는 그날 덴마크 코펜하겐에서 중요한 고객을 만나기로 되어 있었다. 그는 공항 카운터에서 여권을 제시하며 코펜하겐 행 비행기 탑승수속을 밟으려고 하였다. 그런데 문제가 생겼다. 탑승에 꼭 필요한 비행기 티켓을 그만 호텔 방에 놓고 온 것이다. 여행사의 관례상 항공 티켓이 없으면 탑승이 되지 않는다는 것을 그는 수많은 사업여행으로 너무나 잘 알고 있었다.

"No ticket - No flight" 그러나 그가 호텔을 가서 티켓을 가지고 오기에는 시간이 너무 촉박하였다. 다음 비행기로 코펜하겐으로 가게 되면 시간이 늦어서 그 중요한 고객을 놓칠 수밖에 없는 상황이었지만 항공권이 없었기 때문에 비행기를 탈 수 없었다. 그는 물에 빠진 사람이 지푸라기라도 잡는 심정으로 카운터에 있는 SAS(Scandinavian Airlines System) 여직원에게 자기가 속한 상황을 설명하고 혹시 방법이 없겠는지 물었다. 그런데 그 여직원은 미소를 지으며 다음과 같이 대답을 했다. "Don't worry, Mr. Peterson." "너무 걱정 마시고 여기 보딩카드를 일단 받으세요. 그리고 묵으신 호텔 몇 호실인지 말씀해 주시고 코펜하겐 내 행선지를 제게 알려주십시오. 그러면 나머지는 저희가 알아서 하겠습니다."

루디 페터슨이 탑승 게이트로 들어가서 비행기 탑승을 기다리는 동안 그 여직원은 스톡홀름 그랜드 호텔로 전화를 해서 페터슨씨가 묵었던 방에 가서 티켓이 거기에 있다는 것을 확인하고 SAS 리무진을 급히 호텔로 보내 티켓을 가져오게 하였다. 이윽고 페터슨씨가 비행기에 탑승하였고 곧 이륙하려는 순간 승무원 한 사람이 급히 비행기에 오르는 것을 보았다. 그는 페터슨씨에게 다가와 "Mr. Peterson, Here's your ticket"이라고 말하고 문제의 그 비행기 티켓을 그에게 전해주었다. 페터슨씨는 SAS의 서비스에 감동을 받았고 차질 없이 코펜하겐에 갈 수 있었고 중요한 계약건을 성사시킬 수가 있었다.

이 미국인(Mr. Peterson)은 SAS사의 친절과 고객만족 경영에 깊은 감동을 받았다. 그는 이 사건 이후 SAS의 열렬한 팬이 되어 그 후 세계를 누비고 다니면서 가급적 SAS 노선이 있는 곳에서는 SAS를 이용하였으며, 자기가 만나는 거래처나 본사, 지사에서 사람들을 만날 때마다 자기가 실제로 경험한 SAS의 고객만족 경영을 칭찬하고 다녔다. 페터슨 고객의 '입소문 마케팅'을 통해 SAS의 매출은 전 세계적으로

꾸준히 상승하였고 과거의 적자를 극복하는데 성공하였다.[11)]

경영분야에서 '진실의 순간'은 경영자가 고객이나 문제와 직접 대면하는 순간을 의미하는 용어로 주로 사용된다. 대표적인 사례가 1980년대 초, 부도위기에 내몰린 스칸디나비아 항공사(SAS)의 CEO로 취임하여 기업을 극적으로 회생시킨 칼슨(Jan Carlzon)회장이 취임직후 도입한 '진실의 순간 경영'이다.

그는 SAS사가 일 년에 약 천만 명 정도의 고객을 응대한다는 것을 조사하였으며 고객 1명이 직원들로부터 서비스를 받는 평균시간이 15초라는 것을 알게 되었다. 그는 이 15초의 고객 응대시간이 5천만 명의 고객을 창출하느냐 실패하느냐를 결정하는 중요한 시간이라고 믿었다. 그래서 그는 이 15초의 시간을 'moment of truth'로 명명하고 이 진실의 순간에 각자가 최선을 다해 고객을 만족시키고 고객이 원하는 바를 이루어 주도록 임직원들에게 당부하였다. SAS의 진실의 순간 경영은 큰 효과를 발휘하였다. 무엇보다도 고객 응대서비스가 획기적으로 개선되었고 입소문이 나서 단골고객의 증가를 가져옴으로써 몇 년 안가서 회사의 경영은 흑자로 돌아섰고 SAS는 성장을 지속할 수 있었다.

또 다른 사례로 생활건강 및 화학업종의 글로벌 회사인 프록터 앤 갬블(Proctor & Gamble)의 CEO 래플리(A.G. Lafley) 회장이 추진한 진실의 순간 경영을 들 수 있다. 그는 회사의 임직원들이 두 가지 진실의 순간에 집중할 것을 주문하였다. 첫 번째 진실의 순간은 소비자들이 마트에서 프록터 앤 갬블 제품을 선택하고 구입하는 것을 저울질하는 순간이라고 정의했고, 두 번째 진실의 순간은 회사상품을 구입한 소비자와 그의 가족들이 제품을 사용한 후 만족 또는 불만족을 느끼는 순간이라고 말한다. 래플리 회장이 도입한 진실의 순간 경영방식은 회사 제품의 품질을 향상시키고 소비자 만족도를 높여 성과향상에 크게 기여하였다고 평가되고 있다.[12)]

진실의 순간 경영은 리더십의 중요성을 잘 설명하고 있다. 이른바 '진실의 순간 리더십'은 불리한 상황을 전환시키는 '선회(turnaround) 전략'과 궤를 같이 한다고 볼 수 있다. 이 리더십 유형은 국면을 전환시키는 단호한 능력이 핵심적 내용이다. 진실의 순간 리더가 갖추어야 할 특징은 다음과 같이 정리할 수 있다. 첫째, 어렵고 도전적인 진실의 순간에 리더는 마치 지렛대로 무거운 돌을 쉽게 굴리는 장인처럼 문제해결을 위한 핵심 '혈자리'라고 할 수 있는 '지렛목'을 찾아내는 능력을 갖추고 있다. 이 지렛목에서 위기 국면을 반전시킬 수 있는 결정적인 모멘텀(momentum)을 얻을 수 있다. 둘째, 그는 국면전환 모멘텀을 효과적으로 실행하기 위해서 조직의 구성원들을 잘 설득하고 자신의 의도대로 사람들을 따르게 하는 능력을 가지고 있다. 셋째, 리더는 조직의 위기상황에서 성패를 가르는 '진실의 순간'에 시기를 놓치지 않고 마치 투우사가 달려드는 거친 수소의 급소를 작살로 침착하고 정확하게 찌르는, 단호한 실행력과 타이밍을 잘 맞추는 센스가 있다.

역사적으로 진실의 순간, 즉 모멘텀을 잘 파악하여 결정적인 순간에 난국을 반전시킨 '진실의 순간 리더'들이 있었다. 먼저 정치분야에서 대표적 리더는 미국의 루즈벨트(Franklin D. Roosevelt) 대통령을 꼽을 수 있다. 그는 전례 없는 경제 대공황을 겪으면서 대다수 미국 국민들이 헐벗고 굶주리는 가운데, 공황이 언제 끝날지 몰라 두려워하는 공포가 만연한 1933년 대통령에 취임하여 '우리가 극복해야 할 것은 두려움 그 자체'라는 감동적인 취임사를 통해서 국민들이 두려움을 극복하고 미래에 대한 희망과 용기를 갖도록 마음을 돌리는데 성공하였고, 이어서 뉴딜정책에 서민들이 적극 참여하도록 유도하여 국민적 지원을 받아 대공황을 극복한 사례가 있다. 그는 공포와 맞서는 진실의 순간에 희망의 메시지를 과감히 날렸다. 다음으로 케네디

(John F. Kennedy) 대통령을 들 수 있는데, 그는 1962년 쿠바 미사일 위기의 절정에서 온 세계가 핵전쟁 공포에 사로잡혀 있을 때 '전쟁도 불사하겠다'는 단호한 각오로 쿠바해상을 봉쇄하고 소련 함선을 격퇴하라는 명령을 하달하고 위기에 정면으로 맞섬으로써 소련의 양보를 이끌어 낸 것도 진실의 순간 리더로서의 성공사례로 들 수 있다.[13)]

오바마 대통령도 전형적인 '진실의 순간' 리더라고 볼 수 있다. 그가 2009년 미국 역사상 최초의 흑인대통령으로 취임했을 때, 그가 재선에 성공하리라고 전망했던 사람들은 많지 않았다. 그러나 그는 취임직후부터 이른바 '오바마케어'라고 부르는, 서민들에 대한 의료보험혜택을 확대하는 건강보험개혁을 강력히 추진하여 법안을 통과시키고 부작용을 최소화하는 등 일관성 있게 밀고 나갔다. 이를 통해 그는 서민들의 지지를 획득하는데 성공하여 2012년 연임에 성공하였다. 제2기 임기만료를 2년을 남긴 시점부터 그가 극심한 레임덕에 시달릴 것으로 많은 사람들이 예상했지만, 이 예상 역시 빗나갔다. 그는 야당인 공화당이 상하원을 모두 석권하고 있는 불리한 정국에서도 국정의 모멘텀을 잘 파악하고 실행에 옮겼다. 이란과 협상을 통해 핵무기 개발 억제를 내용으로 하는 양국간 협정을 체결하였으며, 쿠바와 53년 만의 국교정상화라는 눈부신 외교적 성과를 임기 말년에 일구어 냈다. 오바마 대통령은 2014년 9월 에볼라 바이러스의 미국내 확산으로 인해 일반 국민들의 근거없는 공포를 불식시키는데 힘썼다. 그는 대국민 TV방송에 자주 등장하여 '공포에 좌우되지 말고 과학과 사실에 따라 판단할 것'을 역설하였다. 그리고 에볼라 환자를 치료하다 감염된 간호사가 퇴원하자마자 만나 포옹하는 장면을 전국에 방영함으로써 에볼라는 완치될 수 있는 질병이라는 믿음을 심어 줌으로써 국민들을 안심시켰고 결국 에볼라를 완전 진압하는데 성공하였다.

우리나라에서 2015년 5월부터 중동호흡기증후군(MERS)이 확산되고 있어 학교에 휴교조치가 내려지고 한 마을이 격리, 봉쇄되는 등 국민들의 불안이 높아진 때가 있었다. 진실의 순간에 국민들의 두려움을 걷어내고 국민들을 단결시킬 수 있는 상황의 핵심적 모멘텀을 파악하여 국면전환을 실행하는 단호한 리더를 국민들은 간절히 바랬다. 무능하고 우왕좌왕하는 관료들을 질책하고 초기부터 '팔 걷어 부치고' 나서서 국민들에게 과학적이고도 감성에 호소하는 강력한 메시지를 전하여 메르스에 대한 공포감을 해소하면서 이 병이 치유되고 진압될 수 있는 질병이라는 것을 '진실의 순간'에 국민들의 가슴속에 강렬하게 심어주는 리더가 우리나라에 절실히 필요하였다. 그러나 진실의 순간에 모든 리더가 성공을 거두는 것은 물론 아니다. 문제는 상황을 역전시킬 모멘텀을 찾아내는 분석력과 경험이다. 모멘텀을 찾아내는 능력은 철저한 데이터 분석과 오랜 경험에서 우러나온다. 이러한 능력을 키우기 위해 리더는 평소 부단히 자기개발에 힘써야 한다. 투우사에게 수소의 심장에 작살을 꽂는 진실의 순간이 찾아오듯이, 리더들에게 진실의 순간은 언젠가는 찾아온다. 리더가 평소 갈고 닦은 예리한 칼을 품고 그 순간을 기다렸다가 문제의 핵심에 순식간에 꽂아 해결할 수 있을 때 그는 진실의 순간에 고수가 될 수 있다.

3. 국면전환의 모멘트 리더십

최고경영자들 중에서 위기에 몰린 상황에서 탁월한 리더십을 발휘하여 이른바 국면전환 또는 대 선회(turnaround)에 성공하여 위기를 극적으로 벗어나는 리더들을 종종 보게 되는데 예를 들면, 적자에 허덕이던 SAS 항공사의 CEO를 맡아 고객들에 대한 서비스의 강화를 주 내용으로 하는 '진실의 순간(moment of truth)' 경영으로 단시간에 회사를 흑자로 돌아서게 한 얀 칼슨 회장, 부도 일보 직전의 자동차 회사 크라이슬러의 CEO에 부임하여 자신의 연봉을 1달러로 책정하고 강력한 구조조정을 단행하여 4~5년 만에 회사를 우량기업으로 변화시키는데 성공한 리 아이아코가 회장 등이 이에 속하는 '모멘트 리더'라고 말할 수 있다.

모멘트는 조직의 현상을 설명하는 데에도 적용할 수 있다. 조직의 모멘트, 즉 흔히 쓰는 말로 조직의 모멘텀(momentum)은 조직의 규모에다 나아가고자 하는 방향을 곱한 에너지를 축적한 것이라고 말할 수 있다. 모멘텀을 잘 활용하는 조직은 바람직한 방향으로 빠른 속도로 전진하며 성장을 거듭할 수 있다. 일반적으로 조직이 모멘트를 가지면 큰 노력이 없이도 조직이 탄력을 받으며 스스로 발전하고 성장하는 에너지가 생성된다. 이러한 에너지가 생성될 수 있도록 계기를 마련하는 데는 모멘트 리더(moment leader)의 역할이 결정적이다.

모멘트 리더란 마치 사람이 도저히 들 수 없는 무거운 물체를 지렛대를 이용하여 쉽게 원하는 방향으로 움직이듯이 조직이 처한 상황을 파악하고 가야할 바람직한 방향과 목표를 설정하고 구성원들을 다독여 빠른 속도로 그 목표를 달성할 수 있도록 자극하는 리더라고 말할 수 있다. 모멘트가 작동되면 조직은 위기 상황에서도 움직일 수 없는 산을 움직이는, 불가능을 가능케 만드는 조직으로 변화될 수 있다. 모멘트 리더는 끊임없이 조직에 활력을 불어넣고 조직의 방향을 조정하고 구성원들이 신속하게 새로운 목표를 향해 힘을 모아 앞으로 나아갈 수 있도록 모멘트를 생성하는 지도자들이다. 전형적인 모멘트 리더에 해당하는 최고경영자로는 이미 언급한 칼슨과 아이아코카 외에도 MS의 빌 게이츠, 애플컴퓨터의 스티브 잡스, 월마트의 샘 월튼을 들 수 있다. 열거한 모멘트 리더들은 조직의 내부와 외부에서 조직이 필요로 하는 에너지를 빠른 시간내에 동원할 수 있는 능력이 있었다.

이들은 위기를 맞은 조직에 모멘트가 발생하게 하는 방법을 잘 알고 있는 리더였다. 마치 젖은 낙엽을 모아 부싯돌로 불을 붙이듯이 위기 상황에서 모멘트 리더들은 낙담한 구성원들에게 강력한 영향력을 행사하여 위기 탈출을 위해서 무엇을 할 것인지, 또 어떻게 하면 되는지에 대해서 구성원들을 이해시키고 한 방향으로 이들을 집결시키고 각자가 자신의 위치에서 신속하게 행동할 수 있도록 만드는 대단한 능력이 있는 리더들이다. 모멘트 리더들의 공통점은 마치 단단히 잠겨 있는 맥주병을 병마개 따개로 큰 힘을 들이지 않고 쉽게 열 수 있는 능력이 있다는 것이다. 그리고 조직에 위기가 닥쳤을 때 조직을 수습하여 빠른 시일내 위기를 극복하고 오히려 조직이 큰 성과를 달성하여 조직을 살려내는 '국면전환의 명수'라는 것이다.

성공한 글로벌 CEO들 대부분의 공통점은 경영의 위기의 순간마다 모멘트 리더십을 발휘하여 산적한 난제를 해결해 왔으며 그 결과로 세계적인 초우량 기업을 일구어냈다. 이들의 모멘트 리더십으로 인하여 난파되던 조직도 활력을 얻었고, 해결될 것 같지 않았던 산 같은 문제들도 움직여졌다. 모멘트 리더들의 성공사례를 통해서 사람들은 영감을 얻을 수 있었고, 이들의 성공신화는 조직문화를 구성하는 요소가 되었다.

학자들은 모멘트 리더십은 영적인 리더십과도 닮은 점이 많다고 지적한다. 영적인 리더는 소명의식과 지도자로서의 특별한 명분을 내세워 유토피아적인 미래세계에 대한 비전을 제시함으로써 위기와 갈등으로 주저앉은 추종자들의 흩어진 마음을 하나로 묶어내는 영향력을 발휘한다. 영적지도자들은 자신들이 가지고 있는 영적인 가치(정직성, 겸손 등)를 무기로 활용하여 구성원들의 존경을 이끌어내어 조직이 나아가야 할 방향을 제시하고 행동강령에 집중할 것을 요구하여 빠른 시간내에 조직의 엄청난 에너지를 생성시킨다. 나아가서 영적 리더들은 구성원 개개인의 마음을 변화시켜 잠자고 있는 모티베이션을 깨우는 능력을 발휘한다.[14] 그리고 모멘트 리더와 영적 리더의 가장 중요한 공통점은 조직의 성공을 위해 반드시 필요한 모멘트를 찾아내고 발현하도록 하는, 리더만이 할 수 있는 고유의 능력이 있다는 점이다. 어떻게 보면 모멘트 리더들은 마른 하늘에서 비가 내리게 할 수 있는 '레인 메이커'들이다.

성공적인 변화관리자 라고 할 수 있는 모멘트 리더의 주요한 특징을 요약하면 다음과 같다. 첫째, 어떠한 악조건 가운데서도 건설적인 것을 도모한다는 것이다. 둘째, 이들은 반드시 구체적인 '전략'을 가지고 있다. 즉, 마른장작에 불을 지피는 노하우를 알고 있다. 셋째, 헌신적인 노력으로 자신의 생각을 따르는 추종자들을 설득하여 협력자를 한 사람씩 늘려간다. 넷째, 모멘트 리더들은 자신의 생각을 추종자들에게 강요하기 보다는 주어진 상황에서 가장 바람직한 방향은 무엇이고 어디에 집중하면 문제가 해결되는지를 살펴서 자신의 생각만을 고집하는 않는, 유연한 사고를 가진 사람들이다. 마지막으로 모멘트 리더는 조직을 위해서 자신을 희생할 각오가 되어 있다.

4. 난세의 영웅을 만드는 모멘트 리더십

동서고금을 막론하고 위대한 리더로 추앙받는 지도자들의 공통점은 대부분 위기의 순간마다 모멘트 리더십을 발휘하여 산적한 난제를 해결해 왔으며 그 결과로 국가나 조직의 위기를 슬기롭게 잘 극복한 지도자라고 말할 수 있다. 이들은 미래에 닥칠 전쟁을 잘 준비하여 불리한 여건에서 큰 승리를 거둔 장군 또는 군사전문가, 아무도 낙관할 수 없는 위험한 투자에 성공하여 큰 업적을 남긴 경영자, 그리고 세계적인 초우량 기업을 일구어낸 CEO 들이었다. 그들은 위기를 성장을 위한 모멘트(moment)로 활용하였고 도전과 문제들의 지렛목을 정확히 찾아내어 지렛대로 뛰어넘음으로써 위기를 성장의 기회로 삼았던, 진정한 위기관리의 리더들이라고 말할 수 있다. 이들의 '모멘트 리더십'으로 말미암아 난파되던 조직도 활력을 얻었고, 해결될 것 같지 않았던 산 같은 문제들도 움직여졌다. 모멘트 리더들의 성공사례를 통해서 사람들은 영감을 얻을 수 있었고, 이들의 성공신화는 조직문화를 구성하는 스토리라인이 되었다. 경영자는 성공뿐 아니라 '리더십의 실패'를 거울삼아 자신의 리더십 경력을 풍요롭게 가꿀 수 있다. 왜냐하면 위기의 순간에 능력을 발휘하는 리더십은 갑자기 길러지는 것이 아니다. 작은 실패를 맛보고 나서야 큰 결단을 할 수 있는 배포와 능력이 배양될 수 있는 것이다.

1) 웰링턴 장군의 리더십

나폴레옹 군대를 워털루에서 격퇴시키고 나라를 위기에서 구한 개선장군으로 런던에 돌아온 웰링턴 장군을 영국 국민들은 열렬히 환영하면서 "어떻게 그런 놀라운 통솔력을 발휘할 수 있었는지"에 대해 물었다. 이에 대해 그는 "워털루 전쟁에서의 나의 지휘력은 소년 시절 이튼학교에서 익힌 것이다.(The battle of Waterloo was won on the playground of Eaton)"라는 유명한 말을 남겼다. 명문 이튼학교(Eaton School)의 전인적 교육이 위대한 장군을 길러냈고, 여기서 길러진 리더십을 그는 위기의 순간에 마음껏 발휘했다는 말이 된다.[15]

위기상황이 아닌 평화시에 리더십을 발휘하는 것은 어렵지 않다. 주어진 여건이 그리 열악하거나 적대적이지 않고, 추종자(부하직원)들의 협조를 얻어내는 것이 비교적 쉽기 때문이다. 문제는 위기상황이다. 기업의 존립이 백척간두(百尺竿頭)에 서 있을 때, 즉 개인과 조직이 죽느냐 사느냐의 갈림길에서 리더의 리더십은 빛날 수가 있다. 난세가 영웅을 만드는 것이다.

그런데 난세의 영웅은 저절로 만들어지는 것이 아니라 평소에 잘 훈련하고 준비한다. 히딩크 리더십이 2002년 한·일 월드컵 때 급조된 것이 아니라는 사실을 우리는 잘 안다. 그는 네덜란드에서 오랜 기간 동안의 선수생활, 유럽 명문 프로축구단 감독을 맡아 가슴 졸였던 시절, 그리고 조국 네덜란드 국가대표팀 감독시절 등을 거치면서 형성된 것이라는 사실을 우리는 주목해야 한다. 분명한 사실은, 그의 리더십이 한국에서 성공을 거둔 것은 우리의 토양이 그의 리더십을 받아들였다는 것을 의미한다.

2) 보이지 않는 길을 뚫고 나가는 리더십

오늘날 기업이 당면한 경영환경은 변화의 방향과 속도 그리고 불확실성에 있어서 과거의 기업환경과는 질적으로 다르다. 오늘날 기업이 필요로 하는 리더는 평화시의 리더보다는 전시의, 전환기의 리더라는 생각이 든다. 미국 펜실베니아 대학 교수이며 리더십의 권위자인 로버트 하우스는 「FORTUNE」지가 선정한 미국 500대 기업의 경영자(리더)들을 대상으로 크게 다섯 가지 문항에 있어서 특징을 측정하였다. ① 비전이 있는 리더인가. ② 자신과 타인에게 신뢰를 주는 리더인가. ③ 의사소통을 통해 구성원의 기대를 모으는 리더인가. ④ 기업의 가치관을 솔선수범 하는 리더인가. ⑤ 결단성과 용기를 보이는 리더인가. 이 다섯 가지 문항에 대해 각 기업에서 두 명의 최고경영자가 응답하도록 되어 있었다.

하우스 교수는 다섯 가지 문항의 측정치를 두 가지 기업집단, 즉

① 다이내믹하고 불확실한 환경에 직면해 있는 기업과 ② 안정적이고 예측이 가능한 환경에 있는 기업으로 구분하여 각각 비교하였다. 그 결과, 불확실하고 변화무쌍한 환경에 처해 있는 기업을 맡고 있는 리더의 성과가 그렇지 않은 경우보다 월등히 높으며 이익률도 높다는 사실을 밝혀냈다.[16)]

이 연구가 우리에게 주는 시사점은 무엇인가. 위기에 처한 기업을 이끌어 가는 리더십의 성공요인과 안정적인 기업을 유지해나가는 리더십의 내용이 다르다는 것을 의미한다. 전자의 경우(① 기업집단)는 전쟁이라는 위기상황에서 빛을 발하는 웰링턴 장군의 리더십에 속한다. 이 경우 리더십은 길이 보이지 않는 상황에서 길을 만들어 뚫고 나가는 리더십이다.

오늘날 디지털, 지식정보화 시대에 걸 맞는 리더십은 바로 이러한 리더십이 아닌가 생각된다.

3) 타이밍 리더십

시스코 시스템즈의 존 챔버스 회장은 '인터넷 타임'이라는 개념을 정립하고 철저히 실천한 리더였다. 그는 시스코가 시장을 정복할 수 있는 유일한 방법은 경쟁사보다 빨리 움직여 단순한 네트워킹 기업에서 멈추지 않고 월드와이드웹(WWW)의 중추인 '백본(backbone)'으로 성장하는 것이었다. 챔버스는 공격적이고 도전적인 인수합병 전략을 통해 기술력을 확보 · 유지함으로써 성장을 꾀했다. 그 이유는 인터넷 사업에서 기술변화의 속도를 맞추는 적절한 타이밍을 놓치게 되면 시장을 모두 잃어버린다고 생각했기 때문이다.

챔버스는 시스코가 시장에 있어서 선도적인 지위를 유지하고 적절한 속도로 성장하기 위해서는 회사 내부의 연구개발보다는 외부의 아이디어와 기업을 사들이는 것이 낫다고 판단했다.

그의 리더십의 핵심은 회사의 경영을 인터넷 타임에 철저히 맞추는 것이었다. 이를 위해서 그는 기술력이 뛰어난 경쟁사를 사들이는 데 비용을 아끼지 않았고 어떤 희생도 감수하였다. 그러나 그의 인수합병을 통한 시장 선도전략은 시스코의 운명을 거는 한 판의 도박과 같은 것이었다. 엄청난 비용이 투자되어야 하지만, 투자의 성공을 아무도 보장해 줄 수 없었다.

그의 이러한 행동에 대해 당연히 비판이 따랐다. 언론으로부터 '너무나 무모하다'는 비난을 받았으며 주주와 직원들로부터 '전통적 절약정신을 잊어버렸다' 등 호된 비판을 받기도 했다. 그러나 존 챔버스는 시스코의 비전과 방향제시라는 리더의 역할에 충실하였으며, '타이밍 리더십'을 견지했다.

결국 실리콘 밸리를 중심으로 일기 시작한 인터넷시장의 폭발적 성장 덕분에 시스코의 하드웨어와 소프트웨어 사업은 기술확보에 투자한 모든 비용을 보상하고도 남는 이익을 챙길 수 있었다.

4) 절망을 희망으로 바꾸는 리더십

1970년 NASA에서 달로 향해 발사한 우주선 아폴로 13호는 불행히도, 우주선에 원인을 알 수 없는 폭발이 일어나 달 착륙을 포기하고 지구로 귀환하게 되었는데 문제는 세 명의 승무원들의 무사귀환을 보장할 수 없는 상황이 전개되었다. 폭발로 인해 우주선의 중요한 부품들이 망가져 정상적인 귀환을 위해 필수적인 충분한 양의 산소와 전기가 남아 있지 않았던 것이다.

이러한 절체절명의 순간에 NASA 휴스턴 우주센터의 유진 크랜츠 운항국장이 생환프로젝트의 팀장을 맡게 되었다. 아폴로 승무원들의 생명이 그에게 달려 있었던 것이다. 불행하게도 상황은 점점 어려워져 갔다. 계산상으로는 도저히 세 명의 승무원들이 지구로 무사히 귀환할 수 있는 방법이 없었다. 그러나 크랜츠는 포기하지 않았고 편집광처럼 생환방법을 찾기 위해 모든 수단을 강구하였다.

결국 크랜츠의 집념이 결실을 거두어 아폴로 13호에 남아 있는 부속들을 재조합하여 전력을 얻는 아이디어가 나왔고 우주선에서 이를 실천에 옮겨 착륙에 필요한 에너지를 얻는데 성공하였다. 아폴로 13호는 지구궤도에 무사히 진입하였고 세 명의 우주인들은 무사히 가족의 품에 안길 수 있었다.

지금까지 소개한 웰링턴, 챔버스, 킹, 크랜츠는 기업이나 조직의 위기상황에서 뭔가 남다른 능력을 발휘하여 위기를 극복하고 성공을 일구어낸 대표적인 리더라고 볼 수 있다. 이들의 공통점은 위기에 봉착하여 국면을 전환하는 탁월한 능력이 있었다는 것이다. 하우스 교수가 열거한 리더의 덕목(비전, 신뢰, 의사소통, 확고한 가치관, 결단성과 용기)에 있어서 이들은 매우 높은 수치를 보이면서 집단과 조직의 대전환을 마련하는 데 성공하였다.[17)]

이들은 열악한 근무여건과 위협적인 상황에서도 구성원들에게 희망을 주었을 뿐만 아니라, 이들이 나아가야 할 방향을 제시하였다. 결단을 해야 할 '진실의 순간'에서 이들은 현실을 도피하지 않고 직시하면서 조직과 구성원에게 살길을 제시하고 몸소 이끌어 나갔다. '리더십의 순간(leadership moment)'에서 이들은 놀라운 결단을 보여준 위대한 리더이다. 우리가 두려워해야 할 것은 위기 그 자체가 아니라 위기를 맞이하여 이러한 순간의 리더십을 발휘하는 리더가 없다는 사실일 것이다.

난세에서 출현하여 온갖 어려움을 극복하고 영웅이 되는 걸출한 리더의 이야기는 끝이 없다. 순간의 리더는 많은 에피소드와 이야기를 만들어내며 동시대 사람들, 후세 사람들은 이를 귀감으로 삼아 조직

운영의 나침반으로 삼고자 노력한다. 필자는 이들의 '리더십 이야기'를 계속 발굴해 낼 것이고 또한 적극 알릴 것이다.

5. 인생과 조직의 경력커브와 성공의 모멘트

경력(career)이란 원래 '마차가 지나가는 길'이라는 뜻이 있다(career라는 단어는 chariot, 즉 마차 또는 전차와 어원이 비슷하다). 오늘날 경력이란 "한 사람이 일생의 전 과정을 두고 거쳐가는(직무관련) 경험의 패턴"으로 경력관리(Career Development Program: CDP)란 한 사람의 라이프사이클의 각 단계에서 거쳐야 할 직무와 경험을 개인과 조직이 함께 패턴을 정하고 지원하는 것을 말한다. 경력관리는 회사측의 Career Management와 개인이 추구해야 할 Career Planning 을 합친 개념이다.[18)]

〈표 1〉 경력단계와 단계별 특징

경력단계	탐색기 (Exploration)	성취기 (Establishment)	유지기 (Maintenance)	퇴장기 (Disengagement)
연 령	30세 미만	30 - 45세	45 - 60세	60세 이상
경력발전 내용	- 관심사 확인 - 기술과 지식습득 - 직업 적성 파악 - 지시사항 수행 - 남에게 의존	- 승진 및 성장 - 직업안정 달성 - 라이프스타일 형성 - 독립적인 지위 획득	- 성취한 것을 유지 - 능력의 개선 (update skills) - 의사결정자 지위 - 남을 가르치는 위치	- 정년퇴직 - 업무보다 여가, 취미생활 추구 - 현역에서 은퇴
단계별 특징	- 경력준비 시기 - 배우는 시기	- 능력 발휘시기 - 청춘을 바치는 시기	- 중년의 위기 (Mid-career crisis) - 경력고원현상 (Career Plateauing)	- 인생의 마무리 - 후계자에 승계

다음에서 보듯이, 경력의 유지기인 45~60세에 중년의 위기(mid-career crisis) 또는 경력정체 현상(career plateauing)을 겪게 되는 가능성이 높다.

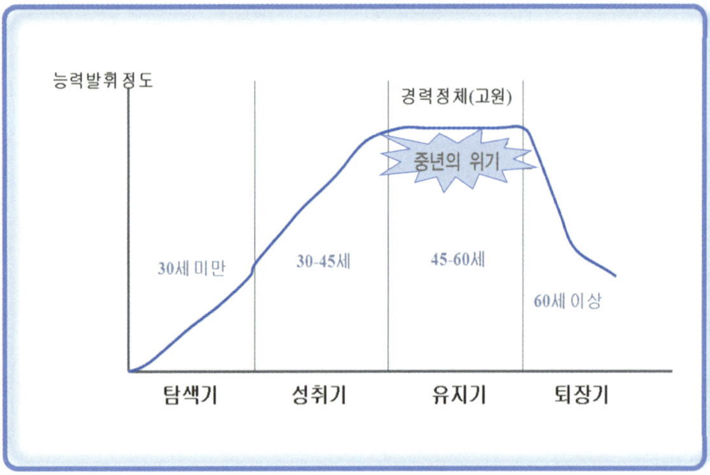

[그림 3] 경력단계별 능력발휘 정도

경력정체현상은 '중년의 위기(Mid-career Crisis)'로 불리는 유지기의 대표적 현상이다. 경력정체현상의 주요 내용은 조직내에서 더 이상 중요한 직책과 책임이 주어지지 않거나 노력해도 더 이상 업무능력이 향상되지 않는다. 그래서 후배직원들로부터 '한 물 갔다'는 말을 듣기 시작하는 시기가 바로 경력정체 시기이다. 중년의 위기를 겪는 사람들은 후배들과 동일한 능력발휘와 업적달성이 어렵고 직무수행 능력이 최저 요구수준만 근근이 충족시키고 있는 실정이다. 이들에게는 성장 잠재력이 거의 소진되어 미래 성장가능성이 매우 낮아 '중간에 끼인 상태(Stuck-in-the-middle)'라는 생각을 갖게 된다. 왜냐하면 경력경로상 위로도, 밖으로도 갈 데가 없어 경력경로가 막힌 상황이기 때문이다. 이들은 초조함과 좌절감을 느껴 스트레스를 받으며 체력에도 한계를 느끼는 시기이며, 건강도 차츰 나빠진다.

영국의 조직학자인 핸디(Charles Handy)는 저서 『모순의 시대(The Age of Paradox)』에서 지난 100년간의 글로벌 기업의 부침을 연구하면서 기업의 발전과 흥망을 등산에 비유하여 설명하고 있다.[19)]

사람이나 조직이나 흥할 때가 있고 쇠할 때가 있다. 모든 개인이나 조직에는 라이프사이클이 존재한다. 중요한 것은 지금 자신이 가고 있는 위치를 알고 있는 일이다. 언덕 위로 올라가고 있는지 언덕 아래로 내려가고 있는지를 알아야 한다. 그런데 인생에는 패러독스(Paradox)가 많다. 과거의 성공요인이 오늘날에는 실패요인이 될 수가 있으며, 과거의 실패요인이 오늘에는 성공요인이 될 수가 있는 세상이다. 패러독스는 또한 우리가 모순과 함께 살고 있다는 것을 말해주고 있다. 이러한 패러독스로 인하여 삶은 더욱 혼란스럽다. '인생은 새옹지마'라고 옛 사람들이 말하였듯이 우리는 일상생활에서 패러독스를 경험하는 경우가 많다. 패러독스와 함께 사는 것은 시소를 타는 것과도 같다. 만약 우리가 오르고 내리는 것을 사전에 예측만 할 수 있다면, 시소는 즐거운 일이지만, 예측할 수 없다면 그것은 혼란이요, 패닉인 것이다. 우리는 미래를 향한 겸허한 자세와, 성실한 대비로 21세기를 맞이하여야 할 것이다.

찰스 핸디는 그의 등산경험을 토대로 조직 라이프 사이클의 "S자 커브이론(Sigmoid Curve Theory)"을 제시하고 있다. 이 커브에는 A점과 B점이 존재한다. A점은 정상을 500m 정도 앞 둔 지점으로서 오르막길이고, B점은 정상을 지나 골짜기로 500m정도 내려온 지점을 의미한다. 핸디 교수가 주장하는 것은 A지점을 통과할 때 두 번째 커브가 시작되어야 조직은 지속적으로 발전한다는 것이다. 그러면 두 번째 커브가 의미하는 것은 무엇인가? 그것은 인생으로 치면 새로운 출

발을 의미하고, 기업과 같은 조직체로 말하면 새로운 미래 전략의 시행을 의미한다.[20)]

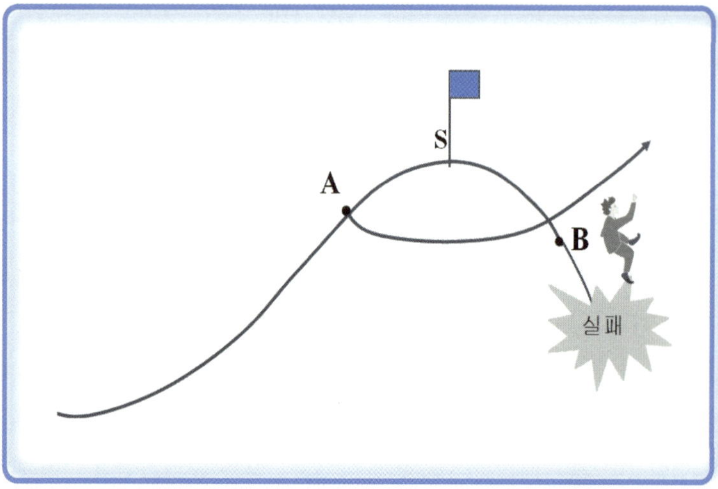

[그림 4] 개인과 조직의 경력 사이클과 S자 커브이론

그런데 문제는 A지점을 통과하는 등산객은 정상이 바로 눈앞에 보이기 때문에 성취감에 도취된 나머지 새로운 출발을 생각하지 않는 경우가 대부분이다. 그러다가 정상을 정복한 후 승리감에 도취되어 계속 길을 가게 되는데, 그 길은 하산하는 길이다. 그러나 등산객은 정상을 정복했다는 뿌듯한 생각에 지금 내려가고 있다는 것을 별로 의식하지 못한다. 이윽고 B점을 통과하면, 본격적으로 하향 곡선을 타게 되는데 이때는 정상으로 다시 복귀하는 것은 거의 불가능하게 된다.

B점을 지난 상태를 조직의 라이프 사이클에 있어서 쇠퇴기라고 부른다. 쇠퇴기에 접어든 기업이나 경영자는 누구나 정상을 정복한 경험이 있다. 그들은 'Good Old Days'에 대한 향수에 젖어있을 뿐 기업을 살리는 데는 역부족인 경우가 많다. 그들의 화려한 시절에 대한

기억이 오히려 재도약의 기회를 막아버리는 경우가 많은 것이다.

핸디 교수의 이론에 의하면 정상이 500m 쯤 앞에 보일 때 개인이든 조직이든 새로운 삶을 시작하는 것이 좋다는 것이다. 그래야만 90%의 성공이(비록 100%의 성공은 아니지만) 미래에도 지속될 수 있다는 것이다. 석유회사 로얄 더취 쉘은 1972년 세계 7위에 랭크되는 성공을 맛보기 시작했을 때 미래를 위해 철저한 대안 시나리오를 마련하고 이를 실천에 옮겼다. 그 시나리오 중에 하나가 오일 쇼크였으며, 이 시나리오 이듬해에 정확하게 적중하였다. 세계 7위에 자만하지 않았던 이 회사는 정상을 앞두고 새로운 제 2 커브를 그리기 시작하였고, 이 두 번째 커브는 오일 쇼크를 피해갈 만큼 대단한 위력을 발휘하여 오일쇼크가 지나간 후 이 회사는 세계 2위의 석유 회사로 웅비할 수 있었다. 일본 쿄토의 오래 된 도자기 기업 쿄세라(Kyosera)는 1980년대에 IT 사업으로 업종을 전환하는 모험을 감행하여 지금 꾸준히 성장하는 IT 기업이 되는데 성공하였다.

우리 인생은 이러한 S자 커브를 걷고 있는 등산객과 같다. 정상을 목표로 열심히 달려가야 하지만 정상 정복 후 쓸쓸히 내려와야 하는 내리막을 미리 내다 보아야 한다. 개인이나 조직이 한참 성장을 거듭하고 있을 때 새로운 업종에 진출하여 조직을 만들고 사람을 모아 새로운 사업을 시작하는 일은 아무나 할 수 있는 일은 아니다. 성공의 모멘트인 힘과 시간을 포착하는 개인이나 조직이 그 일을 할 수 있다.

6. 디지털 시대의 반전 스토리 '개미와 베짱이'

디지털 시대는 본질적으로 모순과 혼돈의 시대이다. '가상현실(virtual reality)'이나 '인공지능(artificial intelligence)'같은 모순어법

(oxymoron) 또는 용어법(pleonasm)이 일상적인 것이 된다. 예컨대, '가상'과 '현실'은 사실 서로 모순되고 대립되는 개념이지만 실제로 존재하고 있다. 인공지능도 마찬가지이다. 컴퓨터는 산업화 시대에는 문자 그대로 '계산하는 기계'일 뿐이었다. 그러나 오늘날 컴퓨터는 계산하는 데 보다는 커뮤니케이션 하는데 없어서는 안되는, 우리의 일상생활의 일부가 되었다. 휴대폰과 스마트폰의 차이도 엄청나다. 이것도 디지털 시대의 모순에 속한다. 그리고 디지털 경제시대에는 이른바 '디지털 격차(digital divide)'가 이슈로 등장한다. 과거 산업화 시대에는 주로 실물 재화를 가진 자와 못가진 자간의 격차가 사회적 긴장과 국가간 전쟁의 원인이 되었지만, 지금은 정보를 많이 가진 자(information-rich)와 정보를 적게 가진 자(information-poor)간의 디지털 격차가 사회와 국가간 갈등의 원인이 되고 있다.[21)]

그런 의미에서 신약성경 마태복음 20: 1~16 에 등장하는 '포도원의 비유'는 디지털 시대에 우리에게 시사하는 바가 많다. 예수가 직접 설명한 포도원의 비유에는 디지털적인 모순과 혼돈이 등장하기 때문이다. 우선 포도원 비유의 내용을 간략히 소개한다. 어떤 포도원 주인은 이른 아침부터 포도원에 들어가 일을 할 일꾼을 찾아 인력시장에 나갔다. 일꾼(품군)의 품삯은 한 데나리온으로 정했다. 한 데나리온은 당시 팔레스타인 지방 도시 노동자의 하루 임금으로서 요즘 우리나라의 시세로 따지자면 최소한 5만원은 될 것이다. 포도원 고용주는 일꾼을 찾아 장터(인간시장)에 나가 사람들을 모집하였다. 오전 9시, 낮 12시, 오후 3시에 고용주는 각각 사람을 채용하여 포도원에 들여보냈다.

그런데 땅거미가 내리고 해가 서산에 거의 걸린 오후 5시에 포도원 주인이 장터에 나가보니 아직 빈둥거리고 있는 산업예비군들이 있었다. "당신들은 어찌하여 하루 종일 일을 하지 않고 놀고 있습니까?"하고 주인이 물으니 그들은 볼멘소리로 대답했다. "우리를 종업원으로 채용해주는 고용주가 없어서 그렇습니다." 포도원 주인은 이들을 황혼이 내리는 포도원으로 데리고 가서 일을 시켰다. 이윽고 오후 6시, 날이 완전히 저물고 포도원의 일과가 마감되는 시간이 왔다. 각자는 관례대로 주인에게 와서 하루의 일당을 수령하였다. 이날 각자가 받은 임금은 한 데나리온. 그런데 문제가 생겼다. 아까 오후 5시에 들어와서 고작 한 시간만을 일한 사람들에게도 한 데나리온이 주어졌다. 아침부터 포도원에 들어와서 일한 사람들이 주인에게 몰려가 거칠게 항의하였다. "우리는 아침 일찍 이 포도원에 들어와 해질 때까지 하루 종일 더위를 무릅쓰고 노동을 하였습니다. 그런데 어찌 파장직전에 들어와 한 시간 밖에 일하지 않는 저 사람들과 같은 임금을 주는 것입니까? 정말 불공평합니다."

어쩌면 이들의 항의는 상식적으로 온당한 것이었다. 시간급(hourly wage)을 지급받는 다면 노동시간 곱하기 시간당 임금을 해야 정당한 임금일 것이다. 흥미로운 것은 고용주인 포도원 주인의 대답이었다. "여러분, 제가 여러분께 잘 못한 것이 없습니다. 여러분은 이 포도원에 들어올 때 한 데나리온을 받기로 약속하고 들어와 일을 하셨습니다. 여러분들을 약속대로 한 데나리온을 받은 것입니다. 아까 들어온 그 사람들에게 한 데나리온을 지급하는 것이 어쩌면 여러분의 눈에 부당하게 비쳐질지 모릅니다. 그러나 이것은 내 뜻입니다. 이 포도원은 내 소유이고 내가 주인으로서 자유롭게 임금을 정할 권리가 있습니다."

이 사건은 실제로 발생한 사건이라기보다는 예수께서 구원의 진리를 제자들에게 알기 쉽게 설명하기 위해 동원한 '우화'이다. 이 우화의 말미는 다음과 같다. "이와 같이 나중 된 자로서 먼저 되고 먼저 된 자로서 나중 되리라."(마태복음 20:16) 즉 구원은 하나님의 권한에 속한 것으로서 인간의 눈에는 불공평하게 느껴지기도 하지만 그 이면에 하나님의 오묘한 섭리가 숨어있다는 것이다. 인생의 대역전극이 얼마든지 일어날 수 있다는 것을 암시하고 있으며, 실제로 우리는 이러한 사례를 주위에서 많이 볼 수 있다. 이러한 유의 역전이 가능한 것은 장터에서 주인의 부름을 받아 포도원에 들어가 일을 개시하는 시간이 각자에게 다 다르다는 데 있다. 그리고 드라마틱하게도, 아침에 들어가건, 땅거미가 지는 황혼 무렵에 들어가건, 포도원의 품삯은 모두에게 한 데나리온이라는 데 있다. 평등성(equality)과 보편적 복지의 측면에서 생각한다면 이 파격적 임금제도는 긍정적인 보상제도라고 말할 수 있을 것이다.

그러나 형평성(equity)과 선별적 복지의 원리로 따지면, 포도원에 오후 5시에 들어가 딱 한 시간만 일하고 남들과 같이 한 데나리온의 임금을 받는다는 것은 근로자의 전체 기여도(투입)와 생산량(산출)을 비교할 때 더 많이 일한 다른 근로자의 입장에서 매우 불공정한 일이 된다. 그래서 한 시간만 일하고 한 데나리온을 받는 일은 동료 노동자들로부터 비난을 받는 일이 된다. 특히, 아침 9시에 들어와 하루 8시간 근로를 한 사람들의 입장에서 포도원 주인의 보상제도는 형평성을 결여한 매우 불공정한 보상이기 때문이다.

남들보다 8분의 1 정도만 일하고 임금은 동일하게 받는 일은 과연 비난을 받는 일일까? 산업화시대의 답은 '예스(yes)'이다. 그러나 오늘날 디지털 시대의 패러다임에 의하면 '노(no)'가 될 수 있다. 이 사실은 인류가 일찍이 경험하지 못한 대단한 반전이 될 것이다. 남들보다 훨씬 적게 일하고 훨씬 많은 보상을 받는 것이 디지털 시대의 임금법칙이 될 수가 있다는 것은, 이 말을 잘 이해하지 못하는 사람들을 위해서 이제 '개미와 베짱이 이야기'의 디지털 버전, 즉 반전 스토리를 들려줄 필요가 있다.

어느 마을에 개미와 베짱이가 살았다. 개미는 개미특유의 부지런함과 성실함을 십분 발휘하여 봄부터 열심히 일을 한다. 온 가족이 겨울 동안 먹을 식량을 마련하기 위해 이마의 땀이 마를 새가 없이 열심히 알밤과 도토리를 주워 모았다. 그런데 베짱이는 어떠한가? 그는 통기타 하나를 달랑 들고 나무 위에 올라가 여름 내내 노래만 불렀다. 그는 닥쳐올 겨울을 준비하지 않았다. 이윽고 낙엽이 지고 찬바람이 불면서 전세는 역전되기 시작했다. 첫 눈이 내리자, 개미의 집에는 일년 내내 힘들게 모은 알밤과 도토리가 가득했다. 개미가정에는 겨울이 와도 두려울 것이 없었다. 엄동설한을 맞이하여 베짱이의 신세는 급전직하로 추락하였다. 베짱이는 여름 내내 노래만 불렀기 때문에 모아 놓은 식량이 없었다. 엄동설한에 오들오들 떨던 그는 마침내 용기를 내어 개미의 집을 찾았다. 그리고 개미에게 약간의 식량을 줄 것을 간청하였다. 개미는 약간의 식량을 건네면서 충고를 한다. "당신은 우리가 열심히 일을 할 때 게으르게 나무그늘에 앉아 노래나 부르고 놀기만 하였소. 겨울이 올 것을 왜 생각하지 못한 거요?"

이상이 우리가 흔히 알고 있는 원전 '개미와 베짱이의 이야기'이다. 그런데 디지털 시대를 맞이하여 이 이야기가 새로운 패러다임에 입각하여 디지털 버전으로 개작되었다. 이른바 '신 개미와 베짱이 이야기'는 다음과 같다. 개미는 개미답게 디지털 시대에도 열심히 땀을 흘리며 알밤과 도토리를 모은다. 일 벌레라는 타이틀에 걸맞게 개미는 자신의 가족을 먹여 살리기 위해 노는 시간, 쉬는 시간을 희생해가며 곳간에 식량을 모아들이고 있다. 이와는 대조적으로, 베짱이는 역시 베짱이답게 일하는 데는 관심이 없이 나무그늘에서 노래를 부르고 있다. 그런데 베짱이의 노래를 듣고 있던 친구들이 노래를 잘 부른다며 모 방송사의 오디션 프로에 한번 나가보라고 권했다. 베짱이는 평소에 갈고 닦은 실력을 발휘할 좋은 기회라고 여겨져서 그 오디션 프로에 나갔다. 전국적으로 방영된 오디션 프로의 결승전에 오른 베짱이는 당당히 대상을 탔고 어마어마한 부상도 함께 받았다. 그 뿐이 아니었다. 전국에서 제일 유명한 연예기획사는 베짱이를 전속가수로 영입하였고 곧 앨범 작업에 착수하였다. 이제 유명가수 베짱이의 노래는 전파를 타고 방방곡곡에 울려 퍼지게 되었다. 베짱이의 빠른 템포의 댄스음악에 실린 신곡들은 특히 어린 베짱이들을 열광시켰다. 여기저기에서 베짱이 팬클럽이 생겨났다. 마을 신문에는 연일 베짱이의 사진과 기사가 큼지막하게 실렸다. 가게마다 베짱이가 춤추며 노래하는 블로마이드 사진으로 거의 도배될 지경이 되었다. 베짱이는 여러 번 '올해의 가수'로 선정되었고 베짱이가 전국을 순회하며 콘서트를 열 때면 구름 떼 같은 온갖 젊은 벌레들이 모여들어 대 성황을 이루었다. 베짱이의 앨범은 날개 돋힌듯이 팔려나갔다. 특히, 다섯 번째 앨범은 백만 부 이상 팔렸고 베짱이는 큰돈을 벌게 되었다. 음반 판매뿐만 아니라, 베짱이의 얼굴이 들어간 캐릭터, 이름에는 저작권과 상표권 등록이 되었고 전 세계적으로 큰 매출을 올리게 되었다. 이제 베짱이는 더 이상 겨울나기를 걱정하지 않아도 되었다. 이제는 자존심을 상해가며 개미집들을 찾아다니며 도토리를 구걸하지 않아도 되었다. 음반 판매 수입과 광고수익만으로도 베짱이는 자신과 가족이 10년을 먹고도 남을 만한 부를 축적하게 되었다.

어느 날 개미가 사는 마을에 베짱이의 콘서트가 열린다는 벽보가 붙었다. 그 마을에 사는 어린 개미들은 무슨 수를 써서라도 콘서트에 가야겠다고 다짐했지만 문제는 가격이었다. 콘서트 입장료는 개미가족 일 년 수입의 절반에 해당하는 고가였다. 개미 아이들은 가고 싶었지만 부모님에게 티켓을 사달라는 엄두를 내지 못하고 있었다. 개미도 베짱이를 보지 못한지 오래되었기 때문에 얼굴이라도 볼 겸 콘서트에 가고 싶었지만 엄청난 입장료 때문에 단념할 수밖에 없었다. 어느 겨울 밤, 베짱이 콘서트가 열리는 전날 밤, 개미집 문을 누가 두드렸다. 열어보니 베짱이였다. 그는 도토리를 구걸하러 온 것이 아니었다. 그는 멋진 옷을 입고 근사한 세단 자동차에 여러 명의 경호원의 경호를 받으며 개미 앞에 나타났다. 그는 자신의 무명시절 겨울마다 도토리를 주어 연명을 하게 해주었던 개미에게 보답하고 싶다며 자신의 콘서트 초대권을 주고 떠났다. 그동안 고마왔다는 인사와 함께....

이상이 '디지털 시대의 신 개미와 베짱이 이야기'이다. 어쩌면 베짱이의 처지가 포도원 비유에 등장하는 오후 다섯 시에 들어간 품군과 비슷한 구석이 있다. 매일 노래만 부르고 가난하게 살던 베짱이가 디지털 시대를 맞이하여 대 역전극을 벌인다. 산업화시대의 패러다임으로 부가가치가 낮은 도토리 수집에만 열중하던 개미를 고 부가 가치적이고 저작권의 보호를 받는 노래라는 새로운 상품으로 승부를 걸었던 베짱이가 멋지게 성공하였다. 도저히 개미가 따라잡을 수 없는 부와 경쟁력을 축적하였다. 그것도 단시일 내에.... 개미의 입장에서는 불공평한 세상이라고 불평할 수 있을 것이다. 그러나 모든 시간이 같은 값을 가지는 것이 아니고 모든 노동에는 동일한 보상이 따르는 것만은 아니라는 사실을 개미는 알지 못하고 있었다.

포도원의 비유나 신 개미와 베짱이 이야기가 주는 교훈은 노동과 시간의 등가성(等價性)이 디지털 시대에는 허물어진다는 사실이다. 모든 사람에게 꼭 같은 절대시간이 주어지는 것은 예나 지금이나 다름이 없지만, 그 시간은 사용하는 사람에 따라 노동의 질에 따라 결과나 보상은 천차만별이 될 수 있다는 사실을 기억해야 할 것이다. 베짱이의 노동시간과 노동의 질은 개미의 그것과 같지 않기 때문이다. 디지털 시대는 나중 된 자의 노동이 혁신을 일으켜 먼저 된 자의 노동을 압도하고 앞서는 현상이 일상화되는 시대이다.

공산주의 이론을 정립한 칼 막스(Karl Marx)가 오늘날과 같은 디지털 시대에 태어났다면 그는 아마도 자신의 이론을 수정했을 것이 틀

림없다. 그가 살았던 19세기, 산업화 초기에는 생산수단을 독점하던 자본가가 토지와 자본, 기계라는 물질적인 힘으로 노동자들의 노동을 압도하던 시대였다. 모든 것이 자본가치와 교환가치가 우선시 되고 노동이란 얼마든지 싸게 공급받을 수 있고 대체가 가능한 재화였으며 노동가치란 시장에서 휴지조각처럼 치부되던 싸구려 가치였다. 그러나 오늘날은 어떤가? 경영학자 피터 드러커(Peter Drucker)가 갈파한 것처럼, 산업화시대에 금과옥조로 여겨졌던 생산수단이 공장이나 자본과 같은 하드웨어에서부터 인간의 지식과 기술, 노하우와 같은 소프트웨어로 옮겨졌고 사람과 인적자본이 경쟁력의 원천이 되는 디지털시대, 지식정보화의 시대로 패러다임이 급격히 변화되었다.[22]

이러한 사람의 가치와 사람의 창의력이 중요한 시대에는 비록 산업화가 늦었어도 정보화라는 샅바를 잡아채기만 하면 개인이든 조직이든 얼마든지 대 역전이 가능해졌다. '한 사람의 핵심인재가 만 명의 종업원을 먹여 살리는 시대'라고 삼성의 이건희 회장이 디지털 시대를 정의한 적이 있다. 디지털 시대에는 한 사람이 더욱 소중하다. 비록 남들보다 늦게 어떤 일을 시작했더라도 실망할 필요가 없다. '뒤로 돌아 앞으로 가' 하면 일등을 할 수 있는 시대, 개미보다는 베짱이가 핵심인재이자 시대의 리더가 되는 세상으로 바뀌었기 때문이다.

7. 모멘트 리더십의 종착역, 휴머니즘

지금까지 모멘트 리더십은 물리적 힘과 적절한 타이밍(시간)이 어우러질 때 발생되는 현상이라고 저자는 주장하였다. 그런데 비록 지렛대의 원리에 따라 위기 상황에서 적은 힘으로 엄청나게 큰 에너지(모멘트)와 효율을 생성하였다고 하자. 그 에너지와 효율이 나쁜 방향으로,

조직의 목적에 비추어 바람직하지 못한 방향으로 쏠렸을 때 모멘트 리더십의 결과는 엄청난 재앙이 될 수 있다. 과거 히틀러 치하의 독일과 무쏠리니 치하의 이탈리아가 그랬던 것처럼, 국력의 조직화 그 자체가 목적이 될 수는 없다. 리더십이란 가치 있고 바람직한 방향으로 구성원들을 인도할 때 진정한 리더십이라고 말할 수 있다. 그렇다면, 모멘트 리더십의 방향은 어디로 향해야 하는가? 물론 사람들마다 의견이 분분할 수 있다. 저자는 감히 그 방향이 인간을 위하고 사랑하는 방향을 향해야 한다고 주장하고 싶다. 즉 모멘트는 위기 상황에서 힘과 타이밍이 결합되어 바람직한 방향을 향할 때 의미를 지닌다고 본다.

저자가 몇 년 전 베이징대학을 방문했을 때 한 경제학 교수로부터 들은 이야기이다. 지난 1980년대, 중국의 개혁개방과 경제도약을 위한 물꼬를 튼 지도자 덩샤오핑(鄧小平)이 젊은 시절 안후이 성(安徽省)의 지방관리로 있을 때 관내에는 해마다 큰 흉년이 들어 아사자가 끊이지 않는 지역이 있었다. 그런데 얼마 후 어떤 이유에선지 그곳에서 아사자가 생겼다는 보고는 더 이상 올라오지 않았고 그 반대로 살기 좋은 고장이 되었다는 소식이 들려왔다. 그 일이 있은 후 어느 날 당에서 파견된 감찰반이 그 지방에서 엄청난 당명 불복사건을 적발해 낸다. 사건의 전말은 이랬다. 해마다 흉년이 들어 상당수의 가족과 이웃들이 굶어죽는 참담한 현실을 보다 못한 지역의 책임 지도자는 마을의 어른들과 함께 어떻게 하면 마을 사람들이 굶지 않게 할 수 있을지에 대해 심각한 논의를 한 결과, 지도자는 주민들을 살리기 위한 매우 위험한 결단을 내리게 된다. 지속적인 기근의 원인이 자연재해라기보다는 사회주의 농촌경제의 근간이 되는 협동농장제도의 비효율성에 기인한다는 것을 지적하고 한시적으로 협동농장제도의 실시를 중지하고 농지를 농민들에게 분배하여 개인이 직접 농사를 짓게 함으로써 기근을 극복하자고 주민들에게 호소하였다. 이에 동조한 마을 사람들은 자신에게 분배된 농토를 최대한 활용하여 창의력과 정성을 다하여 농사를 지은 결과, 소출이 과거 협동농장시절보다 두 배에 가깝게 증가하였고, 쌀농사 뿐 만 아니라 다양한 잡곡도 생산되어 각 가정마다 곡식이 가득하게 되었으며, 결과적으로 그 지역에서는 굶어죽는 사람이 자취를 감추게 되었을 뿐 아니라 다른 지방에 비해서 살림살이가 나날이 윤택해졌다. 마을 지도자들은 이 같은 '반동적인' 영농방식을 매년 계속함으로써 지역은 사람살기 좋은 고장으로 변모하는데 성공하였으나 당명을 어긴 것이 감찰반에 적발되어 책임 지도자를 비롯한 마을지도자들도 모두 반동죄로 체포되어 처형을 앞두고 있다는 보고를 접하게 된 덩샤오핑은 큰 충격에 빠졌다.

이 사건은 그로 하여금 협동농장을 주축으로 하는 사회주의식 경제체제의 심각한 문제점을 깨닫게 하는 계기가 되었으며 '과연 정치지도자는 누구를 위해 존재하는 것이며, 그의 리더십이란 누구를 향한 것인가?' 하는 근본적인 의문을 제기하게 만들었다. 고뇌 끝에 젊은 정치지도자가 덩샤오핑이 내린 결론은 '인민을 잘 살게 하고 행복하게 만드는 것'이 중국정치에서 가장 중요한 핵심이 되어야 한다는 것이었다. 그는 중앙당내 간부들에게 선처를 호소하여 농지 불법분배 사건 관련자들의 처벌을 경감하고 사면될 수 있도록 힘을 써서 결국 그 지역의 지도자들은 큰 처벌은 면하게 되었다고 한다. 덩샤오핑은 이 사건을 계기로 중국의 미래경제발전에 대한 시사점을 얻게 되었고, 나중에 그가 권좌에 올라 중국의 개혁개방이라는 대전환을 설계하고 실행하여 중국공산당이 안고 있던 사회주의적 병폐를 시정하고 '흑묘백묘론(黑猫白猫論)'으로 대표되는 실용주의 경제 노선으로 국가정책 방향을 전환하는데 젊은 시절 지방관리로서 겪었던 그 사건의 경험이 일조를 했다는 후일담이 전해지고 있다.

리더십의 본질은 인간관계이며 인본주의, 즉 휴머니즘에 기반을 두어야 한다. 이것은 동서고금과 이데올로기를 초월하는 대 명제라고 생각한다. 최고경영자가 아무리 뛰어난 업적을 달성하였다고 해도, 부하 직원에 대한 애정과 관심이 없어 대부분이 그의 리더십을 인정하기 않거나 행복하지 않다면 그의 리더십은 성공했다고 보기는 어렵다.

최근 국내의 유수 재벌인 롯데그룹의 경영권 승계를 둘러싼 형제간의 다툼을 보는 국민들의 마음은 착잡하다 못해 분노가 쌓여가고 있다. 경영권을 둘러싸고 형제와 부자간의 험담과 갈등을 보면서 '과연 경영리더십은 누구를 위해 있는 것인지'에 대한 근본적인 의문이 들게 한다. 롯데가문의 두 형제는 모두 자신이 그룹의 최고경영자가 되어야 한다고 주장하는 언론 인터뷰를 하고 대국민 성명도 발표하고 있지만, 그들의 눈에는 18만 명에 이르는 종업원들과 그 가족에 대한 배려나 그간 롯데 계열사 제품들을 구매함으로써 기업을 키워준 국민들이 느끼는 당혹감에 대한 미안함을 찾아보기 어렵다. '리더십은 휴머니즘이다'라는 대 명제에 비추어볼 때 진흙탕 싸움을 벌이고 있는 롯데그룹의 당사자들은 진정한 리더라고 보기 어렵고 단순히 기업을 자신의 소유물로 생각하고 소유물을 남에게 빼앗기지 않으려고 애쓰는, 철없는 '상속자'에 불과한 것으로 여겨진다. 앞으로 롯데그룹의 경영권 분쟁이 어떻게 결말이 날지 지금으로서는 알 수 없지만, 자신의 권력보다는 사람들을 사랑하고 기업의 구성원들을 보살피고 상처를 보듬는 그런 리더가 최고경영자로 등장하기를 소망해본다.

재벌의 원조 일본에서는 기업의 경영권 승계를 둘러싼 가족간 분쟁은 오늘날 거의 없다. 그럴 수밖에 없는 것이, 이른바 미츠이, 미쓰비시, 스미토모 같은 일본의 대표적 대기업의 지배구조는 창업자 일가가 기업을 지배하거나 직접 경영을 담당하는 구조가 아니다. 2차 세계대전 전에는 이른바 '자이바츠(財閥)'가 있어서 그 소유경영자가 직계 자식에게 회사를 승계하는 관행이 정착되어 있었으나, 전후에는 전쟁의 책임을 지고 일본의 자이바츠들은 모두 해체되었다. 그런데 1950년대 중반 이후부터 과거 자이바츠의 일부 계열사들이 주요 시중은행을 중심으로 뭉치는, 이른바 '대 합동' 과정을 거쳐서 기업을 재결집하면서 과거의 상호(商號)만을 차용하는, '케이레츠(系列)'로 거듭태어나게 된다. 그렇기 때문에 오늘날 일본 대표적 대기업 미츠비시는 과거와 동일한 상호를 사용하고는 있지만 이와사키 가문이 독점적으로 경영권을 승계해 오던 그러한 자이바츠는 아니며 과거 오너들과의 관계가 단절되어 있다. 따라서 현재 일본의 대부분 케이레츠는 기업지배구조에 있어서 소유와 경영이 분리되어 있으며 전문경영인들에 의해 경영권이 승계되고 있다. 우리나라처럼, 경영능력과는 별 상관없이 창업자의 직계 혈육이라는 이유로 거대기업의 경영권을 물려받는 일은 일본에서 보기 어렵다.[23)]

최근 사회적 기업이나 협동조합이 인기를 끌고 있다. 사람들은 그간 사기업의 비정상적 지배구조와 오너의 특성이나 판단에 따라 경영성과가 좌지우지 되는 폐단을 너무나 많이 보아왔기 때문에, 모든 기업구성원이 주인이 되고 공동으로 수익을 나누는 기업형태를 선호하는 풍토가 조성된 것이라고 생각된다. 협동조합의 원조라고 할 수 있는 독일에서 협동조합이 탄생하게 된 계기는 1847년 겨울, 아사자가 속출하는 등 혹독한 식량난을 겪고 있던 독일 농촌지역 바이어부쉬의 시장으로 있던 라이파이젠은 마을 사람들이 굶어죽는 것을 막기 위해 형편이 비교적 나은 주민들로부터 돈을 거두어 마을기금을 조성하였고 그 기금으로 곡식을 사서 굶주린 주민들에게 외상으로 나누어 줌으로써 그 지역에서 아사자가 발생하는 것을 막을 수 있었다.

그 후 그는 조성된 마을 기금으로 공동 빵집을 운영하면서 만들어진 빵을 가난한 주민들에게 외상채권을 받고 나누어 주고, 주민들이 나중에 수입이 생길 때 갚을 수 있도록 해 줌으로써 지속가능한 사업모델을 개발하는 데 성공하게 된다. 이렇게 탄생한 '빵조합'은 나중에 금융과 유통 협동조합 조직으로 발전하게 되었고 독일 전역에 협동조합이 생겨나게 되었다.[24] 이렇듯 독일에서 협동조합조직이 탄생한 출발점에는 주민들이 굶어죽는 것을 안타깝게 생각한 마을 지도자들의 '휴머니즘 리더십'이 있었다. 오늘날 우리 사회에 닥친 크고 작은 재난과 불행한 일을 겪으면서 이웃사랑이라는 휴머니즘의 동기에서 출발한 진정한 모멘트 리더의 출현을 기대한다.

참고문헌

1. Useem, M. (1998), *The Leadership Moment.* New York: Three Rivers Press.
2. Jackson, J. D. (1975), *Classical Electrodynamics*, 2nd edition, New York: Wiley.
3. Calinger, R. (1999). *A Contextual History of Mathematics.* Englewood Cliffes: Prentice-Hall; Wilson, N. G. (2006), *Encyclopedia of Ancient Greece.* p. 77.
4. Worthington, A. M. (1920). *Dynamics of Rotation.* Longmans, Green and Co.: London. p. 7; Crew, H., Smith, K. K. (1930). *Mechanics for Students of Physics and Engineering.* New York: The Macmillan Company, p. 25.
5. Carlzon, J. (1987), *Moments of Truth.* New York: Harper Collins Publishers; Larreche, J. C. (2008), *The Momentum Effect.* Upper Saddle River: Wharton School Publishing.
6. Conger, J. A. & Kanungo, R. N. (1987), Toward a behavioral theory of charismatic leadership in organizational settings. *Academy of Management Review*, 12, pp. 637-647; Conger, J. A. & Kanungo, R. N. (1994), Charismatic leadership in organizations: Perceived behavioral attributes and their measurement. *Journal of Organizational Behavior*, 15, pp. 439-452.
7. Useem, M. (1998), *The Leadership Moment.* New York: Three Rivers Press.
8. 데니스 N. T. 퍼킨스 (2001), 『섀클턴의 서바이블 리더십』, 최종옥 옮김, 서울: 뜨인돌.
9. 모모세 타다시 (1997), 『한국이 죽어도 일본을 못 따라잡는 18가지 이유』, 서울: 사회평론.
10. Carlzon, J. (1987), *Moments of Truth.* New York: Harper Collins Publishers; Larreche, J. C. (2008), *The Momentum Effect.* Upper

Saddle River: Wharton School Publishing.
11. Carlzon, J. (1987), *Moments of Truth.* New York: Harper Collins Publishers.
12. "P&G: New and Improved", Business Week, 7 July 2003; "P&G's New Innovation Model", Harvard Business School, 20 March 2006.
13. Janis, I. (1982), *Groupthink.* 2nd ed., Boston: Houghton Mifflin, Co.
14. Sanders, J. O. (1994), *Spiritual Leadership.* 2nd revision, Chicago: Woody Press.
15. Corrigan, G. (2006). *Wellington: A Military Life.* London: Hambledon Continuum; Adkin, M. (2001). *The Waterloo Companion: The Complete Guide to History's Most Famous Land Battle.* London: Aurum Press.
16. House, R. J. (1971), A path-goal theory of leader effectiveness. *Administrative Science Quarterly*, 16, pp. 321-339; House, R. J. (1996), Path-goal theory of leadership: Lessons, legacy and a reformulated theory. *Leadership Quarterly,* 7, pp. 323-352.
17. Useem, M. (1998), *The Leadership Moment.* New York: Three Rivers Press.
18. Mathis, R. L. & Jackson, J. H. (2003), *Human Resource Management,* 10th ed., Thomson-South Western; 김성국 (2015), 『신인적자원관리』, 제3판, 서울: 탑북스.
19. Handy, C. (1994), *The Age of Paradox.* Harvard Business School Press.
20. Handy, C. (1994), *The Age of Paradox.* Harvard Business School Press; Handy, C. (1996), *Beyond Certainty,* London: Arrow Business Books.
21. Westerman, G., Bonnet, D. & McAfee, A. (2014), *Leading Digital.* Harvard Business Review Press.
22. Drucker, P. F. (2001), *The Essential Drucker: The Best of Sixty Years of Peter Drucker's Essential Writings on Management,* New York: HarperCollins.
23. Miyashita, K. & Russell, D. (1995), *Keiretsu: Inside the Hidden*

Japanese Conglomerates, New York: McGraw-Hill; Allinson, G. D. (1997), *Japan's Postwar History.* Ithaca: Cornell University Press.

24. Arnold, W. &. Lamparter, F. H. (1985), *Friedrich Wilhelm Raiffeisen: Einer für alle–Alle für einen.* Stuttgart-Heuhausen: Hänssler.

제2장 세상을 변화시킨 모멘트 리더십

2

Chapter

세상을 변화시킨 모멘트 리더십

1. 종교개혁의 리더 마르틴 루터

몇 년 전 역사전문 TV채널인 'History Channel'은 인류의 역사에 가장 큰 영향력을 끼친 위인 100명을 선정하여 발표하였는데, 그 1위는 금속활자 인쇄를 처음 시작한 독일의 구텐베르크가 선정되었고, 2위가 영국의 물리학자 아이작 뉴턴, 그리고 3위는 16세기 종교개혁을 주도한 마르틴 루터(Martin Luther)라고 발표하였다. 그런데 1, 3위가 다 종교개혁과 관련이 있는 독일사람이라는 공통점이 있다. 1517년 독일에서부터 시작된 종교개혁의 불길은 중세의 기독교 세계가 근대로 옮겨가게 되는 분수령이라고 평가되고 있다. 종교개혁가 마르틴 루터가 경험한 '진실의 순간'과 개혁의 모멘트를 소개하고자 한다.

1) 종교개혁전 유럽의 상황

서기 1500년 새해를 맞이하면서 당시 로마교황 Alexander 6세는 '성스러운 해(Holy Year)'를 선포하고 기독교인들로 하여금 정신적 수도인 로마를 순례할 것을 장려하였다. 그러나 1500년의 유럽은 매우 음산한 분위기에 사로잡혀 있었고 폭발적인 변화의 기운이 감돌고 있었다. 그것은 무엇보다도 가톨릭교회의 천년 아성을 위협하는 사건들이 끊임없이 일어나고 있었다.

1453년 5월 29일, 비잔틴제국의 수도이며 동방교회의 중심지인 콘스탄티노플이 오스만(Osman)제국의 술탄(Sultan)인 Mehmet 2세가 이끄는 군대에 의해 함락되고 유럽의 기독교 세력은 위축되기 시작했다. 오스만 터키군은 당시로서는 신무기인 길이가 8미터나 되는 장거리 대포로 한 발에 500kg이나 되는 석재 포탄을 발사하여 성벽이 견고하여 난공불락의 요새로 간주되던 콘스탄티노플 성을 부수고 밀고 들어와 약탈과 방화를 자행하였고 시민들을 노예로 삼았다. 동방교회가 자랑하던 화려한 성 소피아 대성당(Hagia Sophia)은 치욕스럽게도 이슬람교도들의 모스크로 리모델링되었다. 많은 가톨릭 종교지도자들은 "이런 끔찍한 일은 지금까지 일어나지 않았다. 정말 말세가 되었다."고 개탄하며 통곡하였다.

오스만 터키 세력은 여세를 몰아 발칸반도(알바니아, 세르비아 등)와 남부 이탈리아를 침략하였으며 특히 Otranto 에서는 대주교를 강단에서 살해하고 성민 12,000명을 살육하는 만행을 저질렀다. 1477년 이들은 베니스 인근까지 진출하여 최대의 동방무역항의 함락을 위협하기에 이른다. 동방무역로가 막히자 유럽의 상인들과 왕실은 인도로 가는 해상무역로를 개척하기 시작했다. 이것이 '지리상의 발견 시대' 또는 '대 항해 시대'를 열게 된다. 15세기말의 오스만 터키의 발흥은 그 옛날 세례 요한이 경고하였던, '도끼가 나무뿌리에 놓인' 형국이었다.

그러나 이슬람세력의 확장과 유럽침략에도 불구하고 당시 기독교 국가들은 대동단결하여 이에 대처하기는커녕 반목과 전쟁을 반복하고 있었다. 당시 기독교를 대표하는 세력은 크게 신성로마 제국(독일), 프랑스 왕국, 스페인 왕국으로 크게 세 갈래로 나뉘어져 있었다. 이들은 기독교 신앙을 이교도로부터 지키는 데는 관심이 없고 끊임없이 정치적, 군사적 헤게모니 쟁탈전을 벌였다. 1494년 프랑스 왕 샤를 8

세는 스페인이 점령하고 있던 나폴리 왕국을 치기 위해 이탈리아 원정을 감행하였다. 후임자인 프랑스 왕 프랑수아 1세는 신성로마제국의 황제를 견제하기 위해 이교도인 오스만터키와 동맹을 맺기까지 하였다. 교황 Alexander 6세는 프랑스왕의 공격으로부터 보호를 받기 위해 오스만 터키의 술탄과 동맹을 맺는, 있을 수 없는 일도 이 때 벌어졌다.

그의 후임자 교황 Julius 2세(1503 - 1513)는 약해진 바티칸의 세력을 무력을 통해 확장하는데 골몰하였으며 목회자라기 보다는 침략자였으며, '끔찍한 자(Il Terribile)' 또는 '흡혈귀'라는 별명으로 불렸다. 그는 매독에 걸려 죽었다. 마침내 교황 Leo 10세(1513 - 1521)가 그의 뒤를 이었는데 그는 유명한 이탈리아 피렌체를 지배하던 상인세력인 '메디치(Medici)'가문 출신이었다. 그는 이탈리아에서 문예부흥(르네상스)을 일으킨 메디치가 출신답게 바티칸을 사치스럽게 치장하는 데 골몰하였으며 그의 교황재위 동안 총 450만 Dukaten(순금 15톤에 해당)이라는 거금을 탕진하였다. 그는 바티칸의 성 베드로 대성당을 신축한다는 명분으로 유럽의 교회들로부터 돈을 걷기 시작했으며 급기야 일반 신자들을 대상으로 면죄부(독일어 Ablass, 영어 indulgence)를 판매하여 비용을 충당하는 방안을 실행하였다.[1)]

1492년, 이탈리아 제노아 출신의 컬럼버스라는 청년 모험가는 스페인 왕실의 자금 지원을 받아 인도로 가는 새 항로를 개척하였고 오늘날 바하마 제도에 속하는 산 살바도르(San Salvador) 섬에 상륙하였다. 사람들은 곧 컬럼버스가 발견한 땅이 전대미답의 신대륙이라는 것을 알게 되었고 유럽에는 신대륙 개척과 황금 확보에 대한 열풍이 불었다. 1455년, 독일 마인츠에 살던 요하네스 구텐베르크(Johannes Gutenberg)는 유럽 최초로 '금속활자'를 발명하여 성경은 물론 팜플렛과 리플렛을 인쇄하여 일반인들에게 널리 보급함으로써 '지식혁명'을 일으켰으며, 유럽 사람들은 자신의 지식과 사상을 다른 사람들에게 쉽고, 빠르고, 저렴하게 전달하는 매체를 얻게 되었다. Gutenberg의 금속활자는 후일 마르틴 루터의 종교개혁을 확산시키는 데 결정적인 역할을 담당하게 되었다.

2) 마르틴 루터의 회심과 사제서임

1483년 11월 10일 마르틴 루터는 동부 독일 하르츠 산자락에 위치한 작은 마을 아이스레벤(Eisleben)에서 구리 광산 근로자의 첫째 아들로 태어났다. 그는 18세 때 마르틴은 라틴어를 거의 완벽하게 마스터할 정도로 두뇌가 명석한 학생이었다고 한다. 그는 인근의 명문대학인 에르푸르트(Erfurt) 대학에서 철학을 공부하여 1505년 차석으로 졸업하였고, 아버지의 소망에 따라 법률가가 되기 위해 동 대학 법학부(석사과정)에 진학하였다. Erfurt 대학 도서관에서 마르틴은 처음으로 성서를 읽게 되었고 성서 내용에 관심을 갖기 시작했다. 1505년 7월 2일, 법학부에 진학한 첫 학기 여름에 그는 Erfurt 근교의 들판을 가다가 갑작스런 천둥 번개를 만나게 된다. 죽음의 공포를 체험하게 된 그는 천둥 번개로부터 인간을 보호하는 보호성자인 성 안나(St. Anna)에게 간절히 기도하면서, "살려만 주신다면 수도원에 들어가서 수도사(Monk)가 되겠습니다"라는 서원을 하게 된다.

벼락을 맞지 않고 무사히 학교 기숙사로 돌아온 마르틴은 곧 수도사가 되겠다고 서원한 것을 후회하기 시작했고 고민에 빠지게 된다. 지금까지 학비를 대어주며 법률가가 되는 것을 간절히 바라시는 아버지의 열망을 저버리는 것에 대한 죄책감이 그를 괴롭혔다. 그는 이런 고민을 주위의 동료와 선배들에게 털어 놓았고, 그들은 이구동성으로 그 서원을 지키지 않아도 된다고 말하고 천둥 번개 때문에 진로를 바꿔 마음에도 없는 수도사가 되는 것을 어리석은 일이라고 극구 말렸다.

그러나 21세의 청년 마르틴은 번개사건 이후 15일간 고민한 끝에 '하나님과의 약속을 저버릴 수 없다'는 결심을 하게 되고 그때까지의 세속적인 생활을 포기하고 Erfurt에 위치한 아우구스티누스(Augustiner -Eremiten)수도원에 들어가게 된다. 법조인이 되기를 바랐던 아버지의 실망이 컸음은 물론이다. 수도사가 된 이후 마르틴은 수도원의 엄격한 규율에 따라 금식과 기도, 예배에 전념하면서 '궁핍과 순결' 속에서 수도생활을 매우 열심히 하였다고 전한다.

루터의 모범적인 수도생활과 높은 학식으로 인하여 그는 수도원장 등 지도자들의 인정을 받게 되었고 수도원의 배려로 Erfurt 대학에서 신학을 전공할 수 있는 기회를 얻었으며 수도사가 된지 2년 후인 1507년, 사제서품을 받고 신부가 되었다. 신부가 된 후, 그는 Erfurt에서 북동쪽으로 135km 떨어진 비텐베르크(Wittenberg)에 가서 미사를 집전하고 강론하는 기회를 얻었는데, 그 도시에는 1502년에 설립된 비텐베르크 대학이 있었고 그곳에서 저명한 교수들이 신학을 가르치고 있다는 것을 알게 되었다. 그는 Wittenberg 대학 박사과정에 진학하여 안드레아스 보덴슈타인(일명 Karlstadt)를 지도교수로 모시고 학문에 정진한지 5년째 되던 1512년, 드디어 신학박사(Dr. theol.)학위를 받게 된다. 박사학위를 취득한 직후 그는 모교 비텐베르크 대학에서 지도교수와 작센(Sachsen)지방 선제후의 배려로 신학부 교수직을 얻게 된다. 마르틴의 나이 29세 때의 일이었다.

교수로서 루터는 실력이 매우 뛰어난 것으로 인정받았으며 인기가 있었다. 대형 강의실에는 매번 300~400명의 학생들이 빼곡히 차서 그의 강의를 경청하였으며, 다른 지방에서도 학생들이 구름 떼 처럼 몰려왔다. '그의 강의를 들으면 아리스토텔레스도 와서 울고 간다'는 말이 나돌 정도였다. 신부로서도 그는 다정다감하고 음악에도 조예가

깊어서 아이들에게 노래도 가르치는 등 교인들에게 늘 인기 있는 사제였다.[2)]

3) 마르틴 루터의 종교개혁

루터가 34세 되던 1517년 부활절에 비텐베르크의 교인들로부터 해괴한 소문을 듣게 된다. 즉 도미니칸 수도사들이 면죄부를 판매하는데 그것만 구입하면 죄 사함을 받을 수 있다고 선전하고 다닌다는 이야기였다. 그런데 Wittenberg에는 면죄부의 매매행위가 금지되어 있었기 때문에 사람들은 면죄부를 사기 위해 멀리 마그데부르크(Magdeburg) 까지 갔다 온다는 것이었다. 루터는 교인들에게 면죄부를 사기 보다는 자신이 지은 죄를 스스로 고백하고 회개하는 것이 정도라고 역설하였지만 교인들은 면죄부 구입에 점점 더 많은 관심을 가지게 되었다.

사실 로마 가톨릭 교회에서 면죄부에 관한 논의는 14세기로 거슬러 올라간다. 1343년 교황은 칙령을 통해 이미 면죄부에 관한 이론을 정립하였다. 예수 그리스도와 순교자, 성자들은 이 세상에 있을 때 거의 죄를 짓지 않고 돌아가셨기 때문에 그들은 타인들을 위해 일종의 '보물'을 남겼고, 이 보물은 순교자와 성자들에 의해 계속 쌓여갔다. 현대적 맥락으로 설명하자, 마치 마일리지(mileage)를 쌓는 것처럼, 순교자와 성자들의 선행을 통해 쌓여진 마일리지, 즉 교회의 보물은 믿음이 약하거나 예수를 믿지 않고 사망한 자들에까지도 구원을 베풀 수 있는 기능이 있다고 설명하고 이러한 쌓여진 보물에 대한 대가인 면죄부를 구입하면 그 사람은 예수와 성자들의 공로로 구원을 얻을 수 있다는 이론이었다. 이러한 면죄부 이론이 루터 시대에 이르러 바티칸의 성 베드로 성당을 신축하기 위한 건축기금을 모으는데 악용됨으로서 가톨릭교회는 기본적 구원관이 흔들리게 되고 세속화의 길을 걷게 되는 등 면죄부 문제는 당시 교회의 심각한 도전이 되었다.

특히 당시 작센지방의 마그데부르크 대주교였던 알브레히트(Albrecht von Brandenburg)는 교황과 약조하여 면죄부 판매수익의 절반을 자기가 가지고 나머지 절반만 바티칸으로 보내는 룰을 정한다음, 1517년, 언변이 뛰어난 수도사 테첼(Johannes Tetzel)을 앞세워 작센영지내에서 대대적으로 면죄부를 판매하는 캠페인을 벌인다. 테첼은 심지어 "면죄부 금고에 동전이 땡그랑 하면서 떨어지는 소리가 나는 순간, 지옥에 있는 여러분의 부모님 영혼들이 불구덩이에서 뛰쳐나오게 된다."고 민중들을 현혹하였다. 심지어 본인이 저지른 간음죄 같은 범죄도 면죄부 구입으로 죄가 사해진다는 사실을 판매 팀들은 공공연하게 말하고 다녔다. 당시 신부와 교수였던 마르틴 루터는 온통 돈으로 구원까지 살수 있다고 가르치고 있는, 타락한 교회와 성직자들에게 환멸을 느끼면서 이에 어떻게 대처할지 깊은 고민에 빠지게 된다.

1517년 11월 1일, 만성절(萬聖節)인 할로인(Halloween)축제일이 다가오고 있었다. 만성절에는 신부와 교수들이 Wittenberg의 Schloβkirche(성곽교회)에 모여 신학적 주제를 내걸고 토론(Disputation)하는 전통이 있었다. 루터는 토론주제를 제안하는 위치에 있는 신학교수로서 할로인 하루 전날인 10월 31일, 당시 가톨릭교회의 잘못된 점에 대해 문제를 제기하는 '95개조(95 Thesen)'를 교회 출입문에 게시하였다. 95개조가 애초에 성직자와 지식인들이 쓰던 라틴어로 기록되었기 때문에 루터는 처음에는 일반 교인들에게 알릴 생각은 없었다고 여겨진다. 그런데 95개조에 대한 반응은 가히 폭발적이었다. 루터조차도 뜨거운 반응에 놀라지 않을 수 없었다. 누군가가 재빠르게 95개조를 독일어로 번역하여 유인물로 인쇄하여 일반 시민들과 교인들에게 배포하였고 Wittenberg 는 물론 인근의 도시에까지 발 빠르게 루터의 95개조 게시 소식과 문제제기 내용이 전파되었다. 이제 사태는 루터도 걷잡을 수 없게 되었다.[3)]

4) 루터의 종교재판과 '진실의 순간'

사람들은 루터의 주장이 구구절절 옳다고 생각하고 동조하였지만, 한편으로 교황과 주교들과 정면으로 맞선 행동을 하는 루터신부의 신변의 안위를 걱정하게 되었다. 루터의 목숨이 무사하지 못할 것이라는 소문이 나돌았다. 이런 상황에서 루터를 보호해준 사람은 당시 작센의 선제후였던 프리드리히 3세(Frederick the Wise)였다. 그는 당시 신성로마제국(독일)의 황제였던 Karl 5세가 황제로 선출되는 데 결정적인 역할을 한 사람으로서 황제와 교황도 함부로 하지 못하는 7명의 선제후(Elector)중의 하나였기 때문에 정치적으로 매우 막강한 권력을 가지고 있었는데 평소 루터의 설교를 들으면서 감화. 감동을 받아 루터의 신앙노선을 지지하고 있었다. 그는 루터를 외부의 압력으로부터 철저히 보호하기 시작하였다. 교황청이 보낸 루터의 로마소환장을 무력하게 만들었고 루터가 나중에 보름스(Worms)제국의회에 소환되어 갈 때와 올 때도 호위무사들을 동원하여 루터를 보호하였다.

루터는 가톨릭교회의 수장인 로마교황과 주교들과 맞서면서 자신의 개혁입장을 정리하였는데 그의 신앙노선은 다음 세 가지로 요약된다.

첫째, 오직 성서를 통해서만이 하나님의 말씀이 인간에게 나타날 수 있으며, 신학자들이 저술한 책은 아니다(sola scriptura). 둘째, 인간은 오직 하나님의 은혜로 말미암아 구원을 얻을 수 있다(sola gratia). 셋째, 인간은 오직 믿음을 통해 하나님의 은혜에 나아갈 수 있다(sola fide). 루터는 이 세 가지와 직접 연관이 없는 가톨릭교회의 전통과 성례전을 폐지하였다. 교회내의 성물과 성화가 치워졌고, 천사숭배와 순교자 숭배가 금지되었으며, 성례전은 세례식과 성만찬만 허용이 되었다. 이러한 루터의 사상과 주장은 바티칸의 입장과 정면으로 배치되는 것이었기 때문에 루터가 조만간 로마교황으로부터 파문을 당할 것이라는 소문이 나돌았다.

드디어 루터에게 운명의 날이 다가왔다. 1521년 4월 17일 독일의 남서부도시 Worms에서 신성로마제국의 의회가 소집되었는데 그 자리에 루터가 소환되어 그의 사상과 행동에 대해 재판을 받게 되었다. 재판을 주도하는 사람은 Karl 5세 황제를 비롯하여 각 국 정치지도자(왕, 제후, 귀족, 기사) 그리고 교황이 파견한 대리인과 대주교 등 교회지도자들이었다. 소도시 Worms에는 무려 10,000명의 외지인들이 루터의 재판을 보기 위해 운집하였다. 루터는 작센 선제후가 보낸 병력의 호위를 받으며 Worms에 도착하였고 루터의 지지자들은 연도에서서 그에게 격려의 환호성을 외치기도 했다.

드디어 심문이 시작되었고 루터 앞 테이블에는 그가 저술한 서적과 논문들이 수북이 쌓여 있었다. 재판장인 신성로마제국의 Karl 5세 황제는 먼저 그 모든 '불온한' 저작물들이 루터가 저술한 것이 맞는지를 묻고 주장을 철회할 의사가 있는지를 물었다. 루터는 일단 시간을 달라고 요청했고, 이 요청이 받아들여져 재판은 정회되었다가 저녁 6시에 속개되었다. 루터는 교회지도자들에게 자신의 주장 중에서 어떤 부분이 잘못되었는지를 밝히기 위해 현장에서 토론(disputation)을 할 것을 건의하였으나 묵살되었다.

마침내 루터에게 진실의 순간이 왔다. 그는 종교재판에서 최후 진술을 하면서 다음과 같이 말했다. "저는 하나님의 말씀에 입각한 양심에 따라 옳다고 생각하는 바를 저술하였습니다. 따라서 저의 양심이 하나님의 말씀에 근거를 두고 있기에 저의 주장을 하나도 철회할 수 없습니다. 하나님이여 도우소서. 아멘." 이 루터의 최후 진술은 후세에 "나는 여기 서있습니다. 나는 철회할 수 없습니다. 하나님이여 나를 도우소서. 아멘"으로 더 잘 알려지게 된다. 이에 황제의 신하들과 일부 교회지도자들은 흥분하면서 루터를 화형에 처해야 한다고 외치는 등 그를 맹렬히 비난하였다.[4)]

오늘날까지도 미스터리한 일은, 막강한 권한을 가진 Karl 5세 황제(당시 21세)는 루터에 대해서 즉각적인 판결을 내리지 않고 8일 후인 4월 25일까지 루터가 생각해보고 최종 입장을 밝히라고 명령하고 당장 파문조치를 취하지 않았다. 이에 따라 루터는 여유 있게 Worms를 빠져나갈 수 있었다. 제국 의회가 폐회된 5월 31일까지도 루터로부터 아무런 회신이 없자 황제는 그제서야 루터에 대한 파문을 공식 선언하고 그를 보호하거나 숙식을 제공하거나 도와주는 사람도 동일하게 처벌한다는 살벌한 판결을 내리게 된다(Wormser Edikt). 그러나 작센 선제후 프리드리히 3세는 그를 자신의 영토인 바르트부르크(Wartburg) 성에 숨겼고 루터는 거기서 변복을 하고 'Junker Jörg'라는 가명을 쓰면서 한 동안 숨어 지냈다. 루터는 그 성에서 세계 최초로 헬라어로 된 신약성서를 독일어로 번역하는 작업을 하게 된다. 신약성서 번역 초판은 모두 3,000부가 발간되었는데 며칠 사이에 완판 되었다고 한다.

루터는 10개월간의 Wartburg 도피생활을 청산하고 1522년 3월, 자신의 직장이 있는 Wittenberg로 돌아오게 된다. 그 후 루터는 Wittenberg 에서 종교개혁 작업을 하나하나 실천에 옮기는 데 모든 예배의식을 독일어로 집전하고 독일어로 된 찬송가를 보급하는 한편, 개혁신앙을 따르는 12명의 수녀들이 수도원을 탈출하는 것을 도왔다. 그리고 자신을 따르는 신교 신부들에게 결혼할 것을 권유하고 자신도 1523년, 수녀 카타리나(Katharina von Bora)와 결혼하고 가족을 부양하는 등 신교 성직자로서 모범을 보였다. 그는 슬하에 모두 6명의 자녀를 두었다. 1546년 2월 15일, 가족과 성직자들의 애도 속에 루터는 62세의 나이로 천수를 다하고 하늘나라로 갔으며 그의 시신은 평소 그가 설교하던 비텐베르크 성곽교회(Schloβkirche)내 강단 옆에 묻혔다.[5)] 이듬해 Karl 5세가 이끄는 황제군대가 Wittenberg를 점령하였을 때, 신하들이 루터의 무덤을 파헤쳐야 할지에 대해 문의를 하자 그의 무덤을 훼손치 말고 그대로 두도록 명령하였다. 황제가 왜 그런 명령을 내렸는지는 오늘날까지 미스터리로 남아 있다. 그는 마음 속으로는 루터의 개혁에 어느 정도 동조하고 있었는지도 모른다.

5) 루터가 보여준 모멘트 리더십

루터가 살던 시대와 지금은 놀랄 정도로 유사점이 많다. 교회가 부패하고 성직자들이 타락하여 일반인들의 손가락질을 받고 있다. 성직자들의 음행과 사기, 총회장 선거를 둘러싼 교회지도자들의 금품수수와 고소고발은 도를 넘고 있으며, 대형교회의 목회자가 자식에게 교회를 상속하는 등 교회의 지배구조와 운영을 둘러싼 잡음이 끊이지 않고 있다. 또한 오늘날 IS와 같은 이슬람 세력의 팽창과 호전성이 세계 평화를 위협하고 기독교 세계에 큰 도전이 되고 있다. IT 정보기술의 눈부신 발전으로 지식의 혁명이 일어나고 있으며 세계 사람들은 SNS를 통해서 순식간에 정보를 유통시킨다. 대 항해 시대처럼, 다국적 기업들이 이윤을 얻기 위해 세계 어디든지 가고 있으나 미국, 러시아, 중국 등 열강들이 한 목소리를 내지 못하고 하나로 단결되지 못하고 있다.

이러한 혼돈의 시대를 맞이하여 우리는 무엇을 해야 하는가? 그 해답은 500년 전 마르틴 루터에게서 찾아야 한다. 그는 무엇보다도 '하나님의 소명(vocation)'을 인생의 가장 중요한 핵심요인을 삼았다. 소명을 위해서 자신의 모든 기득권을 포기할 줄 알았으며, 소명을 통해 알게 된 새로운 길과 비전을 보여주셨다. 그는 누구보다 성실하고 정직했다. 수도원생활의 궁핍과 순결을 통해 영적인 성실성을 몸에 익혔다. 도도히 흘러가는 타락한 교회의 물결에 떠내려가지 않고 은어처럼 거꾸로 강을 거스르며 불의에 맞섰다. 사람들은 '계란으로 바위치기'라고 했지만 결과적으로 계란이 바위를 부수었다. 그는 불의한 지도자들에 맞서 싸운 전사였으나 독불장군이 아니었고 동역자들과 함께 일하는 것을 배웠다. 예를 들면 그는 종교개혁의 이론을 확립한 동료교수 멜란히톤(Melanchton), 교황과 황제로부터 그의 생명을 지켜준 작센 선제후 Friedrich 3세와 종교개혁기간 내내 긴밀한 협력관계를 구축하고 어려울 때 이들의 결정적인 도움을 받았으며, 가톨릭 교회 세력에 맞서 루터의 종교개혁을 지지한 신교제후들과 '슈말칼덴(Schmalkalden)동맹'을 결성하고 그들의 정신적 지주가 되는 등 종교개혁을 지지하는 세력들과 선한 네트워크를 형성하고 그를 활용할 줄 알았다.

오늘날 혼돈과 불확실성의 21세기를 맞이하여 우리는 마르틴 루터에 다시 주목하게 된다. 한 사람의 바로 선 성직자가 쓰러져 가는 교회와 기독교 신앙을 살렸듯이, 부패와 불의에 분연히 맞섰던 루터와 같이 용기있는 리더들에 의해 사회와 역사는 발전한다고 생각한다.

2. 불의에 항거한, 독일의 양심 디트리히 본회퍼

독일 역사 중 가장 어두웠던, 나치 정권에 의한 '제3제국' 시절(1933 - 1945), 이른바 독일의 수많은 정치인들과 종교인 등 양심세력들 대다수가 비밀경찰 게슈타포와 SS친위대를 앞세운 히틀러의 철권 통치에 굴복하거나 일찌감치 해외로 떠났다. 독일에 끝까지 남아서 혹독한 전체주의 통치에도 변절하지 않고 저항했던 사람들은 많지 않았다. 그 소수 가운데서도 단연히 디트리히 본회퍼(Dietrich Bonhoeffer) 목사는 돋보이는 존재이다. 그는 히틀러의 나치당(NSDAP)이 집권하기 전부터 그 위험성에 대해서 강력히 경고했고 처음부터 전혀 지지를 하지 않았고 기회가 있을 때마다 히틀러와 그의 추종자들에 대해 비판적인 입장을 견지하였다. 심지어 독일의 개신교 전체가 히틀러와 나치 정권에 대해 공식적으로 지지선언을 했을 때도 그는 개신교 목사로서 히틀러에 대한 비판을 멈추지 않았다. 결국 그는 나치 정권에 의해 구속되었고 고문을 당하는 등 온갖 고초를 겪다가, 1945년, 종전되기 한 달 전에 형장의 이슬로 사라짐으로써 순교를 하게 된다. 독일인 뿐 아니라 영국인과 미국인들로부터도 존경을 받았던 본회퍼 목사는 오늘날도 세계인들의 존경과 흠모를 받고 있다.

디트리히 본회퍼는 1906년 지금은 폴란드 땅인 브레슬라우에서 8남매 중에 여섯 번째로 태어났다. 아버지는 정신신경과 의사였으며 어머니는 교사였다. 특히 외조부는 당대 유명한 신학자인 칼 폰 하제였다. 그는 유복한 가정에서 행복한 유년기를 보냈다. 1912년 본회퍼의 가족은 아버지가 베를린의 대학병원에 근무하게 되어 베를린으로 이사하게 된다. 2년 뒤 발발한 1차 대전에 참전했던 큰 형의 전사는 온 가족의 슬픔이었고 어린 시절 본회퍼에게 죽음에 대해 절실하게 생각하게 만든 계기가 되었다.

17세의 본회퍼는 튀빙겐 대학의 신학부에 입학하여 신학을 공부하기 시작하였고 이듬해 베를린으로 옮겨 공부를 계속하였다. 1927년, 21세의 나이로 베를린 대학에서 신학박사학위를 우수한 성적으로 취득하였고 자신의 모교에 남아 조교생활을 하면서 공부를 계속하여

1930년, 교수자격 시험에 합격하였다. 1930년 9월, 본회퍼는 장학금을 얻어 미국에 건너가 뉴욕에 있는 유니온 신학대학의 연구과정에서 수학하였다. 그는 뉴욕의 빈민가 할렘에 위치한 교회에서 목회하면서 당시 뉴욕에서 밑바닥 계층인 흑인들과 몰락한 농부들의 궁핍한 삶을 목도하면서 미국 신학의 '사회복음(social gospel)'에 관심을 갖게 된다. 유니온 신학대학에 머무는 동안 그는 미국의 평화주의자들과도 교류하면서 그들의 영향을 받게 된다.[6)]

이듬해 독일로 돌아온 본회퍼는 베를린 대학의 교수직을 맡아 강사로 활동하게 된다. 1931년 7월, 본(Bonn)에서 당대 최고의 신학자로 손꼽히는 스위스의 개혁교회 목사요 신정통주의 신학자인 칼 바르트(Karl Barth)를 만나게 되고 본회퍼는 튀빙겐 신학대학의 선배이기도 한 바르트를 동지이자 멘토로 받아들이고 신학적 쟁점에 대해서 서로 논쟁을 벌이면서도 정치적으로는 나치 정권에 저항하는 동지로서 서로를 격려하고 가르치는 끈끈한 관계를 맺게 된다.

본회퍼는 에큐메니컬 운동(교단과 종파를 넘어서 개신교회와 가톨릭교회와의 연합과 협력 운동)에 관심을 가지게 되었고 에큐메니컬 협의회에 적극적으로 협력하게 된다. 1931년 9월, 그는 영국 케임브리지에서 열리는 '세계 동맹' 회합에 독일 대표로 참석하였고 이를 계기로 중유럽과 북유럽 담당이라는 직책을 맡게 되었다.

1933년 1월 30일 히틀러가 이끄는 나치당(NSDAP)은 선거를 통해 집권하는데 성공한다. 본회퍼는 히틀러가 집권하기 전부터 나치당의 유대인 혐오나 독일의 개신교회가 그에 대해 관대하게 대우하는 데 대해 비판을 했던 목회자요 신학자였다. 히틀러의 집권은 본회퍼를 전례 없는 교회 투쟁 속으로 끌어들였다. 그는 교회 설교를 통해 히틀러의 정책에 대해 노골적으로 비판하기 시작했다. 그는 여러 차례 히틀러에 대항하여 투쟁할 것을 제안했지만 동료 성직자들 다수의 동의

를 얻지는 못했다.[7)]

1933년 3월, 히틀러는 집권을 하자마자 '국민과 국가를 보호하기 위한 대통령령'을 공포하였는데 이것은 사상 표현의 자유, 언론의 자유, 집회의 자유, 통신 비밀의 유지권리를 폐지하고 가택 수색과 억류를 합법화하고 강제수용소 설치를 가능하게 하는 법이었다. 민주주의를 파괴하는 이 법령에 대해서 독일 개신교는 공식 입장을 일절 표명하지 않았다. 히틀러 정권은 계속해서 민주주의를 근본부터 말살하는 법을 통과시켰다. '반역행위 관련법'은 정부와 나치당에 대항하는 세력을 국가의 적과 동일시했고, '수권법(授權法)'은 의회와 헌법을 통한 나치정부의 견제를 무력화시켜 결국 히틀러의 총통직 취임을 가능하게 만들었다. 이로써 1919년에 세워진 독일의 바이마르 공화국(Weimarer Republik)은 역사의 뒤안길로 사라졌고, 독일은 히틀러의 일인 독재에 의한 '제3제국(Das Dritte Reich)'의 건설로 내몰리게 된다.

'직업 공무원직을 재건하기 위한 법'이 제정되었는데, 여기서는 독일인종을 아리안(Arier)족으로 정의하고 순수한 아리안 독일인의 혈통을 가진 자가 아닌, 비(非)아리안 인종, 예를 들면 유대인들은 직업 공무원이 될 수 없도록 원천적으로 봉쇄하는 악법이었다. 이 법에 따라 나치 정권은 이 '아리안 법'의 시행에 따라 국가 기관에 근무하던 유대인들을 파면하기 시작하였다. 이에 대해서도 대부분의 개신교 지도자들이 침묵을 지키고 있을 때 본회퍼는 교회 지도자의 한 사람으로서 이를 좌시하지 않고 '유대인 문제에 직면한 교회'라는 제목의 강의 원고를 작성해서 발표하기에 이른다. 그러자 본회퍼의 동료 목회자 몇 사람은 항의하며 본회퍼를 떠나기도 했다.[8)]

1933년 9월 6일, 베를린에서 개최된, 나치에 협력하는 총 종교회의가 아리안 조항을 교회에까지 도입하자 본회퍼는 유대인 혈통의 동료 목회자들을 보호하기 위해 니묄러 목사가 제안한 '목회자 긴급 동맹'

을 결성하는 일에 깊숙이 개입하게 된다. 이 긴급동맹은 나중에 결성된 '고백교회(Die Bekennende Kirche)'의 탄생에 영향을 미쳤다.

1934년 5월 29일부터 5월 31일까지, 북서부 지방의 도시인 부퍼탈 근교에 위치한 소도시 '바르멘(Barmen)'에서는 나치정권에 반대하는 교회지도자들에 의한 고백교회의 창립총회가 개최되었고 '하나님의 말씀 이외에 특정 사건, 권세, 형상을 하나님의 계시로 인정할 수 있다고 가르치는 사설(邪說)을 배격한다'는 요지의 6개 조항의 신조로 구성된 '바르멘 선언(Barmer Theologische Erklärung)'을 통과시킨다. 바르멘 선언은 신학자 칼 바르트와 한스 아스무센이 기초한 것으로 알려져 있다. 본회퍼의 생각도 여기에 반영되었다고 볼 수 있다. 바머 신조는 히틀러의 방침에 정면으로 대항하는 것이었다.

칼 바르트는 예언자적인 목소리를 내야 할 기독교인들과 개신교 신학생들까지도 독재자 아돌프 히틀러를 '하나님은 인간의 영혼구원을 위해 예수를 보내고, 경제적, 사회적 구원을 위해 히틀러를 보냈다'면서 히틀러를 그리스도로 숭배하는 우상숭배를 하자, 나치에 반대하는 기독교인들의 공동체인 고백교회의 중심인물로 활동하였다. 그는 히틀러의 나치즘운동이 히틀러를 그리스도로 숭배하는 우상숭배요, 유대인, 집시 등 다른 민족을 차별하고 박해하는 악마적인 것으로 보았고, 이러한 예언자적인 목소리를 대중강의와 설교를 통해 드러냈다. 그의 이러한 반 나치이념의 특징을 보여주는 문헌은 '바르멘 선언'이다. 바르멘 선언은 1935년 독일 바르멘에서 친나치적인 독일 교회에 반대하는 가톨릭 성직자들과 개신교인들이 모여서 발표한 반(反)나치 신학선언으로, 하나님의 말씀인 예수 그리스도 그 분외에는 누구에게도 복종할 수 없으며, 자신을 길이요, 진리로 선언한 예수 그리스도 외에는 어느 누구도 하나님의 계시가 될 수도, 설교의 주제가 되어서도 안 된다는 것이 주요 주제였다.

본회퍼는 이때부터 요주의 인물로 지목되어 나치 정권의 감시를 받기 시작했고 교회 설교와 강의가 억제되기 시작했다. 1939년 6월, 그는 무거운 마음으로 독일을 떠나 뉴욕에 있는 유니온 신학대학에서 연구에 몰두했으나 히틀러가 유럽에서 전쟁을 일으킨다는 소문이 파다해 지면서 그는 미국에 있는 동료교수들과 목사들의 만류를 뿌리치고 7월에 전운이 감돌고 있는 조국 독일로 귀국하였다. 1939년 9월, 히틀러의 군대가 폴란드를 침공하는 것을 시작으로 독일은 2차 세계대전의 화염 속으로 빠져 들어갔다. 전쟁이 발발하자 나치 정권은 본회퍼를 비롯한 고백교회 멤버들에 대한 도청과 감시가 더욱 심해졌고, 본회퍼는 많은 동지들이 고백교회를 떠나는 것을 보게 된다.

1943년 4월 5일 본회퍼는 쿠데타 모의 혐의로 다른 동지들과 함께 게슈타포에 의해 베를린 테겔 감옥에 투옥되었고 그해 7월, '국방력을 저하시켰다'는 죄목으로 기소되었다. 옥중에서도 그는 주위의 도움을 받아 『윤리』라는 책을 저술하면서 자신의 주장을 담은 옥중서신을 집필하는 등 나름대로 반(反)나치 투쟁을 계속해 나갔다. 1944년 7월 20일, 슈타우펜베르크 대령 등이 일으킨 히틀러 암살 미수사건이 일어났고 배후를 수사하는 과정에서 본회퍼와 친지들이 모의에 가담한 사실이 밝혀지자 격노한 히틀러는 본회퍼 일당에 대한 처형을 집행할 것을 명령하였고, 1945년 4월 9일, 본회퍼는 39세의 나이로 바이에른주에 위치한 플로센뷔르크 강제수용소에서 카나리스 제독, 오스터 대령과 함께 처형당하게 된다. 같은 날 매형 한스 폰 도나니는 작센하우젠 수용소에서 교수형에 처해진다. 나치가 무조건 항복을 하기 한 달 전의 일이다.

디트리히 본회퍼는 독일의 종교지도자들이 나치 정권의 비성경적이고 반문명적인 압제에도 무기력하게 침묵을 지킬 때 폭압에 굽힐 줄 모르고 용감하게 맞섰던, '독일의 양심'이었다고 평가된다. 뉴욕

유니온 신학대학 시절 그와 친교 했던 라인홀드 니버 교수(목사)는 그가 순교한 직후인 1945년 6월, 다음과 같은 말로 후배 목사 본회퍼의 죽음이 갖는 의미에 대해서 언급하였다. “본회퍼는 삼십대의 젊은 나이에도 불구하고 나치 정권에 실질적으로 저항한, 가장 영향력 있는 지도자 가운데 한 사람이었다. 그는 놀라울 정도로 선명한 종교적 통찰력을 지녔을 뿐 아니라 모든 것을 여읜 영혼의 순수함을 지닌 인물이었다. 그의 순교와 평소 활동, 그리고 저작물이 독일 개신교를 가르치게 될 것이다. 사람들은 그를 통해서 신앙과 정치적인 삶의 분리라는 독일 개신교의 뼈아픈 실책을 극복하는 법을 배우게 될 것이다.”

역시 그의 친구였던 미국 신학자 하비 콕스는 1965년 그의 순교를 추모하며 다음과 같은 말을 남겼다. “우리는 더 이상 복음과 선교를 자신의 위안거리로 삼지 않고 세상을 건강하게 하고 새롭게 하는 일에 활용하는 교회, 그런 교회가 되려고 하지 않는 한, 우리는 본회퍼를 넘어섰다고 할 수 없을 것이다.”[9)]

본회퍼는 독일 루터교회 목사요 신학자로서 ‘사회적’ 경향을 띤 개신교 신학자 가운데서 주요한 인물이었다. 그가 믿었던 하나님은 인간과 함께 고난당하는 하나님이었다. 본회퍼는 ‘이웃을 네 몸과 같이 사랑하라’는 복음서의 가르침에서 기독교 신앙론의 정수를 찾았다고 볼 수 있다. 이러한 사회참여와 활동을 중시하는 ‘사회복음’의 윤리사상은 그의 선배이자 동지였던 칼 바르트의 사상과 일맥 상통하다고 볼 수 있다. 그는 독재자 히틀러가 권력을 장악하고 유대인들을 공직에서 추방하고 강제수용소에 투옥하며, 양심세력들이 이에 저항하는 상황에서 침묵을 지키고 히틀러의 악행을 저지하는데 힘쓰지 않았던 독일의 개신교회가 걸어갔던 ‘넓은 길’을 버리고, 고백교회를 설립하여 파시즘에 고통 받는 이웃들과 함께하는, ‘좁은 길’을 걸어가려고 노력하였으며 직접적으로 정치에 관여하여 악의 세력을 저지시키는 연대를 구축하였으며, 거대한 바퀴에 짓밟힌 희생자들을 위해 상처를 싸매어 줄 뿐 아니라, 바퀴가 사람들을 덮치는 것을 저지하는데 앞장선 의인이기도 했다.[10)]

본회퍼는 독일인임에도 불구하고 2차 세계대전 때 독일과 전쟁을 치렀던 미국과 영국국민들로 존경을 받는 위인으로 꼽히고 있다. 오늘날 독일 개신교는 물론이고 미국의 루터 교회, 영국 성공회, 웨일즈 교회 등에서는 그를 순교자로 인정하고 그가 순교한 4월 9일 공식 추모일로 지키고 있다. 그가 잠시 목회생활을 했던 영국 런던의 웨스트민스터 사원의 서쪽 벽에는 세계적으로 유명한 순교자들을 기리는 조각이 장식되어 있는데, 미국의 마틴 루터 킹목사, 엘살바도르의 오스카 로메로 주교 등과 함께, 독일인으로는 유일하게 본회퍼 목사의 순교자 조각이 서 있다.

2차 세계대전이 끝나고 독일 교회가 다시 문을 열게 되었을 때, 독일의 개신교회 목회자들은 스투트가르트에 모여 교회 부흥과 회복을 위한 대회개운동을 벌였는데, 이 회개운동의 결과로 과거 나치에 협력했던 독일개신교단이 환골탈태하여 통합된 교단조직인 '독일개신교총회(Evangelische Kirche Deutschland: EKD)'를 재조직하게 되었다. EKD는 본회퍼와 그의 신앙의 동지들이 1934년 고백교회를 결성할 때 천명했던 '바르멘 선언'을 충실히 따를 것을 결의하였으며 본회퍼가 주장했던, 믿음과 행동의 일치와 이웃사랑을 강조하는 '사회적 활동' 노선을 존중하고 있다. 본회퍼는 사람들의 곁을 떠났지만, 그의 정신은 오늘도 독일 교회의 지도 원리에 큰 영향을 주면서 살아 있다. 본회퍼는 진정 모멘트 리더였다.

3. 차별 없는 세상을 꿈꾼 마르틴 루터 킹

1968년 4월 4월, 미국 테네시 주 멤피스라는 도시에 있는 한 모텔에서 총성이 들렸다. 이 호텔에 투숙해 있던 한 흑인 목사가 한 백인 청년이 쏜 총에 맞고 피를 흘리며 발코니에 쓰러졌다. 그 목사의 이름은 마르틴 루터 킹(Martin Luther King, Jr.)목사였다. 1960년대 미국 민권운동의 기수요, 시대의 양심으로 존경받던 킹 목사는 이렇게 사월의 네 번째 날에 39세의 나이로 세상을 떠났다. 킹목사의 암살 소식은 전 세계에 긴급으로 타전되었고 세계인들을 경악시켰다. 특히, 많은 미국내 흑인들, 유색인종들, 빈민들은 이제 막 피려고 하는 민권운동이 꽃도 피기 전에 바람에 꺾여버렸다고 한탄하고 눈물을 흘리며, 땅을 치며 원통해하였다. 그의 장례식장에 울려 퍼졌던, 그가 평소에 즐겨 부르던 노래, "We shall overcome(우리는 승리할 것이다!)" 합창을 들으면서도 사람들은 그저 민권운동의 승리는 공염불이고, 희망사항일 뿐이라고 생각하고 있었으며 킹 목사의 죽음으로 모든 것이 끝났다고, 억압받는 소수를 위한 민권운동은 이제 수포로 돌아가게 되었다고 슬러하고 낙담하는 사람이 대다수였다.

그러나 킹목사 한 사람의 죽음으로 민권운동이 꺾이지는 않았다. 오히려 그의 불행한 죽음이 미국 내에서 소극적으로 수수방관만 하고 있던 백인 양심 세력들의 마음에 불을 질렀고 이 불은 급속도로 온 미국 시민들에게 번져갔다. '빛으로 어둠을 몰아내자'는 킹목사의 철학이었던 무저항 비폭력을 통한 평화적 민권쟁취는 마침내 그의 폭력적 죽음을 통해 꽃을 피기 시작했다.

그가 죽기 5년 전인 1963년, 무더운 8월의 어느 날, 그는 수도 워싱턴의 링컨기념관 계단 위에 서서 수십만 명의 군중 앞에서 세계인을 감동시킨 유명한 연설을 한 적이 있었다. 그 연설의 제목은 'I have a dream(나에게는 꿈이 있습니다)'이었다. 이 연설에서 그는 민권운동이야 말로 미국의 건국이념인 청교도 사상에 뿌리를 박고 있는 아메리칸 드림이라는 사실을 역설하고 반드시 비폭력적인 방법으로 이 일을 실현시켜 나가자고 호소했다. 사람들은 킹목사가 남긴 유언인 녹음 테이프를 구해다가 반복해서 듣고 또 들으면서 그의 죽음을 애도하기 시작했고 순식간에 킹목사의 메시지는 미국 50개주에 요원의 불길처럼 꾸준히 번져갔다.

여기에 1963년 8월 28일, 킹목사가 워싱턴에서 행한 세계적으로 유명해진 연설 'I have a dream'의 일부를 소개하고자 한다.

> "많은 사람들이 제게 민권운동을 하는 것은 계란으로 바위를 치는 것이라고, 부질없는 짓이라고 말합니다. 그러나 나는 오늘 여러분께 이 순간 분명히 말합니다. '그럼에도 불구하고 나에게는 꿈이 있다'고 이 꿈은 미국의 꿈에 깊이 뿌리를 박고 있습니다. '모든 사람은 하나님으로부터 똑같이 창조되었다'는 미국 헌법 정신에 깃든 미국 정신에는 백인이나 흑인이나 하나님 앞에서 동등한 피조물입니다.
>
> '여러분, 나에게는 꿈이 있습니다' 언젠가는 조지아주 레드 힐에서 흑인노예의 후손과 흑인노예를 부리던 지주의 아들들이 한 상에 둘러 앉아 같이 식사하는 그 날이 반드시 오리라고 저는 믿습니다. '나에게는 꿈이 있습니다' 나의 네 자식들이 더 이상 피부색에 의해 판단을 받지 않고 그들의 말과 행동으로 판단을 받는 그 날이 올 것을 저는 믿습니다."[11)]

그의 연설 'I have a dream'은 흑인, 백인 가릴 것 없이 많은 미국인을 감동시켰다. 그리고 미국의 백인사회를 변화시켰으며 완고한 의회 지도자들의 마음을 움직였다. 이 연설이 있고 난 1년 후, 노르웨이 한림원은 1964년도 노벨평화상 수상자로 마틴 루터 킹목사를 선정하여 발표했다. 당시 킹 목사의 나이는 35세로서 역대 최연소 노벨상 수상자였고 평화상을 수상한 두 번째 미국인이었으며, 흑인으로서는 세 번째 노벨상 수상의 영광을 안았다.[12)]

그러나 노벨평화상을 수상하던 바로 그 순간에도 미국의 백인 사회는 흑인과 소수인종의 민권운동에 대해서 여전히 냉담하였고 냉소적이었다. 그가 꿈꾸던 꿈은 현실과는 너무나 거리가 멀었다. 여전히 미국 남부에서는 흑인이 백인 칸에 잘못 앉았다는 이유로 멱살을 잡혀 버스에서 끌려 내려와 거리바닥에 내동댕이쳐졌으며, 백인식당에서 들어왔다는 이유만으로 흑인들은 백인들로부터 총질을 당하였으며, 심지어 주민의 세금으로 운영되는 공립학교에 등교하던 흑인 초등학생들이 교문 앞에서 무장한 백인 학부모들로부터 구타를 당하고 집으로 되돌아가야 했다. 킹목사의 꿈은 환상에 불과한 듯이 보였다. 그의 꿈은 한갓 백일몽이요, 헛구호에 불과했을까?

그런데 기적 같은 일이 있어났다. 킹목사의 외침은 단순히 '광야에서 외치는 자의 소리'만은 아니었다. 그의 말은 압제를 당하던 흑인들과 가난한 사람들, 사회적으로 소외된 사람들에게 힘과 용기와 희망을 주었다. 그리고 기득권의 장벽을 쳐놓고 그 뒤편에 서서 흑인들의 소리를 애써 외면하던 백인들의 양심에 조금씩 불을 지폈다. 킹목사의 옳은 일을 위한 열정과 비저너리 리더십(visionary leadership)은 미국인들과 세계인들을 움직였다. 그가 주도했던 행진에는 남녀노소 흑백을 불문하고 많은 사람들이 함께 따랐다.

비록 그는 갔지만 그의 양심의 소리는 살아서 미국 사회를 변화시켰다. 킹목사의 외침과 설득 덕분에 백인들은 흑인들을 짐승이 아닌, 하나의 인격체로 보기 시작했고 소수인종들과의 대화를 시작했으며 이들과 식사도 같이 하게 되었다. 마침내 미국의회에서 법이 개정되어 흑인은 백인처럼 투표할 수 있게 되었고 백인처럼 정치에도 참여할 수 있는 참정권을 보장받게 되었다. 공립학교에는 흑인 아이들이 백인 아이들과 섞여서 수업도 받고 농구도 할 수 있게 되었다.

킹목사는 미국 역사에 있어서 위대한 성취 가운데 하나인 민권운동을 실현하기 위한, 한 알의 썩은 밀알이 된 것이다. 킹 목사가 비명에 간지 16년 후, 미국의회는 킹목사의 생일을 국경일(national holiday)로 지정하고 1986년 1월부터 시행함으로써 그의 정신을 공식적으로 기념하기 시작했다. 그가 꿈꿨던 이상, 그가 가졌던 꿈은 이제 아메리칸 드림의 핵심가치가 되었다. 그가 꿈꿨던 것처럼, 지금도 1월 둘째 월요일이 되면 미국의 모든 주, 그렇게나 인종차별이 극심했던 조지아와 앨라배마에서도 성조기를 게양하고 킹목사가 미국 땅에 태어난 것을 감사하고 축하하며 그의 정신을 기리고 있다. 그의 꿈이 마침내 이루어진 것이다. '어둠은 어둠을 몰아낼 수 없다. 밝은 빛만이 어둠을 몰아낼 수 있다. 이와 같이, 증오는 증오를 몰아낼 수 없고 오직 사랑만이 증오를 몰아낼 수 있다'는 비폭력 평화적 민권운동의 정신은 미국 역사에 오랫동안 뿌리를 내린 흑인에 대한 증오를 마침내 몰아내고 사랑으로 국민이 하나가 되게 하는데 희생제물이 된 것이다. 외롭게 인간에 대한 사랑을 실천하다가 떠난 킹목사를 이제 미국 사람들은 가장 존경하는 인물로 손꼽고 있으며 흑인은 물론 백인으로부터도 사랑과 존경을 받고 있다.

역사는 한 명의 꿈꾸는 사람, 즉 "beautiful dreamer"에 의해 창조되고 이끌어진다는 것을 웅변적으로 보여주었다. 킹목사가 멤피스에서 총을 맞고 쓰러질 때, 사람들이 이제는 가망이 없다고 이제는 끝이라고 말할 때 그 때가 꿈이 이루어지는 순간이었던 것이다. 작은 불꽃 하나가 마침내 큰 불을 일으키듯이, 한 사람의 위대한 리더의 꿈과 비전이 사회를 위대하게 변화시킨다는 것을 우리는 역사를 통해서 확인할 수 있다.

4. 독일군을 강하게 만든 '임무형 지휘'

2010년 북한의 연평도 포격 도발사건을 계기로 우리 군의 현장 지휘관의 재량권과 '임무형 지휘'에 대한 국민들의 관심이 높아지게 되었다. '임무형 지휘'란 '통제형 지휘'에 대조되는 개념이다. 통제형 지휘는 계획과 결정에 대한 권한이 상급부대 지휘관에게 집권화 되어 부하에게 엄격한 복종을 요구하는 지휘유형이다. 이에 비해서 임무형 지휘는 변화하는 상황에 능동적으로 대처하여 전장의 주도권을 확보하기 위해 지휘관은 '누가, 언제, 어디서, 무엇을, 왜'를 부하에게 구체적으로 제시하고 부하는 어떻게(how to)에 대한 행동의 자유를 보장받는 지휘 유형이다.[13)] 현대의 전쟁양상은 현장 지휘관의 신속한 결단과 창의적이고 주도적인 임무수행을 요구하고 있다. 이에 따라 가변적이고 예측 불가능한 환경하에서 지휘관의 분권화되고 융통성 있는 형태의 지휘가 지속적으로 요구되고 있다.

임무형 지휘의 연원을 거슬러 올라가면 1806년 프러시아(Prussia)가 나폴레옹이 이끄는 프랑스 군대에 패배한 직후(Jena와 Auerstedt 전투) 프러시아 군의 재정비와 체질 개선을 위해 1807년에 시작된 '프러시아 군개혁'에 뿌리를 두고 있다. 프러시아 군개혁의 핵심에는 지휘관의 임무형 지휘(Auftragstaktik)가 포함되어 있었으며, 프러시아는 지휘관의 양성체계를 개선하고 임무형 지휘를 군 리더십의 근간으로 삼았다. 그 이후로 프러시아군대는 강해졌고 프랑스군을 격퇴하여 지배에서 벗어났으며 1871년 독일의 통일에 앞장서는 강력한 군대로 거듭 태어났다.

독일군의 임무형 지휘 방식은 리더로서 지휘관의 재량과 창의력, 그리고 모티베이션을 최대한 존중하는 리더십 스타일이라고 할 수 있으며, 이는 오늘날 기업경영의 화두가 되고 있는 창조경영, 분권형 경영, 위임에 의한 관리와 맥을 같이 하고 있다고 생각된다.

1) 독일군 임무형 지휘(Auftragstaktik)의 기원과 발전과정

독일군에 있어서 '임무형 지휘'의 기원은 1807년으로 거슬러 올라간다. 이 해는 독일의 전신인 프러시아(Prussia)가 나폴레옹이 이끄는 프랑스 혁명군과의 전쟁에서 대패하고 굴욕적인 '틸지트 강화조약(Treaties of Tilsit)'을 체결하여 당시 20만 명이었던 병력을 42,000명으로 감축하고 프랑스에 1억 프랑의 전쟁 배상금을 지불할 수밖에 없었다. 또한 영토의 절반을 프랑스와 동맹국들에게 할양할 수밖에 없는, 국가적인 난국에 처하게 된 프러시아 국왕 프리드리히 3세(Friedrich III)는 샤른호르스트(Gehard von Scharnhorst)장군에게 프러시아 육군의 재건을 명하게 된다. 그리하여 '군 재조직위원회(Militär-Reorganisationskommission)'가 결성이 되었고 국왕의 적극적인 후원하에 패전의 멍에를 벗고 프러시아 군이 환골탈태할 수 있는 방안이 모색되었다. 샤른호르스트 장군이 이끄는 군재조직위원회에서는 과거에는 생각할 수도 없을 정도의 혁신적인 군개혁 계획이 수립되었고 실천에 옮겨졌다. 역사적인 '프러시아 군개혁'은 다음과 같은 내용으로 추진되었다.[14)]

(1) 단기 간부 양성시스템(Krümpersystem)

승전국 프랑스의 요구로 42,000명으로 제한된 병력규모 하에서도 전투력을 증진시키기 위한 대응조치로 2개월 단기 군 간부과정을 신설하여 집중적인 군사훈련을 실시하고 수료와 동시에 예편조치하고 다음 기수들이 계속해서 훈련을 받을 수 있도록 하는 '단기 간부 양성과정(Krümpersystem)'을 도입하여 단시일 내에 정예 간부를 양성하는 한편, 예편된 간부들은 예비군으로 보유함으로써 전쟁에 투입될 수 있는 군의 간부들을 양성하는데 힘썼다. 통계에 의하면, 이 제도가 시행되고 난 후, 1813년까지 6년 동안 단기 간부 양성과정을 통해 양성된 군 간부급 병력만 65,000명에 달했다고 한다.

(2) 장교 선발 · 양성제도의 개혁

1807년에 시작하여 1814년에 종료된 프러시아의 군개혁에서 가장 혁신적인 내용은 무엇보다 장교집단에 대한 대대적인 개혁이었다. 프랑스에 패전할 당시 프러시아군 장교의 대부분은 귀족신분이었으며 이들은 장교로서 훈련을 제대로 받지 못한 채 관례에 따라 군의 지휘를 맡고 있었으므로 장교로서의 전문성이 매우 부족하였다. 그리고 병사들 역시 각 영지에서 영주들에 의해 긴급 모집된 소작 농민이거나 용병으로 고용된 외국인들이 대부분이었다. 따라서 장교들의 전문성 결여와 병사들의 애국심 결여가 패전의 결정적인 원인이라는 점을 뼈저리게 알고 있었던 군 재조직위원회에서는 군법회의를 열어 장교들에 대한 엄격한 자격평가를 시행하여 무자격, 무능 장교들에 대한 퇴출과 강등이라는 개혁적인 인사 조치를 단행하였다. 동 위원회에서는 당시 특권으로 인정되던 귀족신분의 장교임용을 더 이상 인정하지 않았으며 평민이라 할지라도 능력을 갖춘 자는 장교로 임관될 수 있는 길을 열었다. 또한 연공서열에 따른 자동 승진제도를 폐지하고 철저하게 능력에 따른 진급을 실시함으로써 프러시아는 귀족과 용병의 군대가 아닌, '국민의 군대'로 거듭나게 되었다. 그리고 사관후보생을 선발할 때 역사상 처음으로 전공시험과 적성고사를 도입하였으며 참모 장교가 되기 위해서 전문성과 능력을 갖추도록 하였다.

(3) 전쟁성(Kriegsministerium)의 신설

그때까지 각 부처에 분산되어 있던 국방관련 행정기능을 1808년 신설된 전쟁성에 통합하고, 전쟁성이 유사시에 합동참모본부와 긴밀한 협력을 통해 신속하게 전쟁을 수행할 수 있도록 시스템을 확립하였다.

(4) 국민개병제의 시행

프러시아는 군재조직위원회의 건의를 받아들여 용병제와 모병제를 폐지하고 1813년에 처음으로 '국민 개병제(國民皆兵制, allgemeine Wehrpflicht)'를 시행함으로써 프러시아 군을 '국민의 군대'로 태어날 수 있도록 하였고 전쟁도 왕과 귀족들의 전쟁이 아닌, '국민의 전쟁'으로 개념이 바뀌게 되는 계기를 마련하였다.

(5) 임무형 지휘의 도입

프러시아 군재조직위원회에서는 1806년 나폴레옹 전쟁의 패전 원인을 지휘관들의 사고의 경직성과 피동적인 지휘 때문이었다고 판단하고 새로운 지휘방법을 모색하였고 이러한 개혁과정에서 임무형 지휘(Auftragstaktik)가 도입되었다. 나폴레옹 전쟁 당시 포병과 기마병을 동원한 신개념의 전쟁이 요구되었으나 대부분의 장교와 병사들이 신기술 도입에 능동적으로 대처하지 못하고 상부의 명령만 기다리는 상황이 반복되어 제대로 공격을 하지 못한 것이 패전의 원인으로 지목되었다. 이에 전투 상황에서 신속하고 정확한 의사결정을 위해 하급 지휘자들에게도 자주적인 판단과 행동의 자유가 주어질 필요성을 프러시아 군부는 인식하고 있었고 이것이 임무형 지휘방식을 도입하게 된 주된 이유 중 하나였다.[15] 임무형 지휘는 지휘관들에게 전시뿐만 아니라 평시에도 적극적으로 활용해야 하는 의무로 확립되기에 이르렀다.

프러시아는 군전투력을 결정하는 것은 우수한 장교들의 전문성 발휘에 있다는 것을 패전을 통하여 뼈저리게 느끼고 장교들의 자질 향상과 우수한 지휘관과 참모 장교 양성에 역점을 두고 군을 개혁하였다. 프러시아의 군개혁조치 이후 프러시아군은 하루가 다르게 달라져 갔다. 무능한 장교들은 군문에서 퇴출되었고 우수한 자질을 갖춘 장교들이 널리 등용되어 새로운 군사기술을 습득하는 한편, 신무기로 무장되기 시작하였다.

1813년, 프러시아 군개혁의 효과를 검증할 기회가 찾아왔다. 러시아군과 연합한 프러시아는 라이프치히에서 프랑스군을 맞아 전쟁을 치르게 되었는데, 전쟁의 결과는 프러시아의 대승으로 끝났고, 나폴레옹에 의해 6년 전에 빼앗겼던 국토의 대부분을 되찾을 수 있었다.

1871년 프러시아-프랑스 전쟁으로 독일이 통일된 후 1808년, 임무형 지휘는 독일제국 군 지휘관의 복무규정에 정식 규정으로 명문화되었으며 1906년에는 'Auftragstaktik'라는 용어로 확립되었다.[16] 그나이제나우(Graf August Wilhelm anton Neidhardt von Gneisenau)장군은 프랑스의 나폴레옹 군대와의 해방 전쟁에서 참모총장의 직위에 있으면서 샤른호르스트의 임무형 지휘 원리에 기초하여 하급지휘관들이 전체적으로 위임된 범위내에서 스스로 이니셔티브를 잡고 자주적인 결정을 내릴 수 있는 권한을 부여하였으며, 결과적으로 전쟁에서 승리하면서 독일 군내에 임무형 지휘가 정착되는 데 기여하였다.[17]

독일 통일전쟁이라고 하면 1864년 프러시아-덴마크 전쟁, 1866년 프러시아-오스트리아 전쟁(Schlacht bei Königsgrätz), 그리고 1870-1871년 프러시아-프랑스 전쟁을 말하는데 독일 통일전쟁시기 내내 프러시아군의 참모총장을 맡아 모든 전쟁을 기획하고 성공적으로 수행한 장수는 몰트케(Graf Halmuth von Moltke)원수였다. 그는 1857년부터 1888년까지 프러시아와 독일제국의 참모총장직에 있었는데 그는 임무형 지휘의 열렬한 신봉자였다.

특히 프러시아-프랑스 전쟁에서 프러시아는 이른바 '전격작전(Blitzkrieg)'에 의해 프랑스군을 파죽지세로 무찔러 대승을 거두었으며 마침내 독일 통일은 완수될 수 있었다. 이 전쟁의 모든 작전을 기획하고 수행한 몰트케 참모총장은 전격작전이 가능하기 위해서는 현장 지휘관들이 재량권을 충분히 발휘하여 신속하게 부대를 움직일 수 있어야 한다고 생각하였고, 실제로 현장 지휘관들의 판단에 의해 하달된 명령과 다르게 행동할 수 있는 권한을 부여하였다. 비록 일부 마찰이 있기는 하였지만, 이는 프러시아 군이 번개처럼 행동하여 파리에 도달할 수 있도록 하였다.

(6) 2차대전 패전과 서독군의 재조직

독일은 1933년부터 히틀러가 이끄는 나치당의 전체주의 독재 하에서 장교의 임무형 지휘는 현저히 억압되었고 장병들은 총통의 명령에 무조건적으로 복종하여야 하는 체제하에 무기력하게 끌려가는 상황을 겪었다. 1945년, 독일은 2차 세계대전의 패전국이 되었고 4년간 승전 연합국들의 점령통치를 거쳐 1949년 서독이 출범하게 되었다. 그 이듬해 서독군 재조직 논의가 시작될 때 군의 정체성 문제로 여·야간 치열한 찬반 논란이 있었으나, 독일군이 과거 침략군이라는 오명을 씻어내고, 유럽과 세계 평화에 기여하는 군으로 거듭 태어나야 하는 시대적 사명을 받아들이기로 결정하였다. 당시 아데나워 총리는 자유민주공화국으로서 NATO의 일원이 된 서독의 군대를 새로이 조직하는 역사적 사명을 바우디씬(Wolf Graf Baudissin)에게 맡겼다. 독일연방공화국(서독) 군 재조직의 중책을 맡은 그는 서독군대가 지녀야 할 가장 기본적인 이념으로서 '내적 리더십(Innere Führung)'을 제시하였으며 이것은 1951년 이후 오늘날까지 독일군의 리더십 철학이 되고 있다.[18)]

2) 독일군 '임무형 지휘'의 현대적 의미

오늘날에 임무형 지휘는 'Auftragstaktik'이라는 용어 대신에 'Führen mit Auftrag'이라는 용어를 주로 사용한다. 후자가 보다 현대적 감각에 잘 어울리는 것으로 여겨진다. 'Führen mit Auftrag'의 뜻은 '위임에 의한 지휘'라는 의미이다. 독일군의 "군복무규정 HDv 100/100(1998년 개정판)"에 의하면 임무형 지휘는 여전히 군의 최고의 리더십 원칙(oberstes Führungsprinzip im Heer)이라고 규정되어 있다. 임무형 지휘는 지휘관과 부하들 간의 상호 신뢰에 기초를 두고 있으며, 지휘관은 병사 개개인의 양심에 따른 임무수행과 명령된 목표 달성 의지를 요구할 뿐만 아니라 각자 책임을 지고 지휘관과 협력하며, 위임된 범위 내에서 독자적이고 창의적인 행동을 하기 위한 마음의 준비를 요구하는 것이라고 말할 수 있다.

'임무형 지휘'가 '통제형 지휘' 또는 '명령에 의한 지휘'와 다른 점은 지휘관은 부하들에게 명령에 대한 자신의 의도를 명확히 설명하고 임무를 수행하는 과정에서 자유 재량권을 부여함으로써 현장에서 부하들이 책임을 지고 명령을 신속, 정확히 수행하도록 유도한다는 점이다. 통제형 지휘방식에 있어서 이러한 부하들의 자유 재량권은 일반적으로 주어지지 않는다.

임무형 지휘를 시행하는 과정에서 오류가 발생할 수도 있는데 이에 대해서 상급자는 하급자의 실수를 용인하는 것이 전제되어야 임무형 지휘 제도가 성공할 수 있다. 그러나 임무형 지휘는 위임된 명령을 수행하는 것이 병사들의 신체와 생명이 불필요하게 위태롭게 되어서는 안된다는 제한이 있다.[19)]

사실 Auftragstaktik과 유사한 형태의 지휘방식이 다른 나라 군대에도 존재한다. "Mission Command"가 바로 그것이다. 그러나 독일군의 Auftragstaktik은 Mission Command 보다 더 넓은 개념으로 사용된다. Auftragstaktik은 단순히 군대 내부에서 군사적인 명령에만 적용되는 것이 아니라 특정 인간상(Menschenbild)에 의해 사람을 이끄는 기술이라고 볼 수 있다(Schwier, 1999). 임무형 지휘가 성공하기 위해서는 '위임(Auftrag, mission)'에 대한 분석과 평가가 이루어져야 한다. 임무형 지휘가 단순히 명령을 수령하여 그대로 시행하는 것이 아니라 하급자의 독자적이고 창의적인 행동에 따라 명령을 적용하는 것이기 때문에 위임의 개념, 범위와 한계가 명확해야 한다. 이에 대해서 하급자는 다음과 같은 문제 제기를 해야 한다.[20)]

- 나의 상급자는 어떤 의도를 가지고 있는가?
- 나에게 본질적으로 어떤 성과가 요구되고 있는가?
- 내가 감당할 수 있는 부담은 어느 정도인가?
- 근본적인 상황변화가 있는가?

상급 지휘관의 의도대로 명령이 실현되기 어려운 경우가 닥치면, 현장의 하급 지휘관들은 자신의 책임하에 상급자의 의도를 살리는 범위내에서 당초 수령한 명령을 다르게 집행할 의무를 지게 된다.[21)] 이것이 바로 독일식 '임무형 지휘'의 요체이다. 타국 군대에서는 이러한 하급 지휘관의 행동은 종종 명령불복종으로 간주되지만, 독일군에서는 하급 지휘관의 재량범위를 그만큼 크게 부여하고 있는 것이다.

독일군의 임무형 지휘는 본질적으로 다음과 같은 내용을 담고 있다.[22)]

첫째, 지휘관은 상급자로부터 수령한 명령을 집행하는데 있어서 본질적인 상황변화가 있을 때, 자신의 최선의 지식과 양심에 따라 당초 명령을 수행하는 데 있어서 자신의 의견에 따라 변경할 의무를 진다.

둘째, 이 경우 지휘관은 자유롭게 자신의 의도대로 행동하는 것이 아니라 "상급자라면 이러한 상황 변화 시 어떤 의사결정을 내릴 것인가"를 상정하여 상급자의 의도(commander's intent)를 살리는 범위 내에서 당초 명령을 변경한다.

셋째, 임무형 지휘를 적용하여 당초 하달된 명령을 변경하려면 다음과 같은 조건이 충족되는 경우에 한한다.

- 상황이 본질적으로 변화되었을 경우
- 명령을 발령한 상급자와의 연락이 두절된 경우
- 신속한 결정이 불가피할 경우

독일군의 임무형 지휘는 임무형 전술 개념이 전술적으로만이 아니라 리더십 분야에 확대 적용되어 '임무를 통한 지휘'의 개념으로 발전된 것이다. 즉 '임무형 전술'이라고 할 때는 전술 분야에 국한된 개념으로 이해되지만, '임무형 지휘'라고 할 경우에는 전술상황 뿐만 아니라 교육훈련 등 평시 부대관리를 포함하는 광의의 개념이라고 할 수 있다.

이러한 임무형 지휘의 원리는 예하 지휘관들에게 부여된 목표를 달성하려는 의지를 요구하지만, 예하 지휘관들의 행동의 자유를 최대한 보장해 주는 것이다. 그리고 예하 지휘관들에게 자기가 의도하는 바를 명확하게 알려 주고, 성취가능하고 명확한 목표를 부여하며, 목표 달성에 필요한 전투력과 수단을 제공해 준다.[23)]. 지금까지 설명한 독일군의 임무형 지휘의 특성을 요약, 정리하면 다음 〈표 2〉와 같다.

〈표 2〉 독일군의 임무형 지휘(Auftragstaktik) 특성

항 목	특 성
기 원	1807-1814년 프러시아의 군 개혁의 일환으로 도입
주창자	Scharnhorst, Clausewitz, Moltke 등
리더십 유형	분권형 리더십, 셀프 리더십
인간관	군인을 피동적 존재가 아닌 “자유인(a free person)”으로 인식
목 표	군사적 목적을 달성하는 데 있어서 상급자의 의도를 파악하고 상황변화에 능동적으로 대처하여 문제를 해결하는 데 있음
요구자질	상·하급자간 신뢰, 하급자의 지식, 기술, 능력, 창의력, 자기 주도성
상 · 하간 임무분담	상급자: 주로 What & Why 담당, 하급자: 주로 How를 담당
적용시기	전시 및 평시

3) 임무형 지휘의 전제조건과 한계

독일군 리더십의 원리로 일컬어 지는 Auftragstaktik은 리더가 자신의 하급자의 의사결정에 매번 명시적으로 승인할 필요가 없이 하급자 주도로 현장에서 문제를 해결하는 환경을 전제로 하고 있다. 이러한 형태의 리더십이 성공을 거두기 위해서는 다음과 같은 핵심 요소가 요구된다.

첫째, 리더와 추종자간의 상호 신뢰(mutual trust)를 들 수 있다. 리더는 추종자와의 친밀한 인간관계를 통해서 상대방의 지식과 능력에 대해 신뢰를 가질 수 있어야 한다.

둘째, 반복적인 훈련을 들 수 있다. 리더와 추종자 상호간 의사결정 능력을 배양하고 신뢰를 강화하기 위해서는 많은 양의 훈련이 요구된다.

셋째, 리더와 추종자의 자발적 행동(willingness to act)과 책임의식이다. 임무형 지휘는 강제적으로 시행되는 것이 아니라 상황변화에

따라 보다 나은 결과를 얻기 위해 리더와 추종자가 자발적으로 행동하는 것이기 때문이다. 그리고 결과에 대해서 책임을 지는 책임의식이 전제되어야 임무형 지휘가 성공할 수 있다.

넷째, 절차의 단순성을 들 수 있다. 임무형 지휘가 효과적으로 발휘되기 위해서는 이에 대한 정책과 절차 등 제도적인 기초가 단순한 형태로 되어 있어야 한다.

다섯째, 실패에 대한 관용을 들 수 있다. 임무형 지휘가 반드시 성공을 가져온다는 보장이 없기 때문에 임무형 지휘에 의해 하급자가 자유재량으로 행동한 결과가 실패로 나타난다고 해도 상급자는 관용을 베푸는 조직문화가 정착되어야 한다.

오늘날 IT기술의 발달과 첨단 무기의 개발과 활용으로 현장의 지휘관이 상황 변화에 따라 명령을 변경하는 것은 현실에 맞지 않으며 첨단 무기체계와 기술에 정통한 리더가 중앙집권적인 리더십을 발휘하는 것이 오히려 현대 전투상황에 더 적합하다고 비판하는 사람들도 있으며, 섣부른 권한의 하부 이양과 재량권 부여는 더 큰 리더십 실패를 초래할 수 있다는 것을 한계로 지적하는 학자들이 있다. 그러나 오늘날과 같은 IT기술이 군의 작전에 광범위하게 적용되고 첨단 무기가 전쟁의 성패를 좌우하는 상황에 있어서도 결국 전투를 수행하는 주체는 사람이므로 신뢰, 판단, 자기 주도성과와 같은 인적 요소는 전투와 전쟁을 승리로 이끄는 결정적인 요소라고 감안할 때 임무형 지휘의 필요성은 결코 과소평가 될 수 없다고 생각된다.

4) 임무형 지휘와 내적 리더십

오늘날 독일군의 군 리더십의 두 기둥은 임무형 지휘(Auftragstaktik)와 내적 리더십(Innere Führung)이다. 임무형 지휘와 내적 리더십은 상호간에 매우 밀접한 관련성이 있다. 내적 리더십은 군인을 자유인(a free person)으로 간주하고 인간의 기본권과 자유권이 존중되어야 하는 것처럼, 군인이 인간으로서 존엄성을 가지고 자유의지를 가진다는 생각에 기초를 두고 있다. 한 마디로 내적 리더십은 군인에 대한 인재상이라고 말할 수 있다. 자유 시민이 자신이 속한 공동체를 위해 헌신하고 봉사하듯이 자유인으로서 군인은 공동체가 위험에 처했을 때 자신을 희생하고 공동체를 방어하는 자유인임을 강조하고 있다. 내적 리더십이 포함하고 있는 핵심 내용은 다음과 같다.

- 국가와 사회의 통합
- 군인은 '제복을 입은 시민'이라는 기본 인식
- 명령 발령자로서 지휘관의 윤리적, 법적, 정치적 합법성 강조
- 명령과 복종에 대한 제한
- '임무형 지휘' 원칙의 적용
- 장병들에 의한 '지휘참여권(Beteiligungsrecht)'에 대한 법적 보장
- 군내 '결사의 자유' 보장

오늘날 독일군의 기본적 원리로 간주되는 내적 리더십과 임무형 지휘는 동전의 양면과 같은 관계이다. 개별 병사의 내적 리더십에 기초하여 임무형 지휘가 가능해지고 또 발휘될 수 있다. 임무형 지휘는 내적 리더십을 기반으로 부대의 임무수행 과정에서 지휘권을 가장 효율적으로 발휘하기 위한 지휘 방식이다. 임무형 지휘가 명령을 받는 하급자의 자유의지와 자기 주도성(self initiative), 그리고 창의력을 존중하는 리더십 형태로 정착하게 된 배경에는 군인을 상급자의 명령에 기계적으로 움직이는 존재가 아닌, '제복 입은 시민(citizen in uniform)'으로 간주하는 기본 철학에서 출발한다고 볼 수 있다.

내적 리더십(Innere Führung)은 1953년 1월 10일 공식적으로 규정화된 독일 연방군(Bundeswehr)의 기본적 리더십 원리이다. 내적 리더십의 목표는 현대사회에서 요구되는 군인상을 확보하고 이것에 적합한 군인을 육성하는 데 있다. 내적 리더십에서 목표로 하는 군인상은 세 가지 이다. 첫째, 자유인, 둘째, 훌륭한 시민, 셋째, 충실한 군인이다.[24)]

결국, 독일군이 육성하고자 하는 이상적인 군인상은 개인의 권리와 군인으로서 의무를 동시에 갖고 있는 '제복 입은 시민(citizen in uniform)'이다. 즉 군인은 군인으로서 의무와 시민으로서 지적・도덕적 책임을 조화롭게 수행해야 한다는 것이다. 독일군의 이상적인 군인상인 '제복 입은 시민'의 개념 속에는 다음의 세 가지 요소가 포함되어 있다.

첫째, 군인은 자유인(free individual)이어야 한다는 것이다. 자유인이라 함은 인간의 존엄성과 아울러 독일 기본법에 명시된 자유와 권리를 보유하고 있는 인간을 뜻한다. 따라서 "인간의 존엄성은 침해할 수 없다"(독일 기본법 1/10)고 규정하고 있듯이, 모든 시민들과 마찬가지로 군인들에게도 독일 헌법에서 보장하는 기본권이 보장된다.

둘째, 군인은 책임감 있는 시민(responsible citizen)이어야 한다는 것이다. 군인은 군 조직공동체의 중요성을 인식하고, 책임감을 가지고 조직의 목표달성에 협조해야 한다. 그리고 자신의 가치관과 개인적 목표가 다른 사람과 상충될 경우 이를 조정하고 양보할 수 있어야 한다.

셋째, 군인은 항상 임무를 수행할 준비가 되어 있어야 한다는 것이다. 군인은 자신의 군 복무가 국가방위, 나아가 세계평화 유지와 인권보호에 중요함을 인식함과 동시에 생명의 위협을 무릅쓰고, 전투에 임할 수 있는 정신자세를 갖추어야 한다.

이러한 '제복 입은 시민'을 육성하기 위해 독일군은 상관의 지도원칙(guiding principle)을 제시하고, 이를 준수하도록 하고 있다. 또한 독일군은 군인을 '제복 입은 시민'으로 육성하기 위해 군 복무자들에게 자유민주주의의 질서와 가치, 규범 등을 교육시켜 사회적·정치적 책임을 자각하게 하고 있다. 그리고 국민으로서 군 복무 및 군사임무 수행의 당위성을 인식하게 하여 전투태세를 확립하고, 전투동기를 부여하기 위해 시민교육(civic education)을 실시하고 있다.

오늘날 독일은 유럽연합(EU)의 중심국가로서, 그리고 북대서양조약기구(NATO)의 핵심 전력으로서 세계 평화 유지를 위해 힘쓰고 있다. 여전히 임무형 지휘는 독일군 지휘관의 기본적 지휘방침이 되고 있으며 군 리더십의 핵심이 되고 있다.

5) 맺음말

임무형 지휘가 성공적으로 시행되기 위한 전제조건으로는 상·하급자간의 높은 신뢰와 함께 하급자의 지식과 능력, 창의성, 그리고 임무에 대한 확고한 몰입이 요구된다. 독일군 장병들은 나폴레옹으로부터의 해방전쟁, 통일 전쟁 등 수많은 전쟁과 전투를 통해서 임무형 지휘에 대해 훈련을 받았으며, 때로는 시행착오를 거치면서도 효과적인 리더십 원칙으로 발전시켜왔다. 그 결과 독일군은 지휘관의 리더십과 전투 능력 면에서 타국 군대를 능가한다는 평가를 받아왔으며 독일군의 패전에도 불구하고 오늘날 많은 국가에서 독일군의 이러한 임무형 지휘의 본질과 실무를 본받으려 하고 있다.

많은 경영이론과 실무가 그러했듯이, 독일군의 임무형 지휘는 민간 조직, 특히 경영 조직에 적용될 여지가 많다. 오늘날과 같이 조직내 개인의 가치와 능력이 '인적 자본(human capital)'으로서 매우 중요해지고 이들의 자발적 능력 발휘를 이끌어 내는 리더십과 모티베이션이 경영자의 핵심 임무에 속하는 시대에 독일군 리더십의 성공 모델인 임무형 지휘는 사람들의 관심을 끌고 있다.

Y이론 인간관, 위임에 의한 관리, 개인의 모티베이션, 셀프 리더십과 수퍼 리더십은 임무형 지휘의 핵심 내용이라고 할 수 있는 상・하간 상호 신뢰, 하급자의 능력 개발과 직무 및 조직 몰입이 경영조직 환경하에서 영향을 주는 요소를 표현하는 것이라고 생각된다.

결국, 군이나 민간 조직에서 구성원들의 사기를 높이고 위기 상황에서 목표지향적인 능력을 발휘하게 하는 기제는 동일하다는 교훈을 본 연구에서 도출할 수 있다. 우수한 리더십은 경직된 명령체계 내에서 개인의 특성을 무시하는 것이 아니라 오히려 개인의 능력과 창의성을 장려하고 인간을 신뢰하는데 있다는 것을 임무형 지휘(Auftragstaktik)의 성공사례에서 찾을 수 있다.

5. 위대한 화해의 정치가 로베르 슈망

지난 2000년 독일 하노버에서는 세계박람회(EXPO)가 성황리에 개최되었다. 하노버 EXPO의 압권은 주최국 통일 독일의 전시관이었다. 독일 16개 연방주에서는 각기 지역 특산물이나 자랑할 만한 최첨단 공산품을 전시하고 있었다. 그 가운데 필자의 눈길을 끈 것은 자를란트(Saarland 또는 Saar)주의 전시관이었다. 자를란트는 면적이 우리나라 제주도보다 조금 크고 인구 100만 명이 채 되지 않는, 독일에서 두 번째로 작은 주이다. 자를란트가 EXPO를 맞이하여 세계인들에게 보여준 것은 농산품도 공산품도 아닌 한 권의 낡은 책이었다. 유리 진열장 안에 소중하게 전시된 그 책은 1956년 독일과 프랑스간에 자르지방의 독일 귀속에 관하여 합의한 총 8개장과 97개 조항으로 구성된 조약문 원본이었다. 자를란트 땅은 18세기 이후로 독일과 프랑스간에 영토를 뺏고 빼앗기는 역사를 반복한 분쟁지역이었다. 자를란트는 탄광과 함께 철광석을 생산하는 제철소가 있는, 경제적인 가치가 높은 곳이라 변변한 제철소가 없는 프랑스로서는 탐을 낼 수밖에 없었으므로 양국간에는 이 조그만 영토를 둘러싸고 갈등이 끊이지 않았다.

1945년, 세계 2차 대전이 끝나자, 승전국이 된 프랑스는 다시 자르란트를 점령하였지만 내심 불안했다. 왜냐하면 1차 대전 직후 베르사이유 강화조약에서 프랑스는 독일에 대해 천문학적인 배상금과 라인란트의 비무장지대화, 자르지방의 국제연맹 관할 등 독일에 지나칠 정도로 가혹한 조건을 요구하여 독일인들의 원한을 샀고 이것이 결국 히틀러에 의해 2차 대전을 일으키게 한 빌미를 제공하였기 때문이다. 이후 1946년부터 1955년까지 자르는 독일 땅도 프랑스 땅도 아닌, '보호령' 또는 '특수지역'으로서 자치와 독립을 국제적으로 보장받았다. 화폐도 1947년에 프랑스의 프랑화와 연계된 '자르 프랑화'가 도입됨으로써 주민 대부분이 독일어를 쓰고 독일문화권에 속해 있었음에도, 경제적으로 프랑스의 경제권에 편입되었다. 1949년 서독정부가 출범한 이후 '자르문제'는 독·불간 외교에 있어서 뜨거운 감자로 등장하였다. 양국은 둘 다 전쟁으로 인해 경제적으로 피폐해진 상황 속에서도 여전히 견원지간의 관계를 지속하고 있었다. 마치 1차 대전 직후의 데자뷰(déjà-vu)를 보는 듯했다.

양국간의 점증하는 긴장을 완화시키는 노력은 프랑스에서 시작되었다. 1950년 5월 9일, 프랑스 외무장관 로베르 슈망은 프랑스 정부를 대표하여 선언문을 발표하게 된다. 후일 '슈망 선언(Schuman Declaration)'으로 유명해진 그의 선언문에는 매우 파격적인 제안이 포함되어 있었다. 유럽국가들이 과거의 적대관계를 청산하고 새로운 형태의 '초국가적 공동체(supranational community)'를 유럽내에 만들자는 안이 주된 제안이었다. 유럽국가들이 분열되어 적대관계를 형성하고 결국 두 차례의 처참한 세계 대전이 발발하여 국토가 외국 군대에 의해 유린되고 폭격으로 폐허가 되고 많은 사람들이 목숨을 잃게 된 그러한 불행이 유럽에서 다시 일어나지 않아야 하며, 어제의 적국들이 이제 손을 잡고 유럽의 전쟁피해 복구와 경제적 번영을 다시 가져오기 위해서 화해와 용서에 바탕을 둔 국제적 공동체를 건설하자는 프랑스 총리를 지내고 현재는 외무장관직에 있는 거물급 정치인 슈망의 제안은 전쟁의 폐허에서 의기소침해 있던 유럽인들에게 미래에 대한 희망과 용기를 주었다.[25)]

슈망의 제안은 비교적 구체적이었다. 그가 제안한 주된 내용은, 초국가적 공동체가 형성되어 유럽 국가들이 회원국으로 가입하게 되면 회원국간의 정치적인 결사체가 생성되고, 회원국간 전쟁을 원천적으로 불가능하게 만든다는 것, 회원국들은 점진적, 단계적으로 공산진영을 제외한 동유럽과 서유럽 국가들이 하나의 공동체로 통합되는 것을 목표로 한다는 것, 회원국을 아우르는 역내 단일 시장을 건설하자는 것, 그리고 회원국 간에 석탄과 철강과 같은 전략적으로 중요한 자원을 공동으로 활용함으로써 유럽경제의 부흥시키자는 등의 획기적 내용이 담겨 있었다. 사실 슈망이나 모네와 같은 프랑스의 최고 지도자들은 프랑스가 간절히 원하고 있는 석탄과 철강을 이웃나라와 공유하는 것에 최우선적인 관심이 있었다. 프랑스가 당면한 최우선 정책인 경제부흥을 위해서라면 수단과 방법을 가리지 않고 이를 군사적, 물리적으로라도 확보해야 하겠지만, 과거와 같은 이런 방법은 이웃국가 국민들의 원한을 사게 되고 결국 피비린내 나는 전쟁으로 이어지고 젊은 청년들이 희생되고 국가는 다시 파탄에 이른다는 역사적 교훈을 너무나 잘 알기에 그러한 실수를 되풀이하지 않기 위해서 2차 대전의 피해자인 프랑스는 가해자인 서독과 이탈리아를 포함한 이웃국가들에게 화해의 손을 내밀면서 공존공영하는 공동체의 결성을 제안하게 되었던 것이다.

슈망의 전격적 제안에 반응도 신속하였다. 서독과 이탈리아, 그리고 베네룩스 3국(벨기에, 네덜란드, 룩셈부르크)은 즉각 환영한다는 성명을 발표하였고 프랑스를 포함한 이들 6개국은 여러 차례 회담을 갖고 슈망 플랜(Schuman Plan)이 현실화될 수 있는 방안을 모색하였다. 그 첫 번째 결과물이 이듬해 나왔다. 1951년 4월 18일, 이들 6개국은 화해와 협력의 정신을 존중하며 '유럽 석탄 및 철강 공동체(European Coal and Steel Community: ECSC)'를 결성하기로 합의하였다. 이 기구는 유럽에서 결성된, 최초의 국제적 공동체기구라고 평가된다. 조약의 조인식이 거행된 곳이 파리였기 때문에 '파리조약(Treaty of Paris)'으로 부르는 이 국제적 합의에 따라 창립 6개국은 석탄과 석유의 생산과 거래에 있어서 규제나 관세부과 없이 자유롭게 거래할 수 있게 됨으로써 정치적, 경제적 유대감을 가지게 되었다. 후세 학자들은 1951년 파리조약이야 말로 유럽연합의 탄생이며, 이 파리조약을 가능하게 만든 최초의 이니셔티브인 슈망 선언이 발표된 5월 9일(1950년)을 오늘날 유럽연합 국가들의 국민들은 '유럽의 날(Europe Day)'로 기념하고 있다.

슈망 선언 또는 슈망 플랜을 직접 발표한 로베르 슈망의 가족사는 유럽 현대사의 아픔을 고스란히 가지고 있다. 그는 1886년 룩셈부르크(불어 발음으로 '뤽상부르')의 클라우젠에서 태어났는데 당시 그의 어머니는 룩셈부르크인이었으나 그의 아버지는 독일 국적을 가지고 있었다. 아버지 장-피에르는 독일과 프랑스의 국경지방인 로렌(독일어로 '로트링겐')에서 프랑스인으로 태어났으나 1871년 독일이 로렌지방을 독일영토로 병합하면서 독일 국적을 얻게 되었다. 슈망은 초등학교와 중학교를 룩셈부르크에서 다녔고, 고등학교는 그리 멀지 않은 프랑스 영토인 메츠에서 마쳤다. 1904년 1910년까지 그는 독일의 베를린, 뮌헨, 본, 그리고 슈트라스부르크(불어로 '스트라스부르')로 대학을 옮겨 다니면서 법학, 경제학, 정치철학, 신학과 통계학을 배웠으며 슈트라스부르크 대학으로부터 법학전공으로 우등상을 받고 졸업하였다. 졸업 후 그는 프랑스 메츠에서 변호사 개업을 하였는데 2년 후인 1914년 세계 1차대전이 발발하게 되자 메츠는 독일군의 점령하에 놓이게 되었고 그는 메츠에서 독일군에 의해 보충병으로 징집을 당하게 된다. 그러나 그는 병을 얻게 되면서 병역의무를 면제 받게 된다. 그 후 그는 행정요원으로 근무하다가 종전 소식을 듣게 된다. 1차대전이 끝난 후 그가 살던 알사스 - 로렌(독일어로 '엘자스 - 로트링겐') 지방을 프랑스가 다시 독일로부터 수복하였으므로 슈망은 1919년 프랑스 시민권을 취득하게 되었다. 그는 프랑스의 정계에 진출하여 경력을 쌓았고 2차 대전 중에는 전시정부에 고위공무원으로 근무하였으나 1940년 나치가 파리를 점령하면서 정부를 떠나 프랑스 저항군 레지스탕스에 가담하였다가 독일군에 체포되었다. 그러나 독일인이나 다름없는 그를 동정한 독일 변호사의 도움으로 악명 높은 다하우 강제수용소에 보내지는 것을 피할 수 있었다. 그는 1942년 감옥을 탈출하는데 성공하면서 한 동안 프랑스의 레지스탕스에 가담하여 활동하다가 1945년 종전을 맞게 된다. 로베르 슈망의 인생유전, 즉 파란만장한 개인사는 유럽사의 어두운 장을 그대로 담고 있다. 그는 현대 유럽의 온갖 갈등과 전쟁을 온 몸으로 체험한 사람이었다. 전쟁없는 유럽, 영원한 평화가 깃드는 유럽, 국가를 초월한 공동체 건설은 그가 룩셈부르크인, 프랑스인, 독일인, 그리고 다시 프랑스인으로 자신의 의사와는 상관없이, 타의로 국적을 변경당하고 살아온 로베르 슈망(독일어로 로베르트 슈만) 그의 인생의 간절한 소망이기도 했다.

슈망 선언에 의해 6개국간 파리조약이 체결되고 유럽석탄철강공동체(ECSC)가 1952년 정식 발족하면서 수 백 년간 견원지간이었던 독일과 프랑스간에 협력의 물꼬가 트이게 되었고 프랑스는 독일과의 신뢰 프로세스를 계속 발전시키기를 원했다. 이웃나라 독일과 진정한 화해가 없이는 프랑스의 안보는 물론 정치, 경제발전도 어렵다는 것을 역사를 통해 뼈저리게 경험하였던 정치지도자들은 '자르지방의 운명을 주민투표 결정에 맡기자'는 방안을 서독에 적격적으로 제안한다. 자르지방 주민의 대부분은 혈통이나 언어상으로 독일인이기 때문에 주민투표에 맡긴다는 것은 독일에 편입된다는 것을 의미했다. 서독정부가 반색을 하며 동의했음은 물론이다. 드디어 1955년 10월 23일, 자르지방에서는 역사적인 주민투표가 실시되었고 주민의 67.7%가 자치체제로 남아있기 보다는 서독에 편입되기를 원한다는 의사표시를 하였다. 이 결과에 따라 양국의 외무장관은 1956년 10월 27일 룩셈부르크에서 자르지방의 독일연방공화국 편입을 골자로 하는 조약에 서명하였고, 조약이 정한 바에 따라 자를란트는 1957년 1월 1일부로 서독의 11번째 주로 편입되었다. 평화적 절차에 의한 자를란트의 독일 편입은 독·불간 200여 년의 앙숙관계를 화해시키는 역사적인 터닝포인트가 되었다. 이후 양국은 유럽경제공동체, 유럽연합, 유럽단일화폐 도입 등 유럽통합의 모든 과정을 손을 굳게 잡고 함께하였으며, 유럽의 평화를 확고히 다지는데 기여하였다. 도무지 풀리기 어려워 보였던 자르문제는 역사의식이 있는 양국 정치지도자들의 미래지향적인 양보와 결단에 의해 평화와 번영의 계기가 될 수 있었다. 역사를 만드는 것은 시대정신을 잘 파악하고 자신의 역량을 총 결집하여 결정적인 시기에 승부수를 던져서 모든 사람들에게 유익을 주는 리더이다. 로베르 슈망은 그런 모멘트 리더였고 그는 유럽연합이 존속하는 한 유럽인에 의한 정치·경제 공동체인 유럽 연합을 탄생시킨 선각자요, 실천가로 존경을 받게 될 것이다.

6. 진실의 순간에 무릎을 꿇은 빌리 브란트

1970년 12월 7일, 전 세계의 이목은 서독의 신임 총리 빌리 브란트(Willy Brandt)의 폴란드 수도 바르샤바 방문에 온통 쏠려 있었다. 1945년 2차 세계대전 종전 이후 국교가 단절되어 있던 폴란드와의 국교 정상화를 위한 첫 단계로서 양국간 평화조약에 서명하기 위해 전쟁의 가해자인 독일의 총리로서 전 후 처음으로 최대 피해 국가 중 하나인 폴란드의 수도를 방문한다는 뉴스는 세계인들의 관심을 끌기에 충분한 '빅 이슈'였다. 더욱이 독일 총리가 바르샤바 시내 옛 유대인 게토(Ghetto)지역에 세워진 유대인 희생자 추모비를 참배한다는 소식이 알려지면서 세계인들의 폭발적인 관심을 끌게 된 것이다. 이 추모비에 참배한다는 것은 과거 독일 제3제국 시절에 독일군이 수많은 인접국가 국민들과 유대인들에게 자행한 악행에 대해 사죄하고 용서를 구한다는 대표적이고 상징적인 행동이 될 수 있기 때문에 동·서방 언론들이 총동원되어 그 '진실의 순간'을 지켜보고 기록하고자 열띤 취재경쟁을 벌였다.

12월 7일의 바르샤바는 비가 간간이 내려 흐리고 추운 날씨였으며 내린 비로 인해 추모비 제단은 군데군데 물이 고여 있었다. 이윽고 빌리 브란트 서독 총리가 폴란드 관계자의 안내를 받아 추모비에 올라왔다. 헌화 순서가 이르자 '독일연방공화국 총리 빌리 브란트'라는 리본이 달려있는 커다란 화환을 폴란드 경비병이 인계받아 엄숙한 동작으로 추모비 앞에 설치하였다. 이제 관례대로 하자면, 헌화자는 간단한 목례를 하고 내려오면 헌화순서는 끝이 난다. 그런데 놀라운 일이 일어났다. 헌화직후 브란트 총리가 갑자기 아직 물기가 마르지 않은 차가운 시멘트 바닥에 무릎을 꿇고 아무 말 없이 추모비를 바라보며 한참을 기도하듯이 앉아 있는 것이 아닌가! 주변에 운집한 기자들은 이 순간을 놓치지 않고 재빨리 카메라 플래시를 터뜨렸으며 카메라 셔터 소리가 요란하게 이어졌다. 브란트 총리는 약 30초간의 무릎 꿇기를 마치고 일어나 엄숙한 표정으로 목례를 하고 계단을 내려갔다. 이 30초는 그에게 진실의 순간이었고 역사적으로 많은 의미를 함유한 시간이었다.[26)]

1969년, 동방정책(Ostpolitik), 즉 소련을 포함하여 동유럽 공산 국가와의 화해와 협력을 선거공약으로 내걸고 총선을 치른 사회민주당(SPD) 총리후보자 브란트는 집권당인 기민당(CDU)을 꺾고 집권에 성공함으로써 서독 건국이후 최초로 정권교체를 이루었다. 그가 총리로서 강력히 추진한 동방정책의 첫 열매가 바로 서독과 폴란드간 평화조약 체결이었다. 그는 조약 서명에 앞서 바르샤바의 유대인 추모비 앞에서 마주친 진실의 순간에서 깊은 회환과 아울러 사죄와 반성의 무릎 꿇음을 통해 새로운 역사를 위해 과거의 역사의 장을 넘기는 결과를 만들었다. '사과 한다'는 백 마디, 천 마디의 말보다도 빌리 브란트의 그 사죄하는 행동은 웅변적으로 사람들의 가슴을 울렸다.

서독 총리의 무릎 꿇는 장면을 지켜 본 세계인의 반응은 가히 폭발적이었다. 독일의 많은 시민들은 감격으로 가슴이 떨리는 경험을 하기도 하였고, 과거의 어두웠던 시절을 회상하며 눈물을 흘리기도 하면서 역사의 한 장면을 정지화면처럼 되새기기도 하였다. 브란트 총리 일행과 함께 취재차 바르샤바 현장에 있었던 「슈피겔(Spiegel)」 잡지 기자는 슈피겔지에 다음과 같은 기사를 타전하였다. "2차 세계대전 중 나치독일의 만행에 가담하지도, 그것을 목격하지도 못했던 한 남자가 자신의 잘못 때문이 아니라, 가해자로서 감히 용서해 달라는 말을 하지 못하고, 또 할 수도 없는 많은 다른 독일인들을 대신하여 피해자들 앞에서 무릎을 꿇은 것이다. 그는 자신을 위해서가 아니라 독일을 위해서 사죄를 했고 진심으로 용서를 빈 것이다."[27] 사실 빌리 브란트는 히틀러의 통치기간 동안 언론인으로서 나치에 저항하다가 박해를 피해 이름까지 바꾸고 노르웨이 등지로 망명하여 전쟁이 끝날 때까지 외국에 머물면서 저항운동을 했던 사람이다.

이 역사적 장면은 나치시절의 최대 피해국인 이스라엘 국민들과 미국에 있는 수백만 명의 유대인들에게도 중계되어 전송되었다. 많은 유대인들은 빌리 브란트의 사과의 무릎 꿇음을 보면서 "아, 독일사람들 중에도 브란트와 같은 좋은 사람도 있구나. 그는 확실히 나치 독일인은 아닌 것 같아. 이제는 조금이나마 독일을 용서해도 되겠지…"라는 마음을 먹기 시작했다고 후일 고백하였다. 빌리 브란트 총리의 이 행동은 서독 국민들에게도 충격과 감동의 물결을 일으켰고 총리 개인의 인기는 물론, 그가 속한 사회민주당(SPD)에 대한 지지도가 폭발적으로 상승하게 되었다. 후일 세계 최초의 환경보호 정당인 독일 녹색당의 초대 당수가 된 페트라 켈리는 1970년 당시를 회상하면서 그녀가 TV생중계를 통해 브란트 총리가 유대인 추모비 앞에서 갑자기 무릎을 꿇는 장면을 지켜보다가 큰 감동을 받아 눈물을 흘렸고, 그 사건을 계기로 그녀는 사회민주당에 자진 입당하게 되었다고 밝혔다.

빌리 브란트 총리의 이 무릎 꿇음은 전 세계인의 마음을 움직이는 계기가 되었고 그가 추진했던 동방정책은 국내외에서 지지를 받아 급물살을 타게 되었다. 폴란드를 시작으로 네덜란드, 벨기에 등 전쟁 피해국들과 연쇄적인 평화조약을 체결하는 일이 순조롭게 진행되었다. 당시 서독이 속한 자유진영과 냉전관계에 있던 이른바 바르샤바조약기구에 속한 동유럽 공산진영 국가들 간의 화해에도 브란트의 이 행동은 긍정적 영향을 미쳤다. 빌리 브란트의 동방정책의 성과를 높이 평가한 노르웨이의 노벨평화상위원회는 1971년 그를 노벨평화상 수상자로 선정하여 시상하였다.

그 당시 브란트의 무릎 꿇음을 의도적인 정치쇼라거나 진정성이 없는 가식적 행동이라고 폄하하는 사람들이 국내외에 많았지만, 시간이 지나면서 동방정책의 열매가 하나 둘씩 맺히는 것을 보면서 브란트의 진정성을 인정하게 되었다. 역사의 긴 흐름에서 평가할 때 1970년 12월, 빌리 브란트의 그 행동은 역사의 물길을 바꾸는 모멘텀을 제공했다는 것은 확실해 보인다. 그는 서독 총리로서의 그의 지위와 시대의 흐름을 잘 활용하여 역사적인 화해와 용서, 그리고 세계평화를 이루어낸 진정한 모멘트 리더였다.

빌리 브란트의 생애는 문자 그대로 파란만장 그 자체라고 말할 수 있다. 1913년 북부 독일의 뤼벡(Lübeck)에서 태어난 그의 원래 이름은 헤르베르트 에른스트 칼 프라암(Herbert Ernst Karl Fahm)이었다. 프라암은 아버지의 이름이 아니라 그의 어머니의 이름을 딴 것이었다. 사실 그는 사생아로 태어났다. 뤼벡에 근무하던 중학교 선생과 사귀게 된 어머니는 혼외자로 아들을 낳게 된 것이다. 브란트는 아버지를 만나 본 적이 없이 자라났다. 브란트가 사생아라는 사실은 후일 브란트가 정치인으로 활동할 때 반대 정당이나 적대적 유권자들로부터 공격의 단골 소재가 되었고 그의 정치경력에 있어서 걸림돌로 작용하였으나 그는 개의치 않고 당당히 자신의 출생의 사연을 공개하였다.

브란트는 열렬한 사민당 당원이었던 의붓아버지의 영향으로 소년 시절부터 정당활동에 관여하게 된다. 1927년에는 뤼벡 사민당 당보에 논문을 게재하기도 할 정도로 정치에 관심을 보이다가 1930년, 17세의 나이로 사민당에 정식 가입하면서 활발한 정치행보를 보이게 된다. 1933년 히틀러가 이끄는 나치당이 집권에 성공하면서 사회주의 정당들을 불법화하고 당원들에 대한 탄압이 시작되자 신변의 위협을 느낀 브란트는 자신의 이름인 Herbert Frahm을 버리고 '빌리 브란트(Willy Brandt)'라는 가명을 쓰고 독일을 탈출하여 노르웨이로 망명하는데 성공한다. 그곳에서도 사회주의 정당의 언론에 종사하면서 나치에 저항하는 일에 앞장섰다. 독일이 2차 세계대전이 일으키고 1940년 노르웨이를 점령하자 그는 구사일생으로 노르웨이를 탈출하여 스웨덴의 스톡홀름에 정착하여 1945년 종전까지 머무르며 진보적 언론인으로 활동하였다.

전쟁이 끝나고 그는 스웨덴 기자 자격으로 고향에 돌아와 언론인과 사회민주당원으로 활발히 활동하였고 이듬해 고향인 뤼벡시의 시장에 당선 되면서 본격적인 정치인의 길을 걷게 된다. 1961년 서베를린 시장에 당선된 브란트에게 기쁨은 잠시, 냉전시대의 엄청난 짐이 지워지게 된다. 그해 여름부터 동독 공산정부는 서베를린을 외부세계로부터 차단하기 위한 목적으로 '베를린 장벽'을 쌓기 시작했고, 서베를린 시민들은 패닉상태에 빠지게 된다. 그는 서베를린의 고립이라는 최대의 위기상황에서 불안에 떨고 있는 시민들을 안정시키기 위해서 당시 미국대통령인 존 에프 케네디(John F. Kennedy)의 서베를린 방문을 성사시키려 애썼다. 그의 노력과 미국정부의 호응으로 1963년 6월 26일, 46세의, 젊고 잘 생긴 미국 대통령 케네디는 쉐네베르크 시청사 앞에 구름떼처럼 모인 20만 명의 서베를린 시민들을 향해 "나도 베를린 시민입니다!(Ich bin ein Berliner!)"라는 유명한 연설을 통해 미국은 자유진영의 최전선에 서 있는 베를린 시민들의 불행을 결코 좌시하지 않을 것이며 서베를린이 공산화 되는 것을 저지하겠다는 강력한 메시지를 베를린을 포함하여 소련과 동유럽 공산국가들에게 던졌다. 케네디의 감동적인 연설 직후 베를린 사태는 급속히 개선되었다. 자유진영의 수장 미국의 확고한 서베를린 수호의지를 확인한 시민들은 마음의 평안을 얻게 되었으며, 베를린 장벽 건설 직후, 불안에 하며 베를린을 떠났던 사람들은 다시 베를린으로 돌아오고 베를린의 경제도 다시 활성화되었다. 그리고 케네디 대통령을 베를린으로 오도록 하는 데 일조한 빌리 브란트 시장의 정치적 인기도 날로 높아갔다.

1967년 브란트는 서베를린 시장직을 사임하고 보수와 진보의 대연정 내각에서 부총리겸 외무장관직을 맡게 되면서 중앙 정치무대로 화려하게 진출하게 된다. 1969년 총선에서 그는 당료들의 반대를 무릅쓰고 정치 이데올로기가 다른 보수성향의 자민당(FDP)과 연합전선을 형성하여 마침내 근소한 표차로 총선에서 승리함으로써 보수 기민당의 20년 집권을 종식시키고 2차 대전 이후 최초로 사민당 총리로서 집권하는 쾌거를 이루었다. 빌리 브란트는 하루아침에 국제 정치무대의 신데렐라로 등장하게 되었다. 그는 총리가 된 직후부터 그의 선거공약이었던 '동방정책'을 구체적으로 실천하기 시작했다.

동방정책의 첫 실험대는 폴란드였다. 그는 독일과 폴란드간의 현재 국경선을 존중한다는 조건을 수락하고 독일-폴란드 평화조약을 체결하는 데 성공함으로써 동방정책의 첫 발을 성공적으로 내디디게 되었다. 물론 보수 야당의 극심한 반대에도 불구하고 본인이 직접 바르샤바에 가서 조약에 서명하기로 하고 1970년 12월 7일, 바르샤바의 유대인 학살 추모비 앞에 서게 된 것이다. 그 자리는 1943년 죽음의 수용소로 끌려가는 것에 저항한 유대인 4만 2천여 명이 나치 독일군에 의해 무참하게 희생된 일을 추모하는 위령비였다. 그의 정치인생의 정점에서 그는 옳은 선택을 했고, 그의 무릎 꿇음을 통해 독일은 비로소 국제적으로 '정상국가'로 다시 인정받게 되었다. 이후 독일의 후임 총리들은 브란트의 유산을 계승하여 동·서독이 유엔에 동시에 가입하는 등 화해와 협력정책을 추구하여 정치적으로 국가위상을 고양시키고 경제적으로 부흥하여 세계의 지도적인 국가로 성장시키는 데 앞장서게 된다.

오늘날 폴란드 바르샤바 유대인 추모비로부터 북쪽으로 150미터 떨어진 지점에 유대인 박물관이 있다. 2000년, 박물관 벽에는 빌리 브란트 총리가 무릎을 꿇고 있는 동판이 제작되어 부착되었고 그 지역의 광장이 '빌리 브란트 광장'으로 명명되었다. 2010년, 당시 독일의 연방대통령 크리스티안 불프는 브란트의 무릎 꿇음 40주년을 기념하여 그곳을 방문하였다. 파란만장 했던 정치인 빌리 브란트는 동과 서로 나뉘어 적대관계에 놓여있던 유럽 국가들간의 용서와 화해, 그리고 협력을 앞당긴 시대적 선각자요 불행한 상황을 긍정적으로 전환시킨 모멘트 리더였다.

1974년 5월, 브란트 총리는 자신의 보좌관인 귄터 기욤이 동독의 스파이로 밝혀지면서 정치적 책임을 지고 전격 사임하게 된다. 동방정책의 정점에서 그가 스캔들로 물러나자 그를 아쉬워하는 사람들이 많았다. 그의 동방정책은 그의 후임자인 같은 당 헬무트 슈미트 총리가 이어받게 되었다. 그는 총리 퇴임 이후에도 1987년까지 사민당 당의장직에 있으면서 정치적 영향력을 이어갔다. 1976년 그는 개량적 사회주의, 페이비언 사회주의(Fabian Socialists) 및 노동 계열 중도좌파 정당들의 국제적 연맹체인 Socialist International(SI)의장에 취임하여 1992년 퇴임할 때까지 무려 16년 동안 의장직을 맡으면서 SI의 국제적 위상을 향상시켰다. 그는 독일 통일에 대해서도 큰 관심을 가지고 준비하였으며 동방정책 추진을 하면서 자신의 보좌관 에곤 바르(Egon Bahr)를 통일 전문가로 육성하였다.

1989년 11월, 베를린 장벽의 갑작스런 붕괴로 독일 통일이 현실로 다가왔지만, 당시 기민당의 콜 총리를 비롯한 집권당이나 야당인 사민당내 통일 전문가가 많지 않다보니 정부내 공무원들도 예상 못한 베를린 장벽 붕괴라는 중대 사태를 맞아 당황하며 우왕좌왕할 때 콜 총리는 야당의 원로 정치인이자 전 총리인 빌리 브란트에게 도움을 요청하였고 그는 자신이 키운 동방정책의 설계자 에곤 바르를 적극 추천하였다. 에곤 바르는 자신의 과거 인적 네트워크를 동원하여 동독은 물론 소련과 동구 국가의 정치인들과 막후 협상을 벌이는 등 독일 통일에 결정적인 도움을 주었고, 그 덕분에 콜정부는 통일과업을 순탄하게 진행할 수 있었다. 에곤 바르는 독일 국민들로부터 지금도 '독일 통일의 설계자'라고 불리며 존경을 받고 있다.[28)]

1990년 10월 3일, 이날은 독일 통일을 정식으로 선포한 날이었다. 콜 총리는 과거 분단의 상징이었던 베를린의 브란덴부르크 문에서 독일 통일 선포식을 진행하였다. 수십만 명의 베를린 시민과 전 세계에서 온 언론인들은 통일된 독일의 탄생을 환호하고 축하였다. 하늘로 수천 발의 축포가 굉음을 울리며 발사되었고 동서 베를린 사람들은 손에 손을 잡고 노래를 함께 불렀다. 콜 총리의 옆에는 '동방정책의 아버지'로 불리는, 백발의 빌리 브란트 전 총리가 감격스런 표정으로 역사적 순간을 함께하고 있었고 축사를 통해 통일된 조국을 축하하고 미래를 향해 함께 나아가자고 외쳤다.

1992년, 빌리 브란트는 79세의 나이로 타계하였고 그의 사저가 있는 서독지방 본(Bonn) 근교에 묻혔다. 20세기의 위대한 정치인의 삶이 마감되었다는 소식을 접한 세계 각국에서는 애도의 전문을 보내왔고 세계각지에서 사람들이 몰려와 그의 장례식을 성대히 거행되었다.

2013년, 빌리 브란트 탄생 100주년을 기념하여 독일의 유명 잡지 「디차이트(Die Zeit)」는 그를 추모하는 특별호를 발간하였는데, 겉표지에 미소짓는 브란트의 얼굴 밑으로 큰 글씨로 '비전의 지도자, 세계시민, 그리고 통일의 총리 - 빌리 브란트'라고 썼다.

7. 존 F. 케네디의 외롭고 용감한 결단

2013년 11월 22일은 미국의 35대 케네디(John F. Kennedy) 대통령이 서거한지 50년이 되는 날이다. 서거 50주년을 맞아, 미국은 오바마 대통령이 앞장서는 등 케네디 추모 열기가 뜨거웠다. 케네디 대통령이 잠들어 있는 수도 워싱턴의 알링턴 묘지에는 추운 날씨에도 불구하고 미국은 물론 세계 각지에서 온 참배객들로 문전성시를 이루고 있었다. 필자도 가본 적이 있는 워싱턴 근교 알링턴 국립묘지 중앙에 있는 케네디의 무덤 앞에 설치된 조그만 철제 화로에는 365일 밤낮으로 불이 타오르고 있다. 알링턴 묘지 중에서 추모의 불이 항상 켜져 있는 유일한 묘지이다. 케네디 대통령이 3년이라는 짧은 재임기간에도 불구하고 오늘까지도 미국민들과 많은 세계인들의 사랑을 받고 있는 이유는 무엇일까? 그것은 1962년 10월에 발생한 '쿠바 미사일 위기' 때 행한 의로운 결단이 케네디를 위대한 지도자의 반열에 올렸다고 필자는 생각한다. 미국 예일대 심리학 교수였던 어빙 재니스(Irving Janis)는 '집단사고(groupthink)' 현상으로 인해 집단이 어처구니없는 결정을 하게되는 메카니즘을 분석하면서 집단구성원의 응집력이 높고, 의사결정에 있어서 한 두 사람의 목소리가 크고, 속히 결정을 하여야 하는 위기상황이 닥치면 집단내부에서 소수의 반대의견을 무시하고 실세들의 의견을 만장일치로 채택하고자 하는 압력이 커지게 되어 집단사고가 발생한다고 설명하였다.[29)]

그가 집단사고 연구를 하게 된 것은 케네디 행정부의 1961년 '피그만 침공 사건'이 계기가 되었다. 당시 케네디 행정부에는 대통령 만들기에 공을 세운, 대통령의 고향 친구와 대학 동창생으로 구성된 집단인 '매사추세츠 마피아'들이 대거 포진해 있었다. 친동생 로버트 케네디는 법무장관을 맡고 있었고, 백악관 보좌관들은 대부분 하버드대 동창이거나 고향친구들이었다. CIA는 1959년 공산혁명으로 정권을 잡은 피델 카스트로(Fidel Castro) 정권이 미국의 골칫거리라고 판단하고 쿠바 난민들로 구성된 1,400명의 병력을 CIA와 미군의 지원하에 쿠바의 피그 만에 상륙시켜 카스트로 정권을 전복한다는 계획을 세우고 대통령의 재가를 얻고자 하였다. 군사와 안보분야 비전문가들인 핵심 각료들과 보좌관들은 카스트로 정부의 군사력을 얕잡아보고 쿠바군의 저항은 미약할 것이며 미군이 조금만 거들어주면 상륙작전은 성공할 것이라고 믿어 의심치 않았다. 유일한 전문가인 안보보좌관 슐레진저는 대통령 주변 실세들이 침공 승인을 강하게 주장하고 있어 대세를 뒤집기가 어렵다고 판단하고 반대를 강하게 하지 못하고 입을 다물었다. 마침내 대통령의 승인이 떨어졌고 침공군은 피그만에 상륙하였으나 이에 대비하고 있던 쿠바정부군의 완강한 저항에 부딪쳐 대패하고 만다. 피그만 침공 작전은 결국 100명 이상이 전사하고 1,200명 가량이 포로로 붙잡히는 결과로 끝났고 미국의 위신은 추락하였으며, 쿠바와 소련은 미국이 조그만 나라를 침략하였다고 언론을 통해 연일 선전하였다. 어쨌든 이 피그만 침공 실패사건은 갓 출범한 케네디 행정부에 국내외적으로 심각한 상처를 입힌 악몽같은 사건이 되었다.

이듬해인 1962년 10월, 미국은 더 큰 시련에 봉착하게 된다. 소련의 지원하에 쿠바에 미국을 겨냥하는 미사일 기지가 건설되고 있으며, 실전 배치가 임박하다는 충격적인 사실을 군부는 대통령에게 보고하였다. 케네디는 피그만 사건의 실패를 교훈삼아 최고전문가 12명으로 구성된 "EX - COMM"이라는 팀을 출범시켰고 매일 회의를 열어 자문을 받았다. 미국의 코앞 쿠바에 소련제 미사일기지가 들어선다는 것은 미국의 안보를 영구적으로 위협하는 대재앙이라고 판단한 케네디는 전군에 쿠바 봉쇄령과 함께 전투준비를 의미하는 '데프콘 2'를 발령하고 소련 흐루시쵸프 서기장에게 쿠바로부터 미사일 시설 일체를 철거할 것과 쿠바를 향해 오고 있는 소련 화물선들과 군함들을 즉시 철수시킬 것을 요구하고, 이에 불응하면 군사적인 행동에 돌입하겠다는, 사실상 선전포고를 하게 된다.

온 세계는 제3차 대전의 발발의 공포에 떨며 쿠바사태를 숨을 죽이며 보고 있었으며 소련의 반응을 살폈다. 케네디의 선언이 있은 지 7일째 되는 날, 드디어 흐루시쵸프는 미국이 쿠바침공을 하지 않는다면 미국의 요구를 수락한다는 성명을 발표함으로써 쿠바미사일 위기는 해소되었다. 케네디 대통령은 '피그만 사건' 때와는 달리, 의사결정과정에 주변의 비전문가 측근들을 배제시키고 다수의 외부 전문가들의 의견을 충분히 수렴하면서도 최종 결정은 홀로 외롭게 내릴 수밖에 없었다. 그의 외롭고 용감한 결단은 결과적으로 세계 제3차 대전의 발발을 막았고 미국과 자유진영을 공산세력의 위해로부터 구하는데 크게 기여하게 되었다. 케네디 서거 50주년을 맞이하여 한국의 정치상황을 돌아보면서 지도자의 의사결정에 대해서 새삼 생각해 보게 된다.

그는 진실로 미국 역사상 가장 위험한 순간에 옳은 결정을 내렸다. 그는 자유진영의 대표로서 미합중국의 대통령으로서 직무가 주는 엄청난 부담에도 불구하고 불의에 굴하지 않고 미래를 위한 위대한 결정을 내렸고, 그의 결단은 파탄이 아니라 새로운 평화의 서막을 여는 결단이 되었다. 모멘트 리더로서 전형을 보여준 케네디의 결단은 오늘날을 살아가는 우리들에게도 감명을 준다.

8. 노먼 슈워츠코프의 배려 리더십

1991년, 사담 후세인의 이라크 군대를 쿠웨이트로부터 몰아내는 '사막의 폭풍' 작전을 단시일 내, 최소의 희생으로 성공적으로 완수하여 세계적으로 유명해진 지장(智將), 노먼 슈워츠코프(Norman Schwarzkopf)장군은 1956년 미국 육군사관학교를 동기생 480명 중 43등이라는 우수한 성적으로 졸업하였다. 전공은 기계 및 항공공학이었다. 학창시절부터 과학에 관심이 많던 그의 두뇌는 매우 명석한 것으로 알려졌는데 그의 IQ는 168로 측정되었고 멘사 클럽회원이 될 수 있었다. 그가 대위로 진급하고 웨스트포인트 육군 사관학교의 기계공학과 교관으로 있던 1965년, 전쟁이 한창인 베트남 근무를 지원하였고 허락을 얻어 베트남의 공정부대의 자문관으로 근무하며 실전에도 참가하였다. 1969년 중령으로 진급하여 대대장이 되어 다시 베트남에 돌아온 그는 전투 도중에 그의 일생에 영향을 미칠 경험을 하게 된다. 1970년, 미군 병사 두 명이 아군이 쏜 포탄에 맞아 목숨을 잃는 일이 발생했는데, 당시 발사 명령을 내린 장교는 바로 슈워츠코프였다. 나중에 전사한 두 명중 한 명의 부모가 그가 잘못된 명령을 내려 자기 아들이 죽었다며 강력하게 항의하는 일이 있었고, 그는 실수가 아니라 작전상 불가피한 일이었다고 항변하였지만 그에게는 뼈아픈 경험이었다. 두 번째 특이한 경험은 같은 해에 일어났는데 그가 헬기를 타고 작전지역을 순찰하던 중 지뢰를 밟아 부상을 입은 장병 여러명이 지뢰지대에 그대로 누워있고 그 주위에 병사들이 그들을 구출하고는 싶으나 다른 지뢰가 폭파할까 두려워 접근하지 못하고 있는 광경을 목격하고 비상착륙을 시도하였다. 구급헬기가 오는 중이었지만, 시간이 지체되면 희생자가 늘어날 것을 우려하여 그는 부상자를 자신의 헬기에 태우고 안전지대로 옮기는 위험한 일을 자청하여 시도하였고 결과적으로 부상자 대부분을 구할 수 있었으나, 그 과정에서 누군가가 다른 지뢰를 밟아 새로운 부상자가 발생하기도 하였다. 비록 그의 구조작전이 완전한 성공은 아니었지만, 부하장병을 위한 희생정신이 인정되어 이 일로 그는 은성무공 훈장을 수여받게 된다. 이 두 경험은 그로 하여금 전쟁의 비참함을 더욱 더 뼈저리게 느끼게 하였고, 전시에 소중한 인명이 희생되는 데 대한 인간적인 아픔을 겪게 되었다.

그 후 그는 육군 장교로서 승진과 경력에 있어서 비교적 순탄하였다. 1988년 대장(大將)으로 진급한 후에 미 중부사령부 사령관으로 부임하게 된다. 그는 세계 19개국에 주둔하고 있는 20만 명의 미군을 책임지는 지휘관이 된 것이다. 그가 중부사령부에 근무하는 동안 이라크 정세가 심상치 않게 돌아갔다. 마침내 그가 우려하던 일이 일어났는데, 1990년 8월 2일, 이라크의 사담 후세인의 군대가 쿠웨이트를 침공하여 단 시일 내에 점령하였다. 쿠웨이트를 점령한 이라크의 다음 점령목표는 세계 석유생산량 1위인 사우디아라비아가 될 것으로 예상되고 있었기 때문에 미국의 정계와 군부는 비상한 관심으로 이라크 사태를 주시하고 대책 마련에 부심하였다.

같은 해 8월 20일, 슈워츠코프는 상부의 허락을 받아 백척간두에 놓이게 된 사우디아라비아를 방어하기 위해서 2만 명의 미군을 재빠르게 진주시켜 사우디 내 전략요충지에 신속하게 배치함으로써 이라크 군대의 침공을 미연에 방지하는 데 성공하게 된다(이른바 '사막의 방패 작전'). 그 후 이라크 군대의 철수를 요구하는 미국과 서방국가들의 외교적인 노력이 있었지만 사담 후세인의 입장은 요지부동이었다. 이제 대안은 쿠웨이트를 점령하고 있는 사담 후세인의 군대를 쿠웨이트로부터 몰아내는 군사작전을 수행하는 것이었다. 1990년 11월, 조지 부시 대통령은 사우디아라비아에 주둔하고 있는 슈워츠코프의 휘하에 미군 40만 명을 추가로 파견하는 명령서에 서명하였다. 이제 슈워츠코프는 미군 50만 명, 다국적군 25만 명 등 도합 75만 명의 연합군을 지휘하는 막중한 책임을 맡게 된 것이다.

슈워츠코프는 병력이 많으면 많을수록 희생자 또한 늘어날 수 있다고 생각하고 가급적 희생자의 수를 줄이는 쪽으로 작전의 방향을 잡았다. 베트남에서의 아픈 경험이 그로 하여금 이러한 결정을 내리게 한 것인지도 모른다. 그는 지상군의 투입에 앞서 쿠웨이트 내 이라크 군의 주요 진지와 군사시설에 대해서 '정밀폭격(surgical strikes)'을 실시하여 이라크 군의 전력을 약화시키는 한편, 적의 보급선을 차단하는 데 몰두하였다. 그리하여 무려 38일이라는 긴 시간을 공습을 통해 적의 전략적 목표를 타격하여 적의 전투력을 저하시키고 아군의 침공을 용이하게 하는 사전 준비에 사용하였다. 이는 현대전 사상 유례가 없는 긴 공습이었다. 드디어 D-day인 1991년 2월 24일 새벽 4시를 기해서 75만 명의 미군과 다국적군이 지상과 해상에서 일제히 공격을 개시하였다. '사막의 폭풍 작전(Operation Desert Storm)'으로 명명된 이 전투에서 이라크 지상군의 반격은 슈워츠코프가 기대했던 것 보다 현저히 약했다. 미군과 다국적군이 가는 곳마다 이라크 군대는 수백 명씩 항복해 왔으며 악명 높은 이라크 공화국 수비대의 공격은 위협이 되지 못했다. 마침내 3월 3일, 8일간의 짧은 전투가 끝나고, 미군과 다국적군은 수도 쿠웨이트 시티를 점령하였으며 이어서 그는 이라크 군 지휘관들과 휴전 협상을 지휘하였다.[30)]

그가 '사막의 방패작전'과 '사막의 폭풍작전'을 성공적으로 수행하고 개선장군이 되어 미국에 돌아오자, 2차 세계대전이나 한국전쟁, 그리고 베트남 전쟁 때 귀환한 장군들보다 더 큰 환영과 갈채를 받았다. 평소 '컴퓨터 두뇌'라는 말을 들었던 그는 분석적이고 데이터에 입각한 정확한 전투 준비로 아군의 희생은 120명 수준에 머물렀으며, 모든 작전 목표를 계획한 이상으로 효율적으로 달성하여 전자전 · 정보전이라고 부르는 현대전 시대의 바람직한 지휘관 상을 정립했기 때문이다. 그는 어디를 가나 유명인이 되었고 온갖 존경과 칭송을 받았지만, 그가 귀국해서 즉각 한 일은 그와 함께하다가 희생되거나 부상당한 장병들이 훈 · 포장을 받거나 충분히 복지혜택을 받도록 배려하는 일이었다. 국민적 영웅이 된 슈워츠코프에게 다음 경력으로 군사령관이나 육군 참모총장 자리가 기다리고 있었지만, 그는 1991년 8월 퇴역하겠다는 의사를 상부에 제출하여 사람들을 놀라게 하였다. 전역 후에도 그는 인기인으로서 어디를 가든지 뜨거운 환영을 받았으며 그가 출간한 비망록 『영웅이 필요하지 않습니다(It Doesn't Take a Hero)』는 서점가에 나오자마자 베스트셀러가 되었다. 그는 정치권으로부터 공화당 상원의원이나 대통령 후보가 되어달라는 집요한 요구를 받았지만 모두 거절하고 연설가로, 때로는 재향군인으로 자유로운 삶을 살았다.

'사막의 폭풍 작전' 계획을 수립하고 육 · 해 · 공의 다국적군을 총지휘하여 최소한의 병력 손실로 단기간에 승리로 이끈 노먼 슈워츠코프 장군은 당시 부시 대통령 보다 더 인기가 있을 정도로 국민적 영웅이 되었으며, 세계인들이 그의 지략과 리더십에 찬사를 보냈다. 그는 걸프전 직후 기자들에게 리더십에 대한 유명한 말을 남겼다. 기자들이 자신을 '국민의 영웅(national hero)'이라고 추켜세우자 그는 자신은 영웅이 아니라고 말하면서 "사람들을 전쟁터로 내보내는 사람이 영웅이 아니라 실제로 전쟁터에 나가 싸우는 사람들이 진정한 영웅이다."라고 갈파했다. 이 말 속에 그의 리더로서의 사람됨이 녹아있다. 걸프전 당시 합참의장이었던 콜린 파월은 걸프전 승전의 인기를 몰아 조지 W. 부시 정권에서 흑인으로서는 처음으로 국무장관직을 맡으며 대통령후보가 되기 위해 노력하였지만, 이와 대조적으로 슈워츠코프는 국민적인 인기와 대선주자들의 권유에도 불구하고 끝까지 정계에 진출하지 않고 '야인'으로 남았다. 그의 이러한 겸손한 행보로 인해 어쩌면 그는 미국인 가슴속에 영원히 진정한 영웅으로 남을지도 모른다. 2012년 12월 그는 78세의 나이로 폐렴으로 세상을 떠났고, 그의 유해는 그가 졸업한 웨스트 포인트 육군사관학교 묘지에 묻혔다.[31)]

슈워츠코프의 리더십은 21세기 디지털시대에 리더의 모습이 어떠해야 하는지를 웅변적으로 말해주었다고 생각된다. 디지털 시대의 특징은 분권화와 세계화 그리고 모순과 혼돈으로 정리할 수 있다. 디지털 슈퍼하이웨이를 통해 정보가 실시간으로 공급되면서 의사결정의 중앙집권화가 무너지고 '아래로부터의 개혁'이 가능해진 것이 디지털 시대이다. 오늘날 네티즌들의 여론이 전자 민주정치를 가능케하고 국가의 정책결정에 지대한 영향을 주고 있다. 과거와 같은 매스미디어에 의한, 정보의 동시적(synchronous)인 전달, 즉 '브로드캐스팅(broadcasting)' 시대는 종말을 고하고, 정보의 비동시적(asynchronous)인 전달, 즉 '브로드캐칭(broadcatching)' 시대가 열렸다. 브로드캐칭 시대에는 사람들은 이제 매체에 일방적으로 끌려 다니지 않고 시청자가 주체가 되어 보고 싶고, 듣고 싶은 내용의 정보를 자기가 편리한 시간에 요구하여 전달받는, '주문식(on demand)' 정보수용과 처리가 가능해진 것이다.

이제는 '나를 따르라'는 식의, 일방적이고 지시적인 낡은 패러다임의 리더십은 이 땅에서 더 이상 먹혀들지 않을 것이다. 슈워츠코프 장군이 말했던 것처럼 추종자들을 앞장세우고 높은 진지 속에서 망원경으로 지시를 내리는 리더는 이제 필요 없다. 지금은 라이언 일병처럼 귀국할 수 있는 기회를 가졌음에도 불구하고 전쟁의 고통과 위험 속에 놓여있는 동료와 생사를 함께하며 그들의 이마에 흐르는 땀을 닦아주고 무거운 짐을 들어주는 그러한 배려의 리더가 필요한 시대이다. 그리고 슈워츠코프 장군이 그랬던 것처럼 이기는 전투를 하기 위해서 오랫동안 연구하고 분석하고, 가급적 인명 피해를 줄이는 방향으로 작전을 수립하는 한편, 전장에서 자신의 동료 장수인 영국과 프랑스, 그리고 사우디아라비아의 장군들과 격의없이 대화하면서 자칫 소통의 장애로 인해 아군간의 교전이나 명령수행 시 혼선이 발생하지 않도록 노력한 그는 소통과 배려의 달인이었다.

언제나 면밀하게 준비하고 사람들과 정답게 소통하며, 결정적인 순간이 왔을 때 단호하게 공격명령을 내리고 적들이 대응할 시간을 주지 않는 모멘트가 있는 슈워츠코프 장군의 모습을 그리워하는 사람이 많을 것이다.

9. 빌헬름 라이파이젠의 리더십과 협동조합의 탄생

최근부터 우리나라에 협동조합의 열기가 뜨겁게 달아오르고 있다. 2012년 12월 「협동조합기본법」이 시행되면서 5명 이상의 조합원이 모여 정관을 만들고 시 · 도지사에게 신고 · 설립등기만 하면 협동조합을 설립할 수 있게 요건이 완화되었다. 협동조합은 영리적 목적을 추구하지만 회원들에 의해 운영되므로 상호신뢰와 민주적인 의사결정을 바탕으로 한 인적 결합을 우선시 하는 특징을 지니고 있다. 협동조합은 세계화에 따른 선진국과 개도국의 격차, 대기업과 중소기업의 양극화를 완화하고 사회적 · 경제적 약자인 서민들의 일자리 창출과 자립을 돕는 사회통합 기능을 수행한다는 측면에서 긍정적인 기여를 하는 것으로 인식되고 있다.

그러나 협동조합은 영리법인으로서 시장에서 전문적인 기업과 경쟁을 벌여야 하지만, 경영에 대한 전문 지식과 경험이라는 내부적 역량이 부족하고 또한 사회적 인지도가 낮아 설립 후 얼마 지나지 않아 폐업하는 등의 실패사례도 다수 관찰되고 있다. 그리고 지속 가능한 사업모델을 개발하지 못하고 특정 사업, 특정 시장에만 국한된 운영으로 결국 실패하는, 경영상의 한계를 보여주기도 한다. 게다가 조합원간 '협동조합 정신'이 공유되지 못해서 조합원간의 의견충돌로 인해 좌초하는 경우도 많다. 협동조합이 우리나라의 시장 풍토에 뿌리를 내리고 건전하게 발전하기 위해서 19세기 중엽 독일에서 일어난 협동조합운동의 모습을 재조명해 봄으로써 타산지석을 삼고자 한다.

1847년 겨울, 대기근이 중부 유럽을 강타하였고 독일에서도 아사자가 속출하는 등 혹독한 식량난을 겪고 있었다. 라인강 중류 농촌지역 바이어부쉬의 시장으로 있던 프리드리히 빌헬름 라이파이젠(Friedrich

Wilhelm Raiffeisen)은 마을 사람들의 아사를 방지하기 위해 발 벗고 나섰다. 그는 우선 형편이 비교적 나은 주민들로부터 돈을 거두어 마을기금을 조성하였고 그 기금으로 곡식을 사서 굶주린 주민들에게 외상으로 나누어 줌으로써 그 지역에서 아사자가 발생하는 것을 막을 수 있었다. 그리고 그는 조성된 마을 기금으로 공동 빵집을 운영하면서 만들어진 빵을 가난한 주민들에게 외상채권을 받고 나누어 주고, 주민들이 나중에 수입이 생길 때 갚을 수 있도록 해 줌으로써 지속가능한 사업모델을 개발하는 데 성공하게 된다. 이렇게 자생적으로 조직된 '빵조합'은 1866년 마을금고 형태의 금융협동조합으로 발전하였고 다른 도시나 마을에도 라이파이젠 방식의 협동조합이 생겨나게 된다. 같은 시기에 작센지방 판사였던 헤르만 슐체(Hermann Schulze)는 자유시장 경쟁에서 소외되고 사회적 약자로 전락한 독일의 목수나 구두수선공과 같은 영세 기능공들의 생존과 자활을 돕기 위한 금융협동조합을 만들었고 이것이 오늘날 독일의 협동조합은행인 폴크스방크(Volksbank)의 효시가 되었다.[32)]

독일의 협동조합운동은 라이파이젠과 슐체라는 지도자의 뛰어난 리더십, 박애정신, 기업가정신, 그리고 주민들의 자조, 자립정신이 만나 결실을 맺어 크게 발전된 것이다. 산업혁명의 결과로 양극화된 경제체제에서 사회적 약자로 전락한 농민들과 소상공인들이 생존의 위기에 처해 있을 때, 두 선구자들은 서민들이 정부의 도움없이 스스로의 힘으로 자립할 수 있는 길을 열어주었으며, 이러한 아이디어를 발전시켜 지속가능한 협동조합 조직으로 발전시켰고 이러한 성공사례는 전 유럽에 파급되어 영국의 로치데일에서 시작한 소비자협동조합 운동이 독일을 거쳐 유럽에 뿌리를 내리는 계기를 마련하였다.

협동조합이 고용을 창출하고 사회적 자본 형성을 통한 경제민주화 실현 및 지역경제 활성화를 달성하기 위해서는 협동조합 정신이라는 본연의 설립정신으로 돌아가야 한다고 생각한다. 협동조합 정신이란 외부의 지원없이 주민 스스로에 의해 자생적으로 조직되며 분명한 사업모델을 기반으로 출발하지만 업역을 점진적으로 확대하여 지속가능한 성장을 할 수 있도록 운영하는 것이다. 여기에 덧붙여 궁핍에 처해 있는 이웃을 돌아보는 이웃사랑과 조합원의 연대정신이 무엇보다 중요하다.

2013년 대통령선거를 겪으면서 한국사회에 새로운 큰 흐름이 생겨났는데 그 것은 한마디로 '공동체 지향성'이라고 정리할 수 있다. 사회적 기업, 협동조합, 사회적 협동조합의 열기가 뜨겁게 달아오르고 있으며, 기초연금과 같은 사회적 약자를 위한 사회적 안전장치, 사회보장제도의 확충 등 다른 나라에서는 몇 십년이 걸려 논의되고 단계적으로 도입된 사회보장 패키지를 일시에 봇물처럼 요구하고 있다. 경제민주화를 둘러싼 이념논쟁과 정책차별화는 대선의 샅바싸움으로 치달았으며, 후보들은 앞다투어 독일식 '사회적 시장경제'의 목표와 유사한 공약들을 쏟아내었다.

'공동체 지향'의 대표적인 사례라고 할 수 있는 협동조합은 세계화에 따른 선진국과 개도국의 격차, 대기업과 중소기업의 양극화를 완화하고 사회적·경제적 약자인 서민들의 일자리 창출과 자립을 돕는 사회통합 기능을 수행하는 바람직한 기업형태로 각광을 받고 있다. 그러나 협동조합은 영리법인으로서 시장에서 전문적인 기업과 경쟁을 벌여야 함에도 불구하고, 경영에 대한 전문 지식과 경험이라는 내부적 역량이 부족하고 사회적 인지도가 낮아 설립 후 얼마 지나지 않아 폐업하는 등의 실패사례도 다수 관찰되고 있다. 더욱이 조합원간 '협동조합 정신'이 공유되지 못해서 조합원간의 의견충돌로 인해 좌초하는 경우도 많다.

우리사회에 새로운 흐름으로 부상하고 있는 '공동체 지향'의 원조는 앞서 본 것처럼 독일에서 찾아 볼 수 있다. 독일은 1차 세계대전 후 바이마르 공화국 시절 첨예한 좌우 이념갈등과 노사간 극한투쟁, 정부의 무능과 경제정책의 연이은 실패로 살인적 인플레이션과 높은 실업률이라는 국난을 겪으면서 히틀러의 나치당 집권의 길을 열어주었다. 히틀러의 제3제국 시절, 2차 세계대전 중에 전쟁승리를 위해 모처럼 좌와 우, 노와 사가 전시상황에서 어쩔 수 없이 생산현장에서 협력하게 되었고 패전 이후 잿더미 속에도 두 집단은 바이마르 공화국 시절의 분열과 투쟁으로 돌아가기보다 패전의 멍에를 함께 진, 공동운명체의 '사회적 파트너'로서 손을 잡기를 원했다. 이러한 사회적 분위기 하에서 1950년 서독에서 중소기업을 중심으로 '파트너 기업 진흥을 위한 공동체(AGP)'가 결성되어 과거 계급투쟁식 노사갈등을 불식하고 경제재건을 위해 상호 협력하는, 공동체적 '파트너십'을 기업현장에서 실현하는 운동이 전개되었다.

전후 독일 기업의 파트너십 운동은 근로자의 경영참가(이익참가 및 자본참가)와 노사 동반자 의식의 발전에 크게 기여하였으며, 이 운동의 결과는 독일사회의 지형을 크게 바꾸어 놓았다. 1950년대 초 모든 업체에 '근로자평의회(Betriebsrat)' 결성되었고, 광산근로자를 위한 공동의사결정제도(Mitbestimmung)가 마련되고, 1976년 '신공동의사결정법'이 의회를 통과하면서 기업에서 이사회를 관장하는 감독이사회에 노사동수가 참여하여 공동으로 경영의사결정을 하는 세계 최초의 국가가 되었다. 독일의 파트너 경영은 일본에도 수입되어 일본 특유의 공동체 기업의 탄생과 발전에 공헌하기도 하였다.

21세기를 맞이하는 한국의 생산현장에 파트너정신에 입각한 공동체 기업이 시대정신에 부합된다는 공감대가 형성되고 있는 것은 역사적으로 자연스러운 귀결이라고 생각된다. 독일과 일본의 파트너 기업이 오랜 세월을 견뎌온 것은 노와 사가 상대방을 타도해야 할 계급의

적이 아닌, 사회적 파트너로 간주하여 운명공동체 안에서 공존공영을 도모하는 '파트너 정신'이 있었기 때문에 가능했다고 볼 수 있다.

한국식 공동체 기업의 성패는 바로 이러한 파트너 정신이 얼마나 생산현장에서 꽃필 수 있는가에 달려있다. 우리나라에서 협동조합이나 사회적 기업이 실패하는 이유가 단순히 경영능력 미숙이라기 보다는 이러한 끈끈한 공동체 정신의 결여에 있다는 것이 많은 학자들의 지적이다.

10. 어느 크리스마스 이브의 '전선 야곡'

지금으로부터 98년 전, 유럽의 전쟁터에서 실제로 있었던 감동적 크리스마스 이야기를 들려주고자 한다. 때는 제1차 세계대전이 발발하고 처음으로 맞이한 1914년 겨울 크리스마스 이브, 북프랑스 전선의 어느 들판에서는 서쪽의 프랑스와 스코틀랜드의 연합군과 동쪽의 독일군이 적을 불과 수 백 미터밖에 두고 참호 속에서 수 주일째 대치를 계속하고 있었다. 이슥고 밤이 되자 휘영청 밝은 달빛이 심난하게 두 진영의 병사들 머리 위를 비추기 시작했다.

이 때 독일군 진영에서 베를린 오페라의 전속 테너가수 출신의 한 병사가 차가운 밤공기를 뚫고 크리스마스 캐럴 '고요한 밤, 거룩한 밤'을 카랑카랑한 목소리로 부르기 시작했다. 그러자 지척의 프랑스-스코틀랜드 연합군 참호 속이 술렁거리기 시작했다. 명가수의 캐럴에 감동받은 일부 군인들은 참호 밖으로 머리를 쳐들고 독일군 쪽을 주시하기 시작했다. 평소 같으면 총알이 비 오듯이 쏟아졌을 터이지만 아무 일도 없었다. 용기를 얻은 병사들은 아예 참호 위에 걸터앉아 용감한 독일 명가수의 노래에 환호를 보냈고 열광적으로 앵콜을 요청했다. 오페라 가수는 답례로 독일 참호를 뛰쳐나가 상대방 참호 코앞까지 가서 앵콜 공연에 응했다. 신이 난 스코틀랜드 병사들은 백파이프 연주로 화답하였고 프랑스 병사들은 목이 터져라 샹송을 불렀다. 이윽고 독일, 프랑스, 스코틀랜드 지휘관들은 중간지대에서 긴급 회합을 가졌고 크리스마스 휴전에 합의했다. 곧이어 양 진영 간에는 크리스마스 선물 교환이 이루어 졌는데 독일 진영에는 프랑스산 샴페인과 치즈, 그리고 스코틀랜드 원조 스카치위스키가 전달되었고, 상대편에는 답례로 걸쭉한 독일 맥주와 소시지가 배달되었다. 병사들은 상대방 진영으로 가서 개인적인 선물 교환을 하기도 하고, 가족사진을 보여주기도 하는 등 성탄절 전날 밤에 조그만 천국이 이루어졌다. 이튿날인 크리스마스에도 양 진영은 축구대회를 개최하였고 전사한 전우들의 시체를 매장하는 등 꿈같은 성탄절 휴전을 보냈다. 며칠 후 비공식 휴전이 끝나고 양쪽의 병사들은 누구도 내키지 않는 일상으로 돌아가야만 했다. 어제까지 어깨동무하며 지내던 친구들을 향해서 총알과 포탄을 퍼부어야 하는 끔찍한 일상으로….

2012년 12월에 치러진 우리나라 제18대 대통령 선거는 유력 대선후보간의 양자대결로 박빙의 승부여서 그런지 대선기간 내내 보수 대 진보의 이념대결, 20 - 30대와 50 - 60대의 세대 간 갈등이 유달리 심화되었고 여당 후보의 승리로 끝난 후에도 국민들의 마음 속에 적지 않은 생채기를 남겼고 지금까지도 이러한 대결과 갈등구도가 쉽사리 사라지지 않고 있다. 현직 대통령의 취임 3년이 다가오는 요즘에도 모 야당국회의원이 지난 대통령 선거의 투표결과가 조작되었다며 재검표를 요구하는 발언을 하는가 하면, 지난 대선에서 박근혜 대통령이 60대 이상 유권자들의 압도적 지지를 받았다는 이유로 야당의 일부 의원들은 이제 노인 무임승차제도를 폐지해야 한다고 목소리를 높이고 있다. 심지어 상대 후보를 찍었다는 이유로 친구들의 이름을 SNS 명단에서 지워버리는 젊은이들이 있었다는 이야기도 들린다. 박 대통령이 시급하게 실천해야 할 일은 당선자를 지지하지 않은 48%의 국민들과 대화합을 모색하는 일이라고 생각되지만 현실정치는 그 반대방향으로 진행되고 있는 것 같다. 국민 대화합에 도움이 되었을 경제민주화나 균형발전, 복지와 같은 대통령의 대선 공약은 예산부족으로 대부분 시행되지 못하거나 매우 축소된 범위에서 겨우 생색만 내고 있는 실정이다.

전선에서 첫 크리스마스를 맞았으나 독일, 프랑스, 스코틀랜드 병사들은 북프랑스 전선에서 추위에 떨면서도 총구를 겨눈 채 살벌하게 대치하고 있었다. 이때 병사들의 민족주의와 국수주의, 그리고 적군에 대한 증오심을 순식간에 녹인 것은 독일 진지에서 은은이 들려온 한 독일병사의 감동적인 크리스마스 캐롤이었다. 그가 부른 노래는 유럽인이라면 어릴 때부터 익히 부르던 성탄절 찬송가였고, 그 노래에는 각 국의 젊은이들의 공통적 문화와 가치를 담고 있었기 때문에 순식간에 공감대가 이루어지면서 적국임에도 불구하고 쉽게 공감대와 소통이 이루어질 수 있었다. 대통령이 베를린 오페라 가수와 같은 명가수가 아니어도 상관없다. 자신의 참호 밖으로 나와 상대방 참호를 향해 양쪽에 익숙한 노래를 부를 수 있는 용기만 있으면 된다. 차갑게 외면하는 상대 진영 앞에서 부르는 '전선야곡'에 진심이 가득 담겨있다면 상대방도 마음의 무장을 해제하고 손을 내밀며 한 잔의 따뜻한 차를 같이 마시자고 초대할지 모른다.

2015년은 남북관계에도 한 때 큰 긴장이 조성되었다. 우리 아군병사 두 명이 북한군이 매설한 지뢰를 밟고 부상을 당하는 사건이 발생하게 되었고 그 여파로 비무장지대 포격이 있었고, 우리 측이 이에 대한 대응으로 대북 확성기 방송을 재개하자 북한은 준전시사태를 선포하며 한반도에 일촉즉발의 군사도발이 예상되는 초긴장상태까지 갔다. 하지만 남북한은 당국자회의를 통해서 긴장을 완화하고 오히려 금강산에서 남북이산가족 상봉이 모처럼 이루어지는 경사를 맞기도 했다. 그러나 아직도 북한은 우리의 당국자 회담 제안에 대해 아무런 반응을 보이지 않는 등 휴전선에는 여전히 긴장이 감돌고 있다. 국내정치도 역사교과서 국정화로 여야가 다시 극한대립으로 치닫는 상황이 계속되고 있다. 2015년 한반도의 크리스마스를 보다 따뜻하게 보내기 위해서 우리는 남북한으로, 지역으로, 세대로 갈라진 겨레의 대화합을 위해서 먼저 얼어붙은 마음에 모닥불을 지피는 지도자가 필요하다. 1914년 겨울, 유난히 춥고 살벌했던 프랑스의 어느 전선을 훈훈하게 만들고 차가운 밤을 고요하고 거룩한 밤으로 만든 그런 지도자를 기다려 본다.

11. 노부인의 방문: 고개 숙인 앙겔라 메르켈

스위스의 저명한 극작가 프리드리히 뒤렌마트(Friedrich Dürrenmatt)가 쓴 '노부인의 방문'이라는 드라마가 있다. 스토리를 간략히 요약하면 다음과 같다. 1955년 스위스의 조그만 국경마을 귈렌에 한 노부인이 방문한다. 이 부인은 원래 이 마을에서 태어나고 자란 클라라라는 소녀였다. 클라라는 17세 되던 해 마을 청년 알프레드와 사랑에 빠져 임신까지 하게 되었으나 알프레드는 자신이 애 아버지라는 사실을 부인할 뿐 아니라 클라라를 무고죄로 고소까지 하였다. 그녀는 재판에서 알프레드가 매수한 증인들의 위증으로 인해 유죄판결과 함께 마을에서 추방당하게 되었다.

행실이 나쁜 여자라는 낙인이 찍혀 억울하게 고향에서 쫓겨나게 된 기구한 운명의 여인 클라라는 힘들게 키우던 아기가 목숨까지 잃게 되자 정처없이 외국을 떠돌아다니며 거리의 여인 생활로 연명하게 되었다. 그러던 중, 그녀는 우연한 기회에 석유관련 한 재벌 사업가의 눈에 들어 결혼한 이후 총 여덟 번의 결혼을 통해 억만장자가 되었고, 자신을 버린 알프레드에게 복수를 하고자 45년 만에 다시 고향마을을 찾게 된 것이다. 그녀가 고향을 방문했을 때 마을은 세계적 공황과 전쟁의 여파로 45년 전 보다 훨씬 가난하고 황폐한 모습을 하고 있었다. 억만장자 노부인은 마을을 방문하자마자 사람들에게 외국에서 가져온 신상품을 선물하면서 환심을 사기 시작했다. 그리고 시장을 찾아가 자신의 방문목적을 달성하게 되면 마을 발전기금으로 거금을 기부하겠다고 약속하고, 마을 사람들에게는 누구든지 알프레드를 죽여주는 사람이 있으면 그에게 거액의 현상금을 주겠다고 선포하기에 이른다.[33)]

클라라의 귀환을 전해들은 알프레드는 70년 동안 같은 마을에 함께 살아온 이웃들이 아무리 그녀가 물질공세를 편다고 해도 자신을 지원해 줄 것으로 믿으며 아무 일도 없을 것이라 생각한다. 그런데 마을 인심은 날이 갈수록 변해만 갔다. 사람들은 날이 갈수록 알프레드에게 적대적으로 변해갔고 친한 친구들도 하나 둘 그를 욕하며 등을 돌렸다. 마을 경제 살리기의 최대의 걸림돌이 된 알프레드는 마침내 주민총회에 불려나가게 되었고 마을 사람들로부터 둘러싸인 채 온갖 욕을 먹은 후 어둠속에서 불특정 다수의 손에 의해 살해당하고 만다. 그의 죽음을 확인한 노부인은 약속한 거금을 시장에게 지불한 뒤 그녀가 가져온 관속에 알프레드의 시신을 안치하고 조용히 마을을 떠나는 것으로 극은 막을 내린다. 뒤렌마트의 희곡 '노부인의 방문'은 과연 돈으로 정의를 살 수 있는가?라는 의문을 관객들에게 던져주고 있다. 경제적 정의와 사회적 정의, 공리주의와 윤리가 충돌할 때 사람들은 무엇을 따라야 하는가?라는 본질적 질문을 1950년대 2차 세계대전 후 온통 경제회생만을 위해 동분서주하고 있던 유럽인들에게 던진 것이라고 볼 수 있다.[34)]

2013년 8월 20일, 독일 뮌헨 인근에 위치한 옛 나치 강제수용소 다하우(Dachau)에 검은 상복을 입은 어떤 노부인이 엄숙한 표정으로 나타났다. 그녀는 앙겔라 메르켈 독일연방 총리였다. 독일총리로서는 처음으로 메르켈 총리는 나치정권 시절 대표적인 유대인 학살의 현장이었던 다하우 강제수용소를 방문하여 헌화를 하고 고개 숙여 묵념을 올렸다. 12년 동안 수만 명의 유대인들과 정치범들이 학살된 현장을 찾은 그녀의 곁에는 당시 수감자를 대표하여 93세의 한 노인이 휠체어를 타고 모든 과정을 지켜보고 있었다. 뒤렌마트의 드라마에 등장하는 클라라 여인의 옛 고향방문에서 볼 수 있었던 억울한 판결에 대한 분노와 자신을 추방한 사람들에 대한 증오와 복수심은 이 노부인에게서는 전혀 찾아볼 수 없었다. 오히려 '슬픔과 부끄러움을 함께 느낀다'며 70여 년 전 자신의 아버지 세대가 자행한 용서받기 어려운 악행에 대해 후손으로서 간절히 뉘우치는 모습을 볼 수 있었다. 이제 유럽 최강의 경제대국이 된 지위를 활용하여 정의를 사려고 하거나 과거 행동에 대한 면죄부를 받으려고 하는 의도는 조금도 보이지 않았다. 그저 과거를 슬퍼하고 부끄러워하는 한 노부인의 모습만 볼 수 있었다. 연극 '노부인의 방문'에서 보여진 클라라는 도도하고 기세등등하게 나타나 자신의 억울함을 호소하고 가해자들을 찾아내서 철저히 복수를 가하는 모습을 보이는, 분노의 화신이라면, 앙겔라는 대조적으로 자신이 태어나기 전 부모세대의 악행에 대해서 겸허하게 그리고 철저히 사죄하는 후손의 모습을 보여주고 있다. 그녀는 자기 개인의 죄를 사과하는 것이 아니라 그가 대표하는 부모들이 죄없는 유대인들과 다른 생각을 하는 독일인들에게 행한 과거의 잘못을 다 떠안고 진심으로 사죄하고 있었다.

우리는 독일 총리의 이런 모습을 보면서 이웃나라 일본을 생각할 수밖에 없다. 한국인이라면 누구나 이번 2차 대전의 가해자 독일을 대표하여 다하우 강제수용소를 방문하여 참배한 앙겔라 메르켈 총리의 고개 숙여 묵념하는 모습을 보면서 매우 착잡한 마음을 가졌으리라 생각된다. 우리 선조들에게 엄청난 고통을 안긴 이웃의 가해자들로부터 우리는 언제나 진심으로 고개 숙여 참회하는 모습을 볼 수 있을까 하는 안타까운 생각을 하면서 말이다. 올해는 우리 민족이 일제의 압제로부터 해방되어 광복을 되찾은 지 70년이 되는 해이다. 두 나라는 지난 70년의 묵은 구원(舊怨)을 털어내고 협력관계로 모드 전환을 해야 할 역사적 대전환기를 맞이하고 있다고 생각된다. 필자는 양국의 지도자들이 타이밍을 놓치지 않기를 바란다. 한국과 일본, 어느 누구든지 먼저 나서서 화해와 용서, 그리고 협력의 손을 내미는 모멘텀을 베풀기를 바란다. 그러면 그는 분명 모멘트 리더로서 향후 한일관계를 주도하게 될 것이다. 80년 전, 선조들이 자행한 끔찍한 악행의 현장인 다하우에 조화를 들고 등장한, 고개 숙인 앙겔라 메르켈 총리로부터 무언의 메시지를 배우기를 바란다. 뒤렌마트의 드라마 '노부인의 방문'이야기는 우리들에게는 아직 진행 중이다.

참고문헌

1. Schorn-Schütte, L. (2006), D*ie Reformation. Vorgeschichte, Verlauf, Wirkung.* München: C. H. Beck; Ganzer, K. & Stimer, B. (2002), *Lexikon der Reformationszeit.* Freiburg im Breisgau: Verlag Herder; "Martin Luther und die Reformation: Europa im Zeitalter der Glaubensspaltung 1517 - 1618"(2009), GEO Epoche, Nr. 39. Hamburg, Grunder+Jahr.
2. Herrmann, H. (2003), *Martin Luther. Eine Biographie.* Berlin; Schorlemmer, F. (2003), Hier Stehe Ich – Martin Luther. Berlin.
3. Herrmann, H. (1999), *Martin Luther. Ketzer und Reformator, Mönch und Ehemann.* München.
4. Lohse, B. (1995), Luthers Theologie in Ihrer Historischen Entwicklung und in Ihrem Systematischen Zusammenhang. Göttingen: Vandenhoeck & Ruprecht.
5. Herrmann, H. (1999), Martin Luther. *Ketzer und Reformator, Mönch und Ehemann.* München; Lohse, B. (1995), *Luthers Theologie in Ihrer Historischen Entwicklung und in Ihrem Systematischen Zusammenhang.* Göttingen: Vandenhoeck & Ruprecht.
6. 에버하르크 베트게 (2006), 『디트리히 본회퍼』, 김순현 옮김, 서울: 복있는사람.
7. Schlingensiepen, F. (2005), *Dietrich Bonhoeffer.* München: C. H. Beck.
8. Rasmussen, L. L. (2005). *Dietrich Bonhoeffer: Reality And Resistance.* Westminster: John Knox Press; Bethge, E. (1976), *Dietrich Bonhoeffer.* Reinbek bei Hamburg: Rowholt Taschenbuch Verlag.
9. Peter Hoffman (1996). *The History of the German Resistance,* 1933-1945. McGill-Queen's Press; Bethge, E. (1976), *Dietrich Bonhoeffer.* Reinbek bei Hamburg: Rowholt Taschenbuch Verlag.
10. 에버하르크 베트게 (2006), 『디트리히 본회퍼』, 김순현 옮김, 서울: 복있는사람.

11. Marshall, F. (2002). *Martin Luther King Jr.: A Life.* Penguin Books; Branch, T. (2006). *At Canaan's Edge: America In the King Years, 1965–1968.* Simon & Schuster.
12. Jackson, T. F. (2006). *From Civil Rights to Human Rights: Martin Luther King, Jr., and the Struggle for Economic Justice.* University of Pennsylvania Press.
13. 육군본부 (2008), 「인간중심 리더십에 기반을 둔 임무형 지휘」.
14. Oetting, D. W. (1993), *Auftragstaktik: Geschichte und Gegenwart einer Führungkonzeption*, Frankfurt am Main: Report Verlag; Leistenchneider, S. (2002), *Auftragstaktik im preuβisch-deutschen Heer* 1871 - 1914. Hamburg: Verlag E.S. Mittler & Sohn.
15. Widder, W. (2002), A*uftragstaktik and Innere Führung: Tademarks of German Leadership*, Military Review, September - October, 3 - 9.
16. Moser, O. v. (1906), *Ausbildung und Führung des Bataillons im Gefecht, Gedanken und Vorschläge*, Berlin; Leistenchneider, S. (2002), *Auftragstaktik im preuβisch-deutschen Heer* 1871 - 1914. Hamburg: Verlag E.S. Mittler & Sohn.
17. Oetting, D. W. (1993), *Auftragstaktik: Geschichte und Gegenwart einer Führungkonzeption*, Frankfurt am Main: Report Verlag.
18. Widder, W. (2002), A*uftragstaktik and Innere Führung: Tademarks of German Leadership*, Military Review, September - October, 3 - 9.
19. Milotat, C. (2000), M*odern und zukunsweisend-Die neuen Führungsgrundlagen der Bundeswehr. Die Auftragstaktik behält auch in Zukunft ihren hohen Stellenwert*, in: Truppenpraxis/Wehrausbildung 10/2000, 634 - 640.
20. Schwier, C. (1999), *Gemeinsame historische Wurzeln von Auftragstaktik und Innere Führung, Beiträge zu Lehre und Forschung, Führungsakademie der Bundeswehr*, 1/1999.
21. Bundesministerium der Verteidigung (1998), *Heeres-dienstvortschrift* (HDv) 100/100 VS - NfD Truppenführung, Bonn.
22. Oetting, D. W. (1993), *Auftragstaktik: Geschichte und Gegenwart einer*

Führungkonzeption, Frankfurt am Main: Report Verlag; Leistenchneider, S. (2002), A*uftragstaktik im preuβisch-deutschen Heer* 1871 - 1914. Hamburg: Verlag E.S. Mittler & Sohn.

23. 최병순 (2010), 『군 리더십』, 북코리아.
24. Reeb, H. -J. (1991), Innere Führung von A - Z: Lexikon für militärische Führer, Regensburg.
25. Gillingham, J. (1987), *Die französische Ruhrpolitik und die Ursprünge des Schuman - Plans.* In: Vierteljahrshefte für Zeitgeschichte, Heft 1/1987.
26. Merseburger, P. (2002), *Willy Brandt, 1913-1992. Visionär und Realist.* Stuttgart.
27. Fleischhauer, J. (2013), Kanzler der Herzen. Der Spiegel Nr. 46/2013, p. 72.
28. Bahr, E. (2013), *Das Musst Du Erzählen: Erinnerungen an Willy Brandt*, Berlin: Propyläen.
29. Janis, I. (1982), *Groupthink*, 2nd ed., Boston: Houghton Mifflin, Co.
30. Larkin, K. (1990), Gen. H. Norman Schwarzkopf, Los Angeles, California: *Los Angeles Times.*
31. McFadden, R. D. (December 27, 2012), Gen. H. Norman Schwarzkopf, U.S. Commander in Gulf War, Dies at 78, New York City, New York: *The New York Times.*
32. Wiehr, J., Bonse, S. & Gross, U. (2012), *Friedrich Wilhelm Raiffeisen.* in Dr.-Ing.-Hans-Joachim-Lenz-Stiftung, Humann, A. (Hrsg.), *Menschen, die die Welt bewegten.*
33. Bolliger, L. & Buchmüller, E. (1996), *Der Besuch der alten Dame.* In: Play Dürrenmatt. Ein Lese- und Bilderbuch. Diogenes, Zürich.
34. Guthke, K. S. (1972), F*riedrich Dürrenmatt: Der Besuch der alten Dame.* In: Manfred Brauneck (Hrsg.): Das deutsche Drama vom Expressionismus bis zur Gegenwart. Interpretationen. Buchner, Bamberg. pp. 241-249.

제3장 조직을 변화시킨 모멘트 리더십

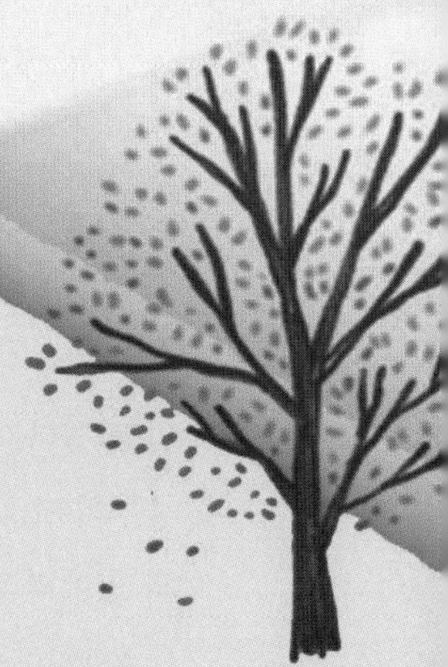

3

Chapter

조직을 변화시킨 모멘트 리더십

1. 디자인 혁명의 산실 바우하우스의 리더십

바우하우스(Bauhaus)는 오늘날 20세기 디자인혁명의 산실로 인정받고 있다. '건축의 집'이라는 이름의 바우하우스는 1919년 4월, 독일 중부의 소도시 바이마르(Weimar)에서 이론과 실무를 아우르는 미술과 공예의 학교로 문을 열게 된다. 이 학교는 발터 그로피우스(Walter Gropius)라는 당대 저명한 건축가가 교장직을 맡았으며 종합예술을 지향하는 설립이념을 가지고 있었다. 그 이후 한 세기 동안 바우하우스는 디자인혁명을 지향하는 예술 사조를 대변하는 명칭이 되었으며 새로운 이념의 산실이 되었다.[1]

19세기의 예술은 예술 그 자체의 자율성, 순수성, 심미성만을 위해 전개되어왔다고 볼 수 있다. 또한 부르주아만을 위한 예술품의 주문제작과 화려한 장식을 특징으로 하는 아르누보(Art-Nouveau)가 19세기 후반까지 유럽 미술계를 지배했다.[2] 그런데 발터 그로피우스는 예술만을, 혹은 기술만을 독립적으로 강조하는 것이 아닌, '예술과 과학', 혹은 '예술과 기술'의 융합을 매우 강력하게 주장하였다.[3] 예술과 생산기술의 발전을 '함께' 받아들일 것을 주장하며 예술작품의 심미성, 기계적 대량생산, 기능성의 요소를 모두 갖춘 단순한 디자인의 중요성을 강조하는 바우하우스의 디자인 혁명이 20세기를 지배하는 예술의 이념이 되었다.[4)] 미술사에 있어 인상파나 입체파보다 중요한 현대 조형의 개념을 낳은 독일의 바우하우스는 '모더니즘의 신기류'를 만들어냈다는 평가를 받고 있다.[5)]

발터 그로피우스는 1855년 독일 베를린에서 태어났다. 그는 뮌헨과 베를린에서 건축을 공부하였다. 1914년에 발발한 1차 세계대전은 건축학도 발터 그로피우스의 삶을 바꾸어 놓았다. 전쟁 중에 죽음의 문턱까지 갔다가 구사일생으로 참호 속에서 죽어가던 그는 극적으로 구조되었다. 1918년, 전쟁에서 살아 돌아 온 그의 눈에 비친 조국 독일에는 희망이 없어 보였다. 극심한 경제 악화, 정치적 불안정성, 사회적 무질서를 경험한 발터 그로피우스는 오직 '새로운 예술'만이 혼란의 사회를 구원하고 새로운 질서를 구축할 수 있다고 믿었으며 이에 브루노 타우트(Bruno Taut)와 예술동맹을 결성한 후, 급진적인 사회주의 좌익단체인 그룹 '11월'에 가입해 적극적으로 활동했다. 발터 그로피우스에게 바우하우스는 어쩌면 디자인을 통한 사회 개혁의 장(場)이었다고 볼 수 있다. 바우하우스는 1차 대전 후 독일 사회에서 새로운 과학적 원리와 예술을 기반으로 삶을 개혁하고 사회 질서를 잡겠다는 그로피우스의 신념이 창립정신의 중요한 부분이라고 말할 수 있다.[6)]

이런 의미에서 바우하우스의 창시자 발터 그로피우스에게서 변혁적 리더(transformational leader)의 면모를 발견할 수 있다. 변혁적 리더십(transformational leadership)이란 미래를 예측하고, 구성원들을 미래의 리더로 성장시키며 이들로 하여금 조직의 비전을 이해하고 받아들이도록 고취시키는 리더를 뜻한다.[7)] 변혁적 리더는 새로운 기회를 포착하며 이 기회를 실현시키기 위해 부하들을 동기부여하고 지적인 자극을 준다.[8)] 결과적으로 변혁적 리더는 리더 자신은 물론 구성원들까지 변혁시킴으로써 높은 가치체계에 몰입하고, 의식을 고양하도록 하는 리더이다. 조직을 둘러싼 환경의 불안정성이 급증하고 변혁 및 혁신의 중요성이 커지면서 변화와 도전을 강조하는 때에 변혁적 리더십의 필요성은 강조된다.[9] 이는 변혁적 리더십이야말로 빠르게 변화하는 경영 환경을 파악하고 그 속도에 맞춰 적절히 대처할 것을 강조하는 상황에서 리더를 비롯한 구성원의 변혁과 변화를 도모할 수 있는 리더십이기 때문이다.[10]

변혁적 리더십은 이상적 영향력(idealized influence), 지적 자극(intellectual stimulation), 영적 고무(inspirational motivation)와 구성원에 대한 개별적 배려(individualized consideration)의 네 가지 요소로 구성된다.[11] 이제 발터 그로피우스의 사상과 행동이 변혁적 리더십의 네 가지 요소와 각각 어떤 관련성을 지니고 있는지 살펴보기로 한다.

변혁적 리더십의 첫 번째 요소는 이상적 영향력이다. 발터 그로피우스는 1차 대전 후 독일이 처한 불안정한 상황을 '변혁'하고 구제하기 위한 예술의 역할을 강조한다. '바우하우스 설립 선언문'에서 그는 건축을 중심으로 모든 예술 형태가 통합되어야 한다는 비전을 천명한다. 이는 그가 개혁과 새로운 질서를 위한 예술의 역할 및 통합의 절실함을 표현한 것이라고 볼 수 있다. 심미성과 기능성, 장식적 미술과 개념적 미술의 통일이 중요함을 지속적으로 강조하였고 이러한 그의 생각은 바우하우스의 비전과 이념에 그대로 반영되었다. 그의 바우하우스는 과학기술과 예술의 융합이라는 비전을 새로운 시대의 이상으로 제시하였다.[12]

둘째, 지적 자극은 변혁적 리더가 구성원의 현재 가치, 문제해결 및 문제인식의 방식을 변화시키고 자극하는 행동이다. 발터 그로피우스는 바우하우스의 예술과 기술의 융합 비전을 제시하였고 이 비전을 달성하기 위해서 새로운 교육, 예술에서의 새로운 접근방식이 필요함을 주장한다. 그는 '모든 것이 낡은 방식으로는 더 이상 지속될 수 없다'고 주장하였으며 끊임없는 교육과 실험을 통해 바우하우스 학생들에게 지적인 자극을 주려고 노력하는 시대의 리더였다. 발터 그로피우스는 융합 예술이라는 비전 달성을 위해 실천적인 교육 과정을 제시하였다. 바우하우스의 예비교육과정은 크게 3단계로 구분되는데 가장 중요한 첫 단계가 바로 학생들의 창의성과 예술적 재능을 개발시켜 고정관념에 얽매이지 않는 스스로의 인식에 기초한 작품 만들기 과정이다. 공예와 산업, 교육과 생산 활동 모두를 두루 강조하는 바우하우스의 교육과정은 학생들로 하여금 실용성과 형태 디자인의 균형잡힌 사고를 하도록 했고 이는 보다 창의적인 작품 창조에 큰 영향을 미쳤다. 이처럼 예술과 기술 모두를 강조한 그의 교육은 철학과 미학에 대한 이해도를 함께 높임으로써 학생들은 창조적 사고의 밑바탕을 넓힐 수 있었으며 스스로의 잠재력을 일깨울 수 있었다.[13)]

세 번째 요소인 영적 고무는 구성원들이 도전적 목표와 임무, 미래에 대해 제시한 비전을 열정적으로 받아들이고 계속 추구하도록 동기부여하고 격려하는 것을 뜻한다. 그로피우스는 자신이 천명한 비전과 실제 행동이 일치하는 삶을 통해 많은 이들을 동기부여 시켰다. 그는 바우하우스 교장당시 작업공동체(Arbeitsgemeinschaft)의 개념을 도입하였고 교사들은 '우리들은 발터 그로피우스가 제시한 비전과 이념을 이해하고, 변화시키기 위해 노력하였다. 우리들은 그로피우스와 함께 우리를 변화시켰다'라고 그와의 시절을 떠올린다. 이처럼 그로피우스는 모두를 동기부여시킴으로서 자신의 바우하우스 이념을 열정적으로 교사, 학생들과 함께 전파하였다.

변혁적 리더십의 마지막 요소는 개별적 배려이다. 그로피우스는 바우하우스의 초대 교장으로서 전술한 선언문 및 프로그램을 발행한다. 이러한 바우하우스의 독창적인 프로그램을 읽어 본 응모자들은 독일 및 유럽 각지에서 모인, 그로피우스의 이념에 공감하는 이들이었다. 그러나 전후 혼란기에서 응모자들의 학력 및 생각은 갖가지였던 것으로 알려진다. 혁명론자 및 소년당원도 존재하였으며 연령은 심지어 17세에서 40세까지 다양했다고 전해진다.

바우하우스에 모인 학생들 역시 경제적으로 궁핍하였다. 이 때 발터 그로피우스는 특히 경제적으로 어려운 학생들에게는 장학금을 주선하였으며 1919년 10월에는 학교 작업장을 학생들의 잠자리로 개방하기도 하였다. 또한 바우하우스의 본관 뒤에 있는 임시 건물에 간이 식당을 꾸미고 저렴한 가격으로 점심과 저녁 식사를 제공하였으며, 가난한 학생들에게는 식사를 무료로 제공하였다. 교장 발터 그로피우스는 이곳에서 학생들과 식사를 같이 하였다. 경제적으로 매우 가난했으나 바우하우스의 학생들은 결코 위축되지 않았다. 그는 가난한 학생들에게 잠자리와 식사를 제공하였다. 후일 파리 유네스코 본부를 설계한 세계적 건축가 마르셀 브로이어(Marcel Breuer)는 바우하우스의 제1기 학생으로 입학하였다. 그는 발터 그로피우스로부터 재능을 인정받고, 졸업 이후 바우하우스의 교사로 발탁된다. 평생에 걸쳐 마르셀 브로이어는 발터 그로피우스와 교분을 유지한 것으로 알려진다.

근 100년 전에 시작된 이 바우하우스 디자인은 전 세계에 엄청난 영향을 끼치며 현 시대의 라이프 스타일에도 지배적 영향력을 끼치고 있다. 1919년 개교하고 1933년 나치의 정치적 탄압으로 폐교될 때까지 14년 간, 200명이 채 되지 않는 학생들로 운영된 바우하우스. 이러한 바우하우스의 영향력이 지대한 것은 바우하우스만이 가지고 있는 독특한 문화적 자본과 문화적 시너지 때문이다. 그리고 이러한 바우하우스의 문화적 자본은 초대 교장이자 창설자인 발터 그로피우스의 교육 이념에 의해 형성되었다고 볼 수 있다.

발터 그로피우스는 대량 생산을 위한 기술과 시대적인 작품 제작 모두에 크게 가치를 두었으며 이러한 양면적(duality)이자 융합적인 가치(convergence)는 과학 기술이 연구소 안에만 머무는 것과 예술이 아틀리에 안에만 머무는 것을 막고 과학과 예술이 적극적으로 융합할 수 있어야 한다는 바우하우스의 문화적 자본으로, 더 나아가 당시의 시대적인 정신으로 확장되기에 이른다. 이처럼 변혁적 리더로서의 발터 그로피우스가 제시한 비전은 예술과 기술은 분리되어야 한다는 '과거적 인식'을 바꿈으로써, 다시 말해 예술과 과학은 두 문화(two cultures)가 아닌 한 문화라는 새로운 정신 모형을 제시함으로써 사람들의 의식을 변화시켰고 창의적 사고로 이끌었다.[14)]

2. 혁신과 통합의 양손잡이 리더십

구한말 개화파의 거두로서 갑신정변을 일으킨 혁명가 김옥균은 '조선에 다섯 사람의 핵심인재가 있으면 세계에 우뚝서는 일류국가가 될 수 있을 것'이라고 말하면서 그러한 다섯 명의 인재를 키우는 것이 꿈이라고 자주 이야기 했다고 한다. 다섯 명의 국가적 인재로 갈릴레이, 뉴턴, 아인슈타인, 퀴리부인, 에디슨을 열거하였다. 조선의 근대화를 위해 열정을 쏟고 있던 김옥균이 조국의 개화와 근대화를 갈망하며 손꼽은 다섯 명의 인재들의 공통점은 한 시대의 개척자라는 것이다. 그들은 과학과 기술분야에서 과거와는 단절된 엄청난 혁신을 일구어 낸 혁신적인 리더였다. 그들이 만들어낸 과학적 이론과 신제품은 이전과는 확연하게 다른 세계를 보여주었다. 그들은 과학자로서 발명가로서 '단절의 시대(age of discontinuity)'를 연 선구자들이었다.

과학의 획기적인 발전은 대부분 기존 기술과는 확연하게 차별화되는 독특한 결합에 의한 기술적 불연속에 의해서 달성된다. 기술적 불연속이란 기존의 지속적인 기술을 중단시키고 새로운 변인에 의한 기술적 소란을 야기한다. 이러한 소란을 통해 기술적 불연속은 기존의 기술을 새로운 방식으로 결합하고 연결하는 구조적인 혁신이 일어나는 원인을 제공한다. 기술적 불연속 덕분에 기존의 핵심 기술은 새로운 모습으로 재구성되고 이렇게 재구성된 제품은 소비자들의 환호 속에 새로운 시장을 형성하게 된다.

현대 조직이론으로 각광받는 이론으로서 '양손잡이 조직이론'이 있다. 여기서 '양손잡이(ambi-dexterous)'라는 것은 두 가지 기능을 모두 능숙하게 해낸다는 뜻인데, 양손잡이 조직구조라는 것은 지속적인 혁신을 잘 하면서도 불연속적인 혁신을 이루어 내는, 경쟁력 있는 조직구조라는 의미이다. 지속적인 혁신은 기업이 현재 속한 업종에서 효율을 높이고 업무개선을 시행하지만, 기존에 해 오던 일에서 크게 벗어나지는 않는 것을 말한다. 이에 비해서 불연속적 혁신이란 다른 말로 '양자론적 도약(quantum leap)'이라고도 한다. 과거 해 오던 업종을 발판으로 하지만 과거와는 성격이 사뭇 다른, 색다른 일에 도전하면서 경영자가 기업가 정신을 가지고 효율성 보다는 실험적으로 전혀 새로운 일에 뛰어드는 것을 말한다.[15)]

또한 양손잡이 리더십이란 지속적이고 점증적인 혁신이라는 토대 위에서 양자론적 도약을 달성하는, 혁신과 통합 모두를 잘 하는 리더십을 일컫는 말이다. 김옥균이 열거한 인재들은 과거의 패러다임 하에서 능력을 발휘해서 일가를 이룬 인재이기 하지만, 새 시대의 새로운 패러다임인 창의력과 기업가정신이라는 화두 하에서 시대의 모멘텀을 놓치지 않고 과거와는 비교하기도 어려운, 혁신적인 과학이론과 제품을 만들어 내는 혁신 리더들이라고 말할 수 있다.

이건희 회장이 삼성그룹의 경쟁력 강화를 위해 내세우고 있는 '마하경영(Mach management)'이라는 것도 따지고 보면 이러한 양손잡이 경영을 삼성의 각 조직에 실현하고자 하겠다는 의지와 관련이 있다.

전투기가 이륙 후 음속, 즉 소리의 속도한계인 마하를 돌파하려면 전투기의 설계도는 물론이고 엔진, 부품, 소재를 모두 바꿔야하는 것처럼 삼성이 초일류로 도약하기 위해서는 삼성의 모든 것을 바꿔야 한다는 것이 마하경영의 요체이다. 마하경영은 삼성이라는 조직이 경쟁력을 키우기 위해 뼈를 깎는 체질 개선을 통해서 조직의 한계를 돌파하는 것을 의미한다. 그러나 과거의 '1등 삼성'의 역사와 전통, 기업문화와 인적자원관리를 존중하면서 시장 불확실을 뚫고 한 단계 더 발전하는 혁신의 방책으로 제시되는 것이다. 따라서 삼성의 마하경영은 혁신과 통합의 상징이자 삼성이 불확실한 환경에 대응하는 양자역학적인 혁신 방법이자 경영리더십이라고 말할 수 있다.

양손잡이 조직과 리더십에는 혁신과 통합, 일관성과 불연속이라는 모순적 가치가 상존하고 있다. 이러한 모순은 조화로운 우주가 생성되기 전의 혼돈(카오스, chaos)이라고 말할 수 있을 것이다. 오늘날 불확실한 경영환경에서 살아남으면서 경쟁력을 키워가야 하는 기업들은 양손잡이 조직과 양손잡이 리더를 간절히 원하고 있다. 오늘의 지속적인 발전의 확실성은 내일의 불연속적 발전의 잠재성을 파괴할 수도 있기 때문이다. 이제 양손잡이 리더의 특징에 대해서 살펴보기로 한다.

무엇보다 양손잡이 리더는 오늘의 지속적인 혁신 요구와 내일의 불연속적 혁신 요구 사이의 균형을 취하면서 조직을 소생시키고 기업가 정신을 살려나가는 비저너리(visionary) 리더이다. 양손잡이 리더는 고도로 차별화 되면서도 고도로 통합된 조직을 만들며 이를 강력한 비전과 전략으로 운영해 나가는 경영자이다. 이들은 현재의 조직과 구성원을 보호하고 정당화할 뿐만 아니라 보다 미래의 불연속적인 혁신을 위해 조직이 가지고 있는 물리적, 인적, 문화적, 구조적 자산을 잘 결합하여 양자역학적인 점프가 가능하도록 만드는 혁신가라고 할 수 있다. 양손잡이 리더의 정치적 성향을 굳이 따진다면, 보수주의자이면서도 진보주의자라고 말할 수 있다. 오늘의 조직유지와 내일의 조직혁신을 조화롭게 달성하기 위하여 양손잡이 리더는 조직의 전략, 구조, 인적 자원의 역량, 문화 등 조직의 유형, 무형의 자원을 최적화하여 오늘의 경영환경에 가장 잘 적응하는 조직을 만든다. 그러나 조직이 관성이나 타성에 빠지지 않도록 하기 위해서 때로는 보수적 가치를 벗어나 조직을 환골탈태하여 불연속적 변화라는 진보주의 요구를 능숙하게 잘 조화시킬 수 있어야 한다. 양손잡이 리더는 모순과 혼돈 속에서 조직이 정체되지 않고 앞으로 나아가게 하는 데 역량을 집중시킨다.

그러므로 양손잡이 리더가 가장 싫어하는 것은 현실에 안주하는 것이다. 그들은 작은 성공에 도취되어 조직의 타성에 젖어 혁신의 박자를 놓치는 것은 조직을 큰 위험에 빠뜨리게 하는 죄악이라고 그들은 생각한다. 양손잡이 리더는 늘 현재의 업무에 충실하면서도 도도히 흘러가는 변화 흐름의 강도와 방향을 주목한다. 그리고 혁신을 위한 결정적인 시기가 왔을 때 조직의 구조, 역량, 문화, 과정 등 모든 자원과 구성원의 역량을 총동원하여 변화를 성공시키고자 애쓴다.

130년 전, 갑신정변을 일으켜 조국을 근대화시키기 원했던 개화파의 거두 김옥균이 꿈꾸던 국가의 핵심인재를 오늘날 우리의 기업들도 간절히 원하고 있다. 혁신과 통합의 모멘텀을 잘 찾아서 조화롭게 추진하는 양손잡이 리더를 갈망하는 목소리가 높아지고 있다.

3. '카멜레온 이야기'와 조직의 변화관리

2014년 봄에 발생한 세월호 참사를 통해 대한민국의 정부기관은 총체적 무능이 무엇인지를 국민들에게 보여주었다. 세월호의 운항관리

규정만 보더라도 100쪽이 훨씬 넘으며, 해경의 해난구조 매뉴얼은 75쪽이나 된다. 그러나 침몰하는 세월호를 위해 해양수산부나 안전행정부, 그리고 해경이 보여준 사고 수습 행태는 규정과 매뉴얼이 아무리 잘 되어 있어도 사람이 잘 지키지 않으면 무용지물이라는 것을 이번 세월호 사고가 똑똑히 잘 보여주었다.

박근혜 대통령은 안전관리에 허술한 해경을 폐지해 신설되는 국가안전처로 편입시키겠다는 폭탄선언을 하기에 이르렀다. 그러나 일각에서는 해경의 체질 개선을 위한 심층적 진단 없이 분위기에 편승해 즉흥적으로 전격 해체한 방식에 비판을 제기한다. 조직을 하루아침에 없애고 그 기능을 다른 데 이관하는 일이 역대 정권에서 되풀이됐지만 긍정적인 효과를 발휘한 적은 드물었다는 점을 지적한다. 대통령의 해법은 시스템 개조에 지나치게 치중한 결과라는 평가가 나온다. 재난대처 기구와 매뉴얼이 미흡해서 세월호 참사가 빚어진 것은 아닐 것이다. 왜냐하면 제도를 운영하는 것은 결국 사람이기 때문이다. 시스템을 고치는 것보다 중요한 것은 사람들의 뇌리에 박힌 관행과 악습의 고리를 끊는 것이다. 그래서 '관피아'의 연결고리를 정책적으로 끊겠다는 것을 대통령은 강조하고 있다.

수십 년간 지속돼 온 무사안일을 이제 와서 단칼에 쉽게 바꿀 수는 없을 것이다. 하지만 이번 세월호 사고는 우리에게 너무도 큰 상처였기 때문에 공직사회 전반에 인식의 변화가 있을 것이라고 믿는다. 실제로 관피아들의 퇴진이 잇따르는 등의 징조를 보이고 있다. 거대한 조직내에서 실제로 활동하는 사람들의 생각이 조금씩 바뀌는 게 근본적인 해결로 가는 첫 걸음이라는 생각이 든다. 사실 우리나라 관료들은 수많은 정변과 위기를 거치면서도 '복지부동', '무사안일'의 대명사로 지탄을 받은 일이 많았다. 그것은 관료사회 전반에 애써 변화의 필요성을 부정하고 '긁어 부스럼 만들지 말라', '튀지 말라', '모난 돌이

정 맞는다'는 식의 현실안주형 생존전략이 만연해 있기 때문이다. 그러면서도 구성원들 간 진정한 신뢰가 결핍되어 있고 '고양이 목에 누가 방울을 달 것인가?'는 식으로 혁신의 한계에 쉽게 좌절함과 동시에 혁신을 수행할 에너지가 소진되어 왔기 때문에 이제는 조직의 근본적 변화가 필요하다고 생각한다. 그러나 이를 이끌고 수행할 에너지가 관료들에게는 결핍되어 있다. 이러한 관료사회의 문제를 꼬집는 한 우화가 있다. 우화의 제목은 '카멜레온 이야기'이다.

아프리카 남부의 어느 정글에는 카멜레온 한 무리가 살고 있었다. 이들 카멜레온은 보통 도마뱀보다 다리가 길어서 나무 위에서 집을 짓고 사는 것이 생존에 유리했다. 이들 카멜레온은 정글 환경에 잘 적응하여 살고 있었지만, 숫자는 점점 줄어만 갔다. 그 이유는 정글 안에는 카멜레온을 잡아먹고 사는 삵(살쾡이)들이 있었기 때문이었다. 그럼에도 카멜레온 무리들은 수백 년 동안 살아온 터전을 옮긴다는 생각은 해 본적이 없었다. 이런 삵들 때문에 그들은 이를 찾으러 나무에서 내려와 땅 위에 오래 있을 수가 없었고, 먹이를 구하는 것이 항상 힘에 부쳤다. 이에 몇몇 카멜레온들이 좁고 위험한 곳에 살기보다는 삶의 터전을 보다 넓고 안전한 곳으로 옮기자는 의견을 제시하였으나, 수 백 년 동안 살아온 터전을 옮기는 것은 안 된다는 의견이 지배적이었다. 특히, 나이든 카멜레온은 보다 민첩하고 젊은 카멜레온이 잡아 오는 먹이에 의존하고 있었으므로 반대가 심했다.

어느 날 한 젊고 모험심이 많은 카멜레온이 기존의 낡은 터전을 떠나 새로운 터전을 찾기로 결정하고 용감히 집을 나섰다. 나뭇잎 밑에 웅크리고 사느니 위험이 있더라도 보다 나은 삶을 추구하는 것이 낫겠다고 생각한 이 카멜레온은 나무에서 내려와 정글 길을 걸었다. 주위에 살쾡이가 없는지 조심스럽게 살피며 숲 바깥쪽의 세계에 대한 정보를 최대한 수집하면서 이동을 계속하였다. 이 용감한 카멜레온은 지금까지 살아온 숲을 벗어나 활동을 하면서 한 가지 중요한 사실을 발견하였다. 그것은 자신의 몸 색깔이 주변의 색깔에 따라 변화한다는 사실이었다. 이제껏 그는 다른 카멜레온처럼 주로 나무 위에서만 생활해 왔기 때문에 자신의 피부색이 초록색인 줄로만 알고 있었다. 땅 위에서는 갈색, 바위 위에서는 회색으로 자동으로 변하는, 신비한 능력이 있음을 알게 된 이 용감한 카멜레온은 급히 자신의 옛 터전으로 돌아가 이 사실을 알렸다. 주변 물체의 색깔에 따라 자신의 몸 색깔이 변하는 놀라운 능력을 우리 모두 지니고 있으므로 안심하고 나무에서 내려와 이동을 하여 살쾡이가 살지 않는, 숲 저편 안전한 곳으로 옮겨 가자고 역설하였다. 그러나 대부분의 카멜레온은 이 용감한 카멜레온의 말을 믿지 않았다. 그들의 경험에는 나무에서 내려와 땅 위에 오랫동안 서 있어 본 적이 없었기 때문에 체색의 변화를 믿지 않았다.

그는 별 수 없이 자신의 말에 반신반의하는 친구 카멜레온 몇 마리만을 데리고 숲속 저편 새 터전으로 향할 수밖에 없었다. 새 터전으로 이동하여 생활을 하게된 카멜레온 친구들은 체색 변화 덕분에 천적으로부터 충분히 보호하며 자유를 만끽하는 삶을 살 수 있게 되었기 때문에 너무나 기뻤다. 더욱이 새 터전에는 삵이 살지 않았으며 땅이 넓고 먹이가 지천으로 널려 있는 곳이었다. 그들은 그 축복의 땅에서 한동안 행복하게 그 곳에서 잘 먹고 잘 살았다. 그런데 자기만 행복하게 사는 것이 죄스러워진 친구 카멜레온 한 마리가 옛 고향으로 가서 친지들에게 자기를 따라 이상향으로 가자고 권유를 해보았다. 그러나 의심 많은 친지들은 다른 카멜레온은 다 죽고 너 혼자만 살아온 것이 아니냐며 동행하기를 한사코 거부했다. 그 동정심 많은 카멜레온은 친지들의 냉대를 받고 쓸쓸히 돌아올 수밖에 없었다.

옛 터전에는 오늘도 카멜레온들이 살쾡이를 피해서 나뭇잎 속으로 몸을 숨기며 여전히 초라하게 살고 있다. 그렇지만 이들은 자기들이 도마뱀보다 긴 다리가 있어서 나무위로 재빨리 올라갈 수 있다는 것을 자랑스럽게 생각하며 살아가고 있다. 그런데 문제는 이들의 숫자는 날이 갈수록 줄어들고 있다는 사실이다.

이 '카멜레온 이야기'가 오늘날 우리에게 주는 교훈은 무엇일지를 생각해 보자. 공동체의 터전을 옮겨보자고 제안했던 그 용감하고 젊은 카멜레온은 조직 내 '변화관리자'의 전형적인 예가 될 수 있다. 그는 자신에게 주어진 일을 열심히 하다가 조직에 문제가 있다는 것을 알게 되었고 이에 대처하는 구성원들의 행동이 너무나 안일하다는 것을 알고는 불만을 가지게 되었다. 그러던 어느 날 변화관리자는 우연히 조직을 살릴 수 있는 묘안을 발견하게 된다. 그리고 그 혁신방안의 출발점은 자신에 대한 재발견이었다. 즉, 자신은 환경변화에 적응하고 혁신을 선도할 수 있는 '타고난' 능력이 있다는 것을 깨닫게 된 일이었다. 그는 상사와 동료들에게 혁신을 하자고 설득하기 시작한다. 그러나 대부분의 조직구성원은 이 비전에 가득 찬 변화관리자의 말을 믿지 못한다. 특히 직급이 높고 연세가 많은 구성원일수록 그의 말에 비판적이다. 결국 이 변화관리자는 살기 위해 그 조직을 떠나 다른 조직으로 옮기게 되고 자신이 몸담았던 조직은 아직도 그 모양 그대로 버티면서 서서히 늪 속으로 빠지게 된다. 이것이 '카멜레온 이야기'의 현대판 스토리가 될 것이다.

이러한 현상은 놀랍게도 우리 주변에서 너무나 쉽게 찾아볼 수 있다. 이 스토리에서 볼 수 있듯이, 조직내에서 변화를 추구하고 실천하려는 사람은 한 마디로 카멜레온형 경영자(Chameleon Managers)라고 볼 수 있다. 이들은 평소 조직변화의 필요성을 감지하고 끊임없이 변화를 주창하는 사람이다. 카멜레온형 경영자는 그러나 조직구성원들 가운데 상당수가 변화에 대해서 불편한 마음을 갖고 있으며 의식적,

무의식적으로 변화가 일어나는 것을 막고 싶어 한다는 것을 모르고 있다.

변화관리자가 성공을 거두려면 시간을 갖고 구성원들의 심리를 이해하며 자신의 혁신적인 아이디어를 세일즈 하여 대다수의 몰입(commitment)을 이끌어 내는 것이 필요하다. 카멜레온 경영자가 갖추어야 할 리더십 덕목은 변화에 대한 의사소통을 원활히 하는 것이다. 즉 리더는 사람들의 심리를 이해하고 그들에게 영향을 미치는 기법(skill)을 터득해야만 한다. 변화에 대해 무관심한 사람들에게 시간을 갖고 충분히 알아들을 수 있도록 반복해서 설명하는 한편, 구체적인 증거를 요구하는 사람들에게는 확실한 증거를 제출하는 방식으로 완급을 조절하고 눈높이에 맞게 이끄는 리더십이 필요하다. 변화가 구성원들에게 미칠 영향을 자세히 설명하고 구성원들의 염려와 부정적 반응에 대해서 민감하게 대처해야 한다. 그러나 혼자서만 모든 일을 감당하려고 해서도 안된다. 변화를 함께 주도할 주도 세력을 규합하여 팀워크로 이끌어 나가는 것이 좋다. 동시에 팀원들끼리 변화추진의 장애물을 하나하나 걷어내는 일을 하여야 한다. 새로운 비전에 방해가 되는 시스템과 구조를 개혁하는 작업을 수행하면서 가급적 단기적인, 작은, 그러나 가시적인 성과를 내도록 노력하여야 한다. 그리고 그 성과를 달성한 구성원들에게 파격적인 보상을 실시한다. 그러면 구성원들은 이러한 가시적인 성과와 그 보상에 주목하면서 마음 문을 열기 시작한다.

그 다음으로 중요한 단계는 '혁신 굳히기' 단계이다. 조직의 모든 분야에 변화관리 적용하며 크고 작은 혁신을 성공적으로 수행한 구성원에 대한 파격적인 보상을 지속적으로 추진해 나간다. 그리고 항상 새로운 변화 프로젝트를 끊임없이 개발하는 한편, 변화관리자(change agent)들을 조직의 각 부문에서 육성한다. 이러한 일을 반복하면 사람들은 익숙하지만 초라하고 위험이 많은 조직으로부터 '젖과 꿀이 흐르는' 조직으로 옮겨가는 것을 피부로 느끼게 될 것이고 옛날로 돌아가자고 말하는 사람이 아무도 없어진다. 이러한 인식이 정착되면 혁신은 일상화가 되며 조직문화로 뿌리를 내리게 된다. 혁신이 조직문화로 승화되면 이제는 더 이상 '혁신 전도사'가 소리를 지르며 호소할 필요가 없게 된다. 구성원 각자는 알아서 매일매일 자신의 사무실에서 새로운 변화를 창조해 나간다. 이러한 상태를 '조직문화에 의한 관리(Management By Culture)'라고 부른다. '목표에 의한 관리(Management By Objectives)'는 지식정보화시대를 살아가는 신세대 직장인들에게 더 이상 기능하지 않는 낡은 관리법이 되고 있다. 우리가 Google의 혁신과 성공을 칭찬하고 부러워하는 이유는 그것은 한두 사람의 경영자가 나서서 이끌고 가는 방식이 아니라 Googler(구글의 구성원)들이 자발적으로, 그리고 일상적으로 변화관리자가 되어 자신의 일에서 필요한 혁신을 일구워 내는 문화를 정착하고 그 문화의 변화를 실질적으로 주도하고 있기 때문이다.

2014년 4월 16일은 우리 대한민국 국민들에게 결코 잊을 수 없는 날이다. 엄청난 참사가 발생했지만, 국민들을 잘 지켜 주리라 믿었던 국가와 정부의 시스템이 제대로 작동하지 않는 현장을 실시간으로 볼 수 있었다. 이러한 국가적 불행을 통해서 우리는 우리에게 필요한 진정한 변화관리란 무엇인가를 냉철히 생각해보는 자숙의 시간을 가져야 할 것이다. 앞으로 일상생활에서 위기나 재난을 당할 때 마다 "세월호를 기억하자(Remember the Sewol)"는 자각과 공감으로 위기를 성공적으로 극복하고 조직과 사회를 혁신해 나가는, 혁신의 문화가 우리 사회 속에 뿌리를 내리게 되기를 간절히 소망한다.

4. 창의적 리더와 리더십의 조건

최근 일부 국내 대기업과 정부가 불확실한 경제여건을 극복하고 국제 경쟁력을 배양하기 위해 '창조 경영'이라든지, '창조 경제'와 같이 창의력과 관련된 키워드들을 기업경영과 국정의 최우선 목표로 삼고 있다. 그런데 역사적으로 살펴 볼 때, 창의력(creativity)은 역사적으로 정당하게 평가받지 못했고 창의적인 인재가 오히려 동시대 사람들로부터 많은 오해를 받았던 것은 흔한 일이었다. 일반 대중들이 창의적인 인재를 보는 시각은 일반적으로 다음 세 가지로 구분되었다. 첫째, 창의력 있는 사람을 미친 사람으로 치부하는 경향이 있었다. 둘째, 창의력을 가진 사람을 초능력을 가진, 신비한 존재로 인식하는 경향이 있었다. 셋째, 두뇌가 명석하고 지적인 사람이 창의력이 있다고 믿는 경향이 있었다.

물론 이러한 시각은 모두 잘못된 오해에서 빚어진 것이다. 창의력이 뛰어난 사람은 미친 사람이나, 신비한 존재라기보다는 정상적이고 평범한 삶을 살았던 사람들이 많았다. 그들에게 남보다 다른 점이 있다면 남들이 보지 못하는 다른 시각에서 사물을 보는 눈이 있었으며, 자연현상이나 사회적 사건을 나름대로 독특하게 연결시키는 능력이 있었을 뿐이었다. 그러나 이러한 조그만 차이가 역사를 변화시켰으며, 인간의 삶의 질을 풍요롭게 만들었다.

세계 역사를 살펴보면, 우리는 역사적 전환기에는 창의적인 리더가 남들보다 앞선 혜안을 가지고 창의적인 비전이나 정책을 제시함으로써 역사를 주도해 온 것을 알 수 있다. 예를 들면, 영국의 산업혁명은 당시 영국 지식인들의 클럽이었던 버밍햄 모임(Lunar Society of Birmingham)의 창의적 선각자들에 의해 기획되어 결실을 맺게 된 것이라고 보는 학자들이 많다. 그리고 18세기 미국의 독립에 공을 세운 건국의 조상들(Founding Fathers)도 당시 탁월한 창의적인 리더였다. 이들이 만든 미국의 헌법은 당시로서는 획기적인 사상을 담고 있었으며, 이러한 독창적이고 혁신적인 사상은 후에 프랑스 혁명에도 영향을 끼쳤다.

오늘날 세계화, 정보화 시대를 맞이한 인류는 기업의 창의력에 지구촌 최후의 희망을 걸고 있다고 해도 과언이 아니라는 생각이 든다. 특히, 우리나라와 같이 부존자원이 부족한 국가에서는 '인적자본(human capital)'의 활성화를 통한 창의적 경영이야말로 21세기의 선진국으로 성장하는 데 크게 기여할 것이라는 점은 두말할 나위가 없다.

따라서 창의력을 장려하는 조직분위기와 기업의 정책이야말로 조직혁신의 첫 걸음이며, 경쟁력 배양의 원천이 된다. 창의적 리더의 노력 덕택으로 기업조직은 경직되고, 규정과 표준화를 중시하며, 예외나 변화를 용인하지 않는 관료제 조직을 타파하고, 유연하며(flexible), 수직적 계층수가 축소되어 납작하면서도(flat), 정보가 물 흐르듯이 흐르는 단단하고 경쟁력 있는 조직으로 탈바꿈할 수 있다. 창의적 경영의 결과 조직 내 개인의 행동반경이 넓어지고, 어려운 상황을 탈출할 수 있는 기지를 발휘하게 된다. 또한 직위에 관계없이 '권능이 부여된 상태(empowered)'로 주인의식을 가지고 업무를 처리하게 되므로, 긍정적 조직분위기가 확산되며, 회사의 성과에도 긍정적인 영향을 미치게 될 것이다.

창의력이 생성되는 과정은 일반적으로 다음과 같은 다섯 단계로 설명할 수 있다.[16)]

1) **준비단계**(preparation): 평소 정보수집 활동이 중요하다.
   창의력 준비를 위해 시간을 투자하는 단계이다.

2) **좌절단계**(frustration): 해결이 분명히 있다고 확신하지만, 그 해결이 가시적으로 나타나지 않을 때는 좌절하게 된다.
좌절단계를 속히 벗어날 수 있는 방법은 현상을 재해석(reinterpret)하는 것이다.
3) **부화단계**(incubation): 합리적이고 분석적인 사고에 가려 보지 못하고 있던 무의식적인 부분에 대한 통찰이 가능하도록 아이디어가 충분히 부화할 수 있는 시간을 갖는다.
4) **통찰단계**(insight): 이 단계는 창의력 발생의 핵심단계라고 볼 수 있다. 창의적인 아이디어가 통찰을 통해 떠오르는 단계이다. 여러 직관적 기법이 통찰에 도움이 될 수 있다.
통찰단계는 창의력에 방아쇠를 당기는 단계로서 화룡점정(畵龍點睛)에 비유된다.
5) **실행단계**(working out): 통찰을 검증하는 단계로서 창의적인 어떤 구상을 가지고 실제로 시제품을 만들거나 시행하는 단계이다. 리더가 지니고 있는 기술, 경험, 적성, 도구, 자원들을 동원하여 창의적 아이디어가 조직 내에서 실효성을 거둘 수 있도록 노력한다.

창의력에서 가장 중요한 단계는 통찰단계인데, 통찰은 스스로 깨달음을 얻는 단계라고 말할 수 있다. 이러한 통찰은 종종 딜레마(dilemma)과정을 통해 얻어지는 수가 많다. 선(禪)수련의 예를 통해서 이것을 설명해본다.

선(禪)을 가르치는 스승(Zen master)이 선수행자들의 명상과 깨달음을 돕기 위해 흔히 사용하는 방법은 인위적인 딜레마를 주는 것이다. 수행자에게 매우 황당한 질문을 던져 의도적으로 딜레마를 조성함으로써 수행자 스스로가 창의적인 명상을 통해 스승이 말하고자 하는 메시지를 스스로 터득하게 하는 방법이다. 이것이 선문답(禪問答)의 요체이자 목적이다. 가령, 성철 스님이 입적하기 전에 자주 사용한 선문답으로서 "산은 산이요, 물은 물이로다"라는 말이 있다. 이 말을 듣게 되는 제자들은 매우 당황하게 되며, 말씀의 저의에 대해 의심을 가지고 말씀의 진의를 깨닫기 위해, 즉 딜레마에서 벗어나기 위해 많은 생각을 하게 된다. 선문답의 목적은 인위적으로 딜레마를 조성하여 제자들이 엄청난 정신적이고 지적인 동원(mobilization)을 하게 만드는 데 있다. 마치 석가모니가 대중들이 스스로 깨닫게 하기 위해 대답대신 꽃을 들어 보인 사건처럼. 결국 대중은 깨닫지 못했지만 석가의 제자 가섭은 지적 딜레마를 극복하고 스승의 메시지를 깨닫고 빙그레 웃었던 것이다. 이러한 염화시중(拈花示衆)의 미소야말로 딜레마를 통한 창의력의 발현이라고 볼 수 있다.

이러한 의미에서, 조직구성원의 창의력 개발에 도움을 주는 회사정책은 일반적으로 다음과 같은 조치를 포함한다.[17)]

1) **위험의 감수**(buffering): 실패를 감수하고 구성원의 창의력을 제고하려는 경영자의 노력이 필요하다. 즉 구성원에게 실패할 자유(freedom to fail)를 주는 것이 창의력 개발에 중요하다.
2) **조직의 여유**(organizational time-outs): 조직구성원은 일상적인 업무에서 벗어나 조용히 자신을 성찰할 수 있는 시간적인 여유를 가지는 것이 창의력 개발에 긴요하다. 리프레시 휴가나 안식년 제도는 구성원들로 하여금 재충전의 기회를 주어 창의력을 개발시키는 데 도움이 될 수 있다.
3) **직관**(intuition): 사업성 분석을 할 수 없을 정도이거나 분석결과 타당성이 없다고 판명된 설익은 아이디어에도 경영자가 어떤 감(感)이나 직관(直觀)을 가지고 밀어붙이는 조직풍토에서는 경

쟁사가 깜짝 놀랄 만한 아이디어 상품이나 서비스가 만들어지기도 한다.

4) **혁신적인 태도와 조직구조**(innovative attitudes and structures): 구성원의 평소 태도가 혁신적인 조직에서는 창의력이 개발된다. 가령 3M 과 같은 회사에서는 일상시간의 15%를 개인 연구시간에 써도 좋다는 사규가 있으며, 모든 제품의 35%를 신제품으로 출시해야 한다는 규정은 종업원들이 평소에 혁신적인 태도를 가지는 데 도움을 준다. 그리고 태스크포스(task force), 스컹크워크(skunk works), 팀조직이나 매트릭스(matrix) 조직은 조직의 특성상 구성원의 능력발휘가 용이하고 창의력을 북돋우는 조직이라 할 수 있다.

개인의 입장에서, 자신의 마음 문을 닫게 되면 아무리 회사가 창의력을 개발하는 정책을 편다고 하여도 창의력이 개발될 수가 없다. 따라서 창의적 경영의 활성화를 위해서 무엇보다도 구성원들이 '마음 문을 닫는 일(mental locks)'을 막아내야 한다. 마음 문을 닫는 현상이 심해지면 조직에는 다음과 같은 병세가 나타나게 된다. 첫째, 무슨 일에 있어서나 언제나 정답을 찾으려고 하는 마음이 만연하게 된다. 둘째, 지나친 실용주의가 지배하게 되며, 셋째, 실패는 나쁘다는 생각이 경영자와 직원들에게 자리 잡게 된다. 넷째, 일을 하지 않고 논다는 것은 반드시 나쁘다는 생각에 사로잡히게 되며, 다섯째, 나이가 들수록 바보같은 짓은 하지 말아야 한다는, 보수적이고 보신주의적인 생각이 팽배하게 된다.

창의적인 리더에게 요구되는 것은 변화의 물결을 잘 헤쳐 나가기 위한 유연성과 적응력이다. 결국, 창의적인 리더가 하는 일은 조직에서 새로운 신념, 태도, 가치관을 창조하여 경영혁신을 주도하는 것이다. 더불어 조직 내 모순되고 반대되는 가치들을 융합하는 능력이 뛰어나야 하고, 사회와 환경에 대한 열린 마음을 가지는 것이 중요하다고 하겠다. 또한 창의적 리더가 되려면 먼저 자신의 인지구조를 파악하는 것이 필요하다. 자신의 기존 마인드 세트를 고집하지 않고 한 발자국 물러나서 새롭고 유연한 방향으로 생각하는 것은 창의적인 리더, 창의적 경영자가 되는 지름길이라고 할 수 있다.

5. 신뢰와 배신의 리더십

미국의 저명 컨설턴트인 데니스 라이너와 마셸레 라이너가 2001년 펴낸 책으로서 한국에서도 많은 독자를 확보한 『신뢰와 배신의 심리학』이라는 책이 있다.[18] 이 책에서 저자들은 신뢰가 리더십에 있어서 매우 중요한 요소라는 것을 강조하고, 신뢰가 깨졌을 때 개인과 조직 구성원은 엄청난 배신감과 상실감을 맛볼 수밖에 없다고 말하면서 '신뢰와 배신의 역학관계'에 대해 사례를 들어 구체적으로 설명하고 있다. 그리고 조직내 신뢰형성을 위해서 개인은 자신의 신뢰역량을 개발하고 타인에 대한 신뢰역량을 증진시키는 일이 필요하다는 것을 결론으로 마무리 짓고 있다.

2014년 대한민국의 최대의 화두는 단연 '신뢰와 배신'이라고 생각된다. 세월호 참사 때 우리는 국민들을 위해 봉사해야 할 해경 등 공무원들의 무능력, 무소신, 직무태만, 무사안일 등을 목도하게 되면서 분노를 넘어 허탈을 느끼게 되었다. 참사 이후 이어진 구조작업에 있어서도 해묵은 관피아의 유착과 비리가 알려지면서 우리나라 공권력과 행정체계에 대한 신뢰가 무너졌다. 공적 리더십이 끝을 모르고 실추되는 과정을 지켜보며 사회에 대한 절망감에 사로잡혔다고 해도 과언이 아닐 것이다.

신뢰란 '어떤 사람이 정직하고 언행이 일치하며 약속을 이행하는 동시에 어떤 일이나 역할을 제대로 수행할 수 있으리라는 기대'라고 정의할 수 있다. 흔히 신뢰는 사람들간의 관계를 하나로 묶는 접착제와 같다고 말한다. 그러한 인간관계의 가장 기본적 요소라고 할 수 있는 신뢰가 무너졌다면 이는 진정 큰일이라고 생각된다. 지금 대한민국의 사회에는 국가와 국민, 사람과 사람을 이어주던 신뢰에 큰 상처가 생겼고 신뢰가 배신으로 변하고 있다. 이른바 '심리적 계약'의 위반을 온 국민이 겪고 있는 상황이라고 생각한다. 심리적 계약(psychological contract)이란 조직과 구성원 사이에 체결되는 일종의 묵시적인 계약으로서 계약 당사자들은 상호 의무와 권리를 가지게 된다. 가령, 회사에 입사한 직원은 회사가 고용에 대한 안정성을 보장해주는 대신 자신은 회사를 위해 최선을 다하고 충성을 다할 것이라고 스스로 맹세한다. 그러나 만약 회사 측에서 약속한 급여나 복지 혜택 등을 제공하지 않았을 때 직원들은 회사가 심리적 계약을 위반했다고 생각하게 된다. 이 경우, 직원들은 회사에 대한 믿음을 상실하게 될 뿐만 아니라 근무 태만, 책임 회피 등과 같은 행동을 하게 된다. 만일 그 위반 정도가 심할 경우에는 직원들은 회사와 조직에 충성하기보다는 좀 더 자신의 경력을 중요시하면서 현재보다 자신에게 좋은 조건이나 여건을 제공하는 일자리로 주저 없이 옮기게 된다.

조직의 심리적 계약위반은 직원들에게 심적 부담 요인으로 작용하게 되어 직무에 대한 불만을 누적시키고, 신뢰를 감소시키며 배신감으로 인해 조직에 대한 애착과 몰입에 부정적인 영향을 미치게 된다. 또한 한번 깨진 심리적 계약은 회복되기가 매우 어렵다. 이렇듯 신뢰는 인간관계에 있어서 유용하지만 매우 미묘한 자산이다. 신뢰는 말보다 행동에 의해 결정되는 것이다. 신뢰를 확립하는 데는 오랜 시간이 걸리지만 순식간에 파괴될 수도 있다. 우리는 세월호 침몰사건을 통해 해경 등 책임있는 공공기관의 리더와 공무원, 해운회사의 경영자와 종업원의 행태를 목도하면서 신뢰와 배신의 부정적 역동성을 체험하게 되었고 이 시점에서 난국 수습을 위해 국가와 국민, 회사경영진과 직원간 신뢰와 심리적 계약의 회복을 위해서 어떻게 해야 할지에 대해 심각하게 생각하게 되는 상황에 도달하게 되었다.

이런 상황에서 국민들에게 조그만 위로와 희망이 된 것은 바로 이 미묘한 시점에 개봉되어 1,800만 여명의 관객을 자석처럼 끌어들인 영화 「명량」이라고 생각한다. 이 영화의 주인공 충무공 이순신의 모습에서 『신뢰와 배신의 심리학』책에 언급되어 있는 '변혁적 신뢰'를 창출하는 위대한 리더 이순신 장군의 모습을 보며 관객들은 현실에서 맛보지 못한 참된 리더십을 영화관에서 맛보며 대리만족을 할 수 있었다. 『신뢰와 배신의 심리학』에서는 조직이 위기에 처할 때 변혁적 신뢰가 필요하며, 이를 위해서는 리더와 구성원에게 네 가지 핵심특성, 즉 확신, 용기, 공감성, 그리고 공동체의식이 있어야 한다고 강조하고 있는데 이는 이순신 장군이 영화를 통해 효과적으로 보여주었다.

영화 「명량」을 통해서 본 이순신 장군이 보여준 확신과 용기는 보통사람의 그것을 뛰어넘는 것이었다. 선조임금이 수군을 폐지하고 육지에서 지원하라는 지시를 내려 보내었음에도 "지금 신에게는 아직 12척의 전선이 남아 있습니다. 죽을 힘을 다하여 막아 싸운다면 능히 대적할 수 있습니다. 비록 전선의 수는 적지만 신이 죽지 않는 한 적은 감히 우리를 업신여기지 못할 것입니다."라는 감동적인 장계를 올려 조선수군을 지켜냈다. 이러한 확신에 찬 결연한 의지를 보여 두려움에 떨고 있던 장병들을 다독이는 한편, 충무공은 남해안 일대를 돌아다니며 흩어진 병사들을 모아 수군 재건에 전력을 다했다.

이순신 장군의 위대함은 그의 백성과의 공감성과 공동체 의식에서 빛을 발했다. 그의 주변에는 항상 수많은 백성들이 자원봉사를 자원하여 장군을 도왔다. 적진의 밀정으로 활동하기도 하고, 울돌목의 까다로운 조류의 흐름에 대해서 자문하기도 하는 등 기꺼이 장군을 도왔다. 이들이 이렇게 헌신적으로 도운 것은 충무공이 평소 백성들의 농사와 어업 등 생업을 보살피는 등 진심어린 관심과 애정을 쏟았고, 작전에 백성들의 피해가 없도록 배려하는 등, 백성과 공감하는 마음에 감동을 받았기 때문이다. 영화 「명량」에는 전투 중 거대한 소용돌이 속에 고립되어 침몰의 위기를 맞은 대장선을 어민들이 죽음을 무릅쓰고 배를 타서 갈고리 밧줄을 던지며 이순신 장군이 탄 대장선을 구해내는 감동적인 장면이 등장한다. 이는 역사적 사실여부를 떠나 이순신 장군의 백성에 대한 사랑과 함께하는 정신에 감복한 백성들이 헌신적으로 그를 리더로 삼고 따랐다는 것을 잘 말해주고 있다.

실의에 빠진 2014년 대한민국 호를 살리는 리더와 리더십에 대한 기대가 그 어느 때보다 높아지고 있다. "한 사람이 길목을 지키면 천 명도 두렵게 할 수 있다." 이것은 명량으로 출정하는 날 이순신 장군이 장병들에게 행한 연설이다. 그는 선조와 서인들로부터 배신을 당한 억울한 상황에서도 자신의 처지를 살피기보다 자신을 전폭적으로 신뢰하는 백성들을 향해 충성을 다했고 결국 기적을 일구어냈다. 이순신 장군은 오늘 신뢰가 실추되어 힐링이 필요한 대한민국에 분명한 시사점을 던져주고 있다. 그것은 '나 한 사람'이 삶의 현장에서 최선을 다해서 신뢰의 아이콘으로 남아 있다면, 집단의 위기를 기회로 변화시킬 수 있는 견인차 역할을 충분히 할 수 있다는 것이다. 이 신뢰리더십의 요체는 자신의 신뢰역량을 개발하고 타인에 대한 신뢰역량을 증진시키는 일이다.

6. 리더의 실행력, 네트워크 리더십

실사구시(實事求是)가 국정의 지표로 등장할 정도로 형식보다는 실질을 숭상하는 풍토가 최근 기업계에 확산되고 있다. 심지어 일부 기업에서는 회의시간을 줄이고 있다. 잦은 회의가 오히려 직원들의 실행력을 저해한다는 판단에서이다.

기업이 실행력이 높은 리더를 키우기 위해서는 무엇보다도 실행력에 높은 가치를 매기는 기업문화가 형성되어 있어야 한다. 몇 년 전 국내 S전자가 제품의 불량률을 낮추기 위한 가시적이고 상징적인 조처로서 생산직 임·직원, 협력업체 관계자들이 보는 가운데 수거된 수 백 억원에 달하는 불량 조립제품 전량을 부수고 소각하는 것을 지켜보게 했다는 유명한 일화가 있다. 그 이후 S전자의 제품은 달라지기 시작했다고 했다. 제품과정에서 사소한 이상이나 불량도 용납하지 않는 풍토와 함께 구성원의 '실행력'이 형성되었고 결국 이 회사의 제품의 품질은 획기적으로 개선되었다고 한다. S전자의 불량품 소각 이벤트는 생산에 관련된 모든 당사자들에게 나의 사소한 실수로 인해 엄청난 피해가 돌아올 수 있다는 사실을 퍼포먼스를 통해 생생하게 목도하게 함으로써 종업원 자신의 행동에 대한 결과를 책임지도록 피드백을 주었다.

다음으로 실행력은 시스템에서 생겨날 수 있다. 필자가 독일에서 유학하는 동안 한시적으로 학교 직원으로 채용되어 근무했던 일이 있었다. 근무시간은 하루 8시간이었으며, 도서 대출과 학생 상담일을 하였다. 애당초 공부가 목적이었던 필자는 하루 8시간을 적당히 때우고 틈틈이 책을 볼 심산이었지만, 막상 근무에 돌입하니 조금도 쉴 수가 없었다. 9시 정각부터 일과가 끝나는 저녁 5시까지 직원들은 팀을 이루어 기계처럼 움직이고 있었고 거의 한 시도 쉬지 않고 일을 했다. 생산직은 아니었지만 마치 거대한 톱니바퀴들이 맞물려 일하듯이 일은 흘러갔고 필자는 그 시스템의 일부분으로 본연의 역할을 하지 않으면 안 되었다. 일과가 끝나는 다섯 시 정각, 엄청난 업무량을 소화하고 나서야 필자는 사무실을 떠날 수가 있었다.

결국, 실행력은 개개인의 능력도 능력이지만 실행력을 낳는 시스템이 있어야 한다. 업무 간 상호의존성(interdependence)과 자율성(autonomy)이 높은 시스템은 조직의 실행력을 향상시킨다. 수명된 업무만 수행하는 상황에서는 누군가 업무지시를 할 때까지 기다릴 수 밖에 없다. 업무수행의 자율성이 없기 때문이다. 그러나 가만히 있어도 시스템이 작동하여 누군가로부터 끊임없이 업무의 투입이 이루어지는 경우에 조직은 항상 움직일 수 밖에 없다.

주관적인 판단인지는 몰라도, 우리나라 기업의 조직운영은 서구 선진국 기업에 비해서 다소 느슨한 느낌이 있다. 최근 팀제를 도입하여 업무의 효율을 기하려는 노력이 있었지만 업무간 상호의존성과 자율성이 충분히 주어지지 않는 상황에서 팀제의 당초 목적을 달성하기는 어렵기 때문에 실패하는 경우가 많았다.

또한 실행력은 전문적인 네트워크에서 생겨날 수 있다. 오늘날은 네트워크의 시대이다. 고독한 천재가 무엇을 만들어내던 시대는 지나갔다. 네트워크를 통한 지식경영이 생산성을 결정짓는 시대가 도래한 것이다. 새로운 업무를 부여받고 서점서 책을 잔뜩 사온 후 책과 씨름하고 읽거나 도서관에 박혀서 골똘히 연구하는 것은 이제 시대에 뒤지는 행동이다.

기업이 어떤 문제에 봉착하여 이를 해결하기 위한 과제가 주어지면, 회사내에 축적된 지식 네트워크(knowledge networks)가 가동되어야 한다. 지식 네트워크의 구성요소는 문서나, 장비, 데이터베이스일 수도 있고 사람일 수도 있다. 특정 문제를 해결하는 솔루션이 내장되어 있는 지식 네트워크가 신속히 작동하여 그 문제를 해결해내는 실행력을 갖추지 않으면 그 기업은 경쟁력을 잃게 된다. 그러나 기업의 실행력은 실행력을 갖춘 개인들이 많다고 해서 자동적으로 향상되는 것은 아니다. 실행력을 갖춘 개인과 문서, 장비, 데이터베이스, 그리고 다른 개인 간에 신경망처럼 긴밀히 연결된 네트워크가 형성되어 있어야만 조직의 실행력이 발휘될 수 있다. 미국의 유수 연구소나 기관에서 우수 연구원을 국내 기업에 모셔와도 기대만큼 성과를 못 미치는 경우가 허다한데 그것은 국내 기업에는 이들이 효율적으로 일할 수 있는 시스템과 네트워크가 갖추어져 있지 않기 때문이다. 시스템과 네트워크로부터 유리된 개인이 올릴 수 있는 실행력은 분명 한계가 있다.

끝으로, 실행력이 높은 리더를 키우기 위해서는 기업내에 우수한 평가・보상체계가 가동되고 있어야 한다. 실행력이 높은 인재평가를 통해 차별화하고, 우수 집단에게는 남들과는 다른 보상이 주어질 수 있을 때 그들의 실행력은 지속되고 향상될 수 있다. 사회주의 국가들의 80년간의 '사회주의 실험'이 실패한 가장 근본적인 원인은 인간의 근저에 자리 잡고 있는 보상에 대한 모티베이션을 외면했기 때문이다. 일을 열심히 하는 사람에게는 열심히 한 만큼 충분한 보상이 주어져야 하는데 그들 국가에서는 평등가치를 더 중시하고 인간 본연의 보상에 대한 욕구를 희생시켰기 때문에 평가・보상체계가 제대로 작동되지 못했고, 따라서 우수한 성과를 거두지 못했던 것이다.

실행력이 강한 개인과 조직은 엄청난 시너지 효과를 낸다. 특공대팀(commando team)은 작전 투입에 앞서 엄청난 지옥 훈련을 통해 개개인이 전문성을 갖춘 프로페셔널이 될 뿐만 아니라 팀이 하나의 유기체와 같은 시스템과 네트워크, 그리고 끈끈한 조직문화를 구축한다.

그리고 평가와 보상체계가 제대로 가동되어 자신이 하는 일에 대한 의미와 보람을 느끼며 위험한 전쟁터에서 기꺼이 조국과 자신의 조직을 위해 구성원들이 최선을 다하는 것이다. 비록 적은 숫자이지만, 특공대 팀의 높은 실행력은 이미 과학적으로 검증된 바 있다. 기업조직도 특공대 팀 처럼 리더십을 어느 한 사람이 독점하는 것이 아니라 구성원에 고루 분배되어 있으면서 시너지와 시스템, 전문적 네트워크와 조직문화를 갖추고 일에 대한 정체성과 보람, 그리고 보상 모티베이션을 유지시킬 수 있다면 리더의 실행력, 조직의 실행력은 보장될 수 있다.

7. 서번트 리더십에 대한 재조명

서번트 리더십(servant leadership), 우리말로 '섬김의 리더십'으로 흔히 번역된다. 이 서번트 리더십이 리더십 이론에 편입된 계기는 1977년 그린리프(Robert K. Greenleaf)가 『Servant Leadership』을 발간하면서 세상 사람들의 관심을 끌게 되고나서부터이다.[19] 그린리프는 당시 미국 굴지의 통신기술회사인 AT&T의 연수원장을 20년 이상 역임하면서 느낀 소회를 바탕으로 그 책을 썼지만, 1970년대 당시에 서번트 리더십에 대한 개념은 기업들이나 다른 단체에서 관심을 가질만한 특성을 가지고 있지 않았다. 구성원을 통제하며 과업 목표 달성에 열심이었던 그 당시의 기업들에게 있어서 서번트 리더십이라는 개념은 단기적 이익 창출이나 조직성과에 있어서 별로 도움이 되지 않으며, 따라서 흥미롭지 않은 소재라고 생각되었다.

그러나 시간이 흐르면서 그린리프 연수원장이 제시한 서번트 리더십의 개념을 사람들은 차츰 이해해 나가기 시작했다. 그 계기는 사람들이 상명하복식인 피라미드 조직에서 경영자는 일방적으로 아랫사람들을 컨트롤하고 동기까지도 유발시킬 수 있다고 하는 오만을 리더십의 핵심으로 인식하고 있었다. 그러나 전후 베이붐 세대가 X세대로 교체되고 조직내에 새로운 가치관을 가진 종업원들이 들어오기 시작하면서 경영자들은 통제중심의 '나를 따르라'하는 일방적 리더십이 조직관리에 잘 맞지 않는다는 것을 느끼게 되었다. 이러한 가치관의 대변혁시대에 서번트 리더십이 주목을 받게 된 것이다.

그린리프가 서번트 리더십을 깨닫게 된 동기는 독일의 문호 헤르만 헤세가 쓴 『동방순례(Die Morgenlandfahrt)』라는 단편소설을 읽고 감명을 받은 데 있었다. 헤르만 헤세가 1932년에 출간한 '동방순례'는 순례길에 나선 독일의 한 귀족 순례단의 이야기를 담고 있다. 이 소설에서 서번트 리더십의 모티브가 된 '레오(Leo)'는 소설 속에서 순례단의 일원으로 잡일을 도맡아서 처리하는 시종의 역할을 담당하고 있다. 그는 잡일을 비롯해 순례단이 지치고 힘들 때 순례자들에게 나아가야할 방향을 제시하고 노래를 불러주는 등 순례단에게 생기를 불어넣으며 그들의 여행의 목표를 이룰 수 있도록 뒤에서 지원하는 역할을 성실하게 수행한다. 비록 종의 신분이었지만, 그가 있었기 때문에 여행이 차질없이, 위태한 일 없이, 진행되었으며 심지어 함께 가는 동물들까지도 순종하는 등 순례단의 감초역할을 톡톡히 하였다. 그러던 중, 일행은 스위스와 이탈리아의 접경지대에서 큰 협곡을 만나게 되었는데, 여정 가운데 제일 위험한 코스와 맞닥뜨리게 된 것이었다. 그런데 협곡을 건너기 전날 밤에 레오는 순례단에서 홀연히 사라졌다. 그가 있음으로 인해 순조로운 여행길을 지속할 수 있었던 순례단은 갑자기 대 혼란에 빠지게 되었고 여행자체를 포기하게 되었다. 귀족들은 흩어져서 인근 마을에 다니면서 며칠을 두고 레오를 찾았으나 그의 종적은 묘연하기만 하였다. 그 실패한 여행사건이 있고 난 몇 년 후 순례단원 중 한 명이 마침내 레오를 찾았는데, 알고 보니 그는 종의 신분이 아니라, 순례단을 후원한 교단의 존경받는 영적 지도자라는 엄청난 사실을 알고 모두 놀라게 된다는 내용이다.[20]

노벨문학상 수상자로 잘 알려진 독일의 대표적인 문호 헤르만 헤세가 1932년 이 책을 발간한 동기에 대해서 비평가들은 1930년대 초 유럽을 휩쓸던 경제공황과 이를 해결하겠다고 발 벗고 나선 일부 파시스트 독재자들을 비판하기 위해 상징성과 은유로 쓴 소설이라고도 한다. 분명한 사실은, 헤세는 이 작품을 통해 진정한 리더십이란 무엇인가를 '레오'라는 리더를 통해 보여주고자 했던 것 같다. 레오는 겉모습은 남을 섬기는 종이지만, 사실은 그가 없으면 조직이 되는 일이 없고, 큰 위기에 처하게 되는 위대한 리더로 기술되었다. 경제공황과 전쟁의 위험으로 갈피를 잡지 못하고 있는 유럽인, 특히 독일인들을 위해서 이탈리아의 무솔리니 같은 독재자가 등장하여 위기를 핑계로 국민의 일거수 일투족을 통제하면서 결국은 군국주의로 몰아가는 것을 경고하며 레오와 같이 섬기는 자세로 일을 지혜롭게 잘 처리하여 국가의 목표를 달성하는, 섬김의 지도자가 필요하다는 메시지를 작가가 전하고 싶었다고 여겨지면서, '섬김의 리더 대망론'의 관점에서 이 상징적인 소설을 쓴 것이 아닌가하는 생각이 든다.

서번트 리더십의 요체는 다른 사람을 섬기는 가운데 그들에게 영향력을 발휘하는 리더십이다. 조직 구성원들을 개인적 차원에서 성장시키며, 그와 함께 조직 개선을 시도하는 기존과는 다른 리더십 스타일이다. 리더가 조직 구성원을 섬기는 과정을 통해 조직 구성원의 일체화와 조직의 공동 목표를 이루어낼 수 있도록 하는 것에 주력하는 것이다. 이는 기존의 권위형 혹은 통제형 리더와 뚜렷하게 다른 특성을 지니고 있다고 말할 수 있다. 따라서 리더의 역할이나 리더가 지녀야 하는 능력보다는 조직구성원들의 리더에 대한 인식이 더 중요한 요소로 작용된다. 기존의 리더십은 조직의 과업 목표 달성에 목표를 두고 있는, 결과 중심이기 때문에 조직 구성원들의 업무 추진 과정에서 성장할 수 있도록 도와주는 코칭이나 지원이 미흡한 부분이 많았다. 서번트 리더십은 조직 구성원이 자신이 맡은 업무를 수행하면서 성장할 수 있도록 하기 때문에 잘 발휘만 된다면 수평적인 조직에서 조직의 유효성을 증가시킬 수 있다.

서번트 리더십에 대해 그린리프는 다음 세 가지 특성을 제시하고 있다. 첫째, 통제보다는 조직 구성원의 조력자이면서 조직의 방향을 제시하는 역할을 맡는다. 둘째, 서번트 리더는 조직 구성원의 파트너로 서그들로부터 합의를 얻고 발전할 수 있도록 의견을 조율하며 그들의 성장을 지원하는 역할을 맡는다. 셋째, 일과 삶의 균형을 이룰 수 있도록 본질적으로 조직을 긍정적으로 변화시키기 위해 물심양면으로 돕는 역할을 맡는다. 서번트 리더는 구성원들이 조직의 목표를 이해하고 공감대를 넓힐 수 있도록 하여, 조직 구성원들이 서로의 의견을 존중하고 협력을 강화할 수 있는 분위기를 조성해야만 한다. 리더는 조직 구성원들이 자신의 업무에 몰입하면서 다른 구성원과 협력할 수 있는 환경을 조성하고 경청하며 필요시에는 코칭과 지원을 아끼지 않는다.

그린리프의 서번트 리더십이 발표된 이후, 그의 이론을 검증하는 노력이 이어졌다. 워커는 1997년에 대학조직을 대상으로 수행한 연구에서 서번트 리더십이 도입되어 대학 내 단과대학들에 잘 적용되면서 조직 내의 의사결정 구조가 수평적 구조로 변화되고, 대학 관련자들 간의 신뢰가 높아졌으며 조직에 대한 만족도가 높아졌다는 연구결과를 발표하였다. 또한 학자들은 서번트 리더십을 확산시키는 요인으로 역할 모델(role model)이 존재하고 조직의 리더가 구성원들을 적극적으로 지원하는 것이 서번트 리더십 성공의 중요한 요인으로 도출되었다고 하였다. 그린리프는 AT&T 조직의 엘리트 직원들이 연수를 받으면서 가장 존경하고 명강사라며 찬사를 보내는 강사는 하나 같이 학력이나 출신배경 측면에서 그리 내세울 것 없지만, 섬기는 자세로 한 우물을 파서 큰 성공을 거둔, 잘 알려지지 않은 '숨은 영웅들'이었다. 그린리프는 엘리트 사원일수록 이러한 섬기는 지도자들을 자신의 멘토로 모시고 싶어하는 심리를 간파하고 서번트 리더십을 개발하게 되었던 것이다.

서번트 리더십이 학계나 실무계에서만 환영 받은 것은 아니고 조직 지도자의 '섬김'이라는 덕목과 행동이 과연 모든 조직에 잘 적용될 것인지에 대해서 지속적으로 비판을 받고 있는 것도 사실이다. 예를 들면, 명령에 따라 일사불란하게 움직이는 군대나 경찰 조직에서도 과연 섬김의 리더십이 성공적으로 적용될 수 있을지에 대한 의문점이 든다. 엄격한 규율이 조직의 운영원리가 된다면, 섬김의 리더십은 기본적인 기능조차 하지 못하고 실패할 수 있다는 주장이 설득력을 지닌다.

그러나 오늘날 명령이나 지휘체계로 움직이는 수직적 조직이 점점 사라지고, 팀제 조직과 같은 수평적 조직구조가 보편화 되면서 상명하복의 리더십은 빛을 잃어가고 있다. 오히려 리더가 기존의 리더십과는 달리 허리를 낮추고 조직 구성원들의 눈높이를 맞추어 섬김의 자세로 함께 일하는 기업이 매출도 늘고 수익성도 증가하는 사례를 주위에서 많이 보게 된다. 우리나라의 재벌 1,2 세대가 경영일선에서 물러나고 40 - 50대의 후계자가 경영을 맡고 있는 기업들 중에 이러한 현상이 두드러진다. 과거 할아버지나 아버지세대의 통제형 리더십 보다는 조직 구성원을 섬기고 민주적으로 직원들의 의견을 경청하는 서번트 리더들이 후계자가 된 조직에서 조직 구성원의 자발성과 모티베이션이 향상되고 궁극적으로 조직의 고성과로 이어지는 것을 보면서 이제 우리나라에도 '서번트 리더십'의 시대가 도래하는 것이 아닌가

하는 생각을 하게한다.

물론, 앞으로 시간을 두고 더 관찰해야 할 것이지만, 서번트 리더십의 출발점, 즉 서번트 리더는 자신이 서번트라고 생각해야 한다는 초심에 충실하다면 지속적으로 좋은 결과를 낼 수 있을 것이라고 생각한다. 자신의 종이 아니고 왕과 같은 존재라고 생각하는 순간, 서번트 리더십은 종말을 고하고 만다.

서번트 리더십은 반전이 있는 드라마이다. 동방순례에서 레오가 철저한 종의 모습으로 자신을 낮추고 일행을 잘 섬겼지만 나중에 큰 영적지도자인 것이 드러난 것처럼, 일반인은 당시에 서번트 리더십의 존재를 잘 알지 못하는 수가 많다. 이것이 현대인들에게 크게 어필하는 리더십이 아닌가한다. 춘추시대 노자도 「도덕경」에서 섬김의 리더의 모습을 다음과 같이 그려내고 있다. '지도자는 목표를 이루기 위해 철저하게 준비하고 열심히 일한다. 일단 목표가 성공적으로 달성되면 자신을 낮추고 몸을 숨긴다. 사람들은 모두가 자신이 잘 해서 목표를 달성한 줄 알고 좋아한다. 리더는 멀리서 이 광경을 바라보며 흐뭇한 웃음을 짓는다. 이런 지도자야 말로 진정한 리더이다.'

8. 일본 미라이공업의 인간경영과 리더십

일본의 기후(岐阜)현 남부에 위치한 전기설비업체인 중견기업 미라이 공업(未來工業, Mirai Industry)에 대해서는 우리나라에 많이 소개되었으며, 이에 관한 책들도 발간되었다. 비정규직이 증가하고 고용이 불안해지고 있으며 노사갈등으로 몸살을 앓는 일이 잦아지는 최근의 우리나라 상황에서 미라이 공업 이야기를 다시 재조명해 볼 필요가 있다고 생각한다. 미라이 공업의 창업자요 최고경영자인 야마다 아키오(山田昭男) 사장은 조금 과장해서 말한다면, '샐러리맨들의 천국'을 만든 탁월한 리더라고 말할 수 있다. 맥그리거가 말하는 'Y 이론(인간은 스스로 일을 좋아하고 일에 몰두하여 성과를 낼 수 있다는 이론)'을 현장에서 그대로 실천하여 성과를 올린 존경받는 최고경영자인 야마다 아키오 사장의 경영철학과 리더십 스타일에 초점을 두고 미라이 공업의 성공요인을 분석해 보기로 한다.

미라이 공업은 1965년에 창립된 전기설비 자재업종에 속한 중견기업으로서 공구, 케이블 지지도구, 공업용 부재를 주로 생산하고 있다. 한 해 매출이 220억 엔에 달하고 있으며, 종업원 수는 780명에 이르고 있다. 창업자인 야마다 아키오는 현재 70대 중반으로서 현역에서 은퇴하고 이 회사의 고문을 맡고 있다. 그가 미라이 공업을 창업하게 된 동기는 엉뚱하다. 원래 야마다는 연극배우였다. 극단 '미라이좌(未來座)'를 설립할 정도로 연극에 심취했던 그는 15년간 아마추어 연극배우로 살았다. 아버지가 사장으로 있는 회사에 몸을 담고 있었는데 연극배우로 무대 활동에 정신이 팔리게 되자 아버지는 그를 매정하게 정리해고 하였다. 정신이 번쩍 난 그는 정리해고 당한 다음날, 연극인 3명과 함께 극단 이름을 그대로 사용해 미라이 공업(未來工業)을 일으켰다. 아버지 회사에서 쫓겨나 당장 생계가 곤란했기 때문에 '먹고 살기 위해서' 기업을 창업한 셈이었다.

그러나 야마다 아키오는 자신이 창업한 미라이 공업을 위해서 혼신의 노력을 경주하였다. 그의 경영철학은 상당 부분 그의 연극 활동 시절에서 경험하고 깨닫고 느낀 점이 반영된 결정체라고 할 수 있다. 야마다는 오랫동안 연극배우로 활동하면서 기업이라는 무대에서 제일 중요한 존재는 배우인 사람, 즉 사원이라고 생각했다. 막이 오르면 경영자는 사원이라는 배우에게 모든 걸 맡겨야 하고, 사원 스스로가 감동해 열심히 하지 않으면 기업은 성장하지 못한다고 하였다. 그는 특유의 '인간 경영'에 대한 철학을 확립하고 40년 동안 밀고 나갔다.

그럼 이제 아사히신문이 '유토피아 경영'이라고 극찬했던 야마다 사장의 '인간경영'의 내용을 살펴보자. 직원들의 정년이 70세, 연간 휴일 140일, 전원 정규직, 육아 휴직 3년, 연말연시에 19일을 놀고, 출산휴가는 무려 3년이다. 즉 3년 단위로 마음먹고 아기를 3명 낳으면 무려 9년 동안 회사를 떠날 수 있다는 의미이다. 한 마디로 '먹고 노는 회사'라고 해도 과언이 아닐 것이다. 회사경영을 이런 식으로 해도 괜찮을 까하는 걱정스러운 생각이 든다. 하지만 미라이 공업은 매출액 경상이익률이 15%에 육박하는 고수익 회사다. 일본 제조업 평균 경상이익률은 3%. 대기업 마쓰시타 전공을 누르고 제품별 시장 점유율이 최고 80%로 치솟았다. 비결은 1만 8,000개 생산 제품 모두 '아이디어 상품'이라는 것. 이것은 사원들이 머리를 짜낸 결과다. 야마다 사장은 사원들이 아이디어를 제안할 때 마다 5,000 엔을 현금으로 지급하였다. 제안이 채택되면 추가적으로 10만 엔에서 50만 엔의 장려금을 지급하였다. 미라이 공업의 사원들은 이러한 제안을 연 평균 1만 건이나 한다. 미라이 공업의 성장 동력은 항상 새로운 아이디어를 생각하고, 그것을 구체적인 제품이나 제도로 만들어 나간다. 이러한 사원들의 노력 덕분으로 미라이 공업은 '일본 최초' 신화를 이어가며 승승장구하고 있다.

미라이 공업이 이처럼 성공을 거두고 있는 근본 이유는 무엇일까? 필자는 창업자 야마다 사장의 인재상과 '인본주의 리더십'이 그 이유라고 생각한다. 야마다 사장이 15년간 연극에 몸 담아오면서 체득한 연극인으로서의 세계관과 인재상이 독특한 인간경영과 인본주의 리더십의 기초를 이루게 되었다고 본다.

그런데 연극이란 무엇인가? 사전에는 '몸짓과 언어를 빌어, 인간의 삶을 공간과 시간 속에 연출하는 시각적이고 입체적인 예술'이라고 나와 있다. 연극이 성립하기 위해서는 네 가지 요소가 필요하다. 이를 연극의 4대 요소라고 부르는데 배우(몸짓과 언어를 빌어), 무대(공간과 시간), 희곡(인간의 삶), 관객(시각적이고 입체적인 예술)이 바로 4대 요소이다. 이 가운데서 야마다 사장은 아마도 배우를 가장 중요한 요소라고 생각하는 사람이라고 생각된다. 배우는 여러 가지 인생을 산다. 배우는 가짜 얼굴(가면, 분장)을 만든다. 배우는 가면이다. 그러므로 배우의 얼굴(가면, 분장)은 사실 또는 현실이 아니다. 가짜다. 그런데 가짜가 진실을 획득할 수 있다. 배우의 몸짓과 연기가 관객과 만나고 감동을 줄 수 있는 것은 진실을 획득하고 현실을 반영하기 때문이다. 현실은 배우를 통해 상징으로 표현된다. 연극은 현실을 무대로 가져오는 도구(가면, 분장)를 통해 현실을 상징화하여, 현실보다 더한 사실을 느끼게 한다. 그러한 구실을 하는 것이 배우이다. 배우는 가짜 인물을 연기함으로써 가짜가 진실로 탈바꿈하는 것이다.

1991년 회사가 상장될 당시 사원들의 이름이 적힌 쪽지를 선풍기 바람에 날려 멀리 날아간 순서대로 과장 승진을 단행한 적이 있다. 또 볼펜을 던져서 과장을 정하기도 했다. 야마다 사장은 사원 중에서 누가 과장이 되는가 하는 문제를 마치 배우가 역할을 맡는 것으로 이해한 것 같다. 어차피 배우는 가면이고 가짜 인물을 연기하는 사람이기 때문에 선풍기로 과장을 결정해도 상관이 없다고 생각한 것 같다. 사원들이 모두 배우로서 자질이 훌륭하기 때문에 누구를 승진시켜도 잘 해낼 것이라고 확신하였고, 배우들인 사원들은 이러한 야마다 사장의 기대를 벗어나지 않았다. 실제로 미라이 공업은 영업 목표나 생산 목표를 사원들이 직접 정한다. 성과에 따른 인센티브나 경쟁적인 인사제도도 없다. 배우들을 믿기 때문에 누구나 역할이 주어지면 최선을 다해 그 역할에 몰입할 것이라고 야마다 사장을 믿었던 것 같다.

이러한 드라마와 같은 인간경영은 이 회사의 독특한 휴가정책에 잘 나타나 있다. 1974년 미라이 공업은 10억 엔 매출 달성을 기념하기 위해 전 사원이 대만으로 단체 여행을 갔다. 1982년에는 중국 상하이와 항주로 여행을 떠났다. 그리고 1992년에는 나고야 증권거래소에 회사가 상장한 것을 기념하기 위해서 사원들은 각자 원하는 여행지를 선택하여 동시에 9일간의 휴가 여행을 떠난 적도 있다. 1995년 회사 창립 30주년을 기념해서 미라이 공업의 전 사원은 미국 라스베가스로 여행을 떠나기도 했다.

야마다 사장의 인본주의 리더십의 핵심은 '사원이 기뻐야 회사가 기쁘고 내가 기쁘다'라는 야마다 사장의 경영방침에 잘 나타나 있다. 그는 회사경영에서 가장 중요한 것은 사원의 근무의욕 고취에 있다고 보았다. 경영자가 나서서 '나를 따르라'고 외친다고 하면 당장에 사원들이 따르겠지만 언제까지나 경영자가 앞장서서 주도해 나갈 수는 없다. 장기적으로는 사원 각자가 자신들의 업무에 의욕을 갖고 임할 때 회사는 차별화되고 성장을 계속할 수 있다고 그는 굳게 믿었다. 따라서 그는 경영자의 역할은 사원들에게 근무 의욕을 불러일으키는 데 있다고 생각한다. 이런 의미에서 미라이 공업에서는 제복이나 작업복 착용을 강요하지 않는다. 사원들이 입고 싶은 복장을 자유롭게 선택을 해서 의욕을 가지고 일을 할 수 있도록 배려하고 있다.

사원들의 주인의식 고취를 위해 사원들에게도 스톡옵션 제도를 시행하여 회사의 주식을 취득할 수 있도록 하고 있다. 회사가 대주주 경영자의 것이 아니라 사원 모두가 주인이라는 인식을 심어주기 위해서이다. 또 회사가 이익을 내면 그 과실이 사원 모두에게 돌아간다는 것을 인식시켜 준다. 회사가 잘 되면 개인도 덩달아 잘된다는 것을 사원들이 피부로 느끼게 하는 것이다.

미라이 기업에 있어서 사원은 기업과 시장이라는 무대 위에서 자신의 역할을 맡아 연기하는 배우이기 때문에 결코 코스트(cost)가 아니라 한 사람 한 사람이 소중한 역할을 담당하는 인적자원이자 자산으로 인식된다.

이쯤 되면 미라이 공업은 유토피아에 가깝다고 말할 수 있지 않을까 생각한다. 그러나 미라이 공업의 사례가 다른 회사에 모두 적용되기는 어렵다고 여겨진다. 왜냐하면 미라이 공업에는 창업부터 지금까지 면면히 이어져 오는 야마다 사장과 배우들 간의 끈끈한 유대관계가 존재해 왔고 이러한 유대관계가 독특한 미라이 공업만의 기업문화로 확대 발전해 왔기 때문이다. 집집마다 장맛이 다른 것은 메주를 발효시키는 균체가 다르기 때문이라고 한다. 미라이 공업에는 '기업은 기업 자체를 위해서가 아니라 사원을 위해 존재한다'고 감히 말하고 실천하는 사람들로 구성되어 있는, 나름 잘 익은 장 맛 또는 술 맛이 나는 독특한 직장이라고 말할 수 있다.

9. 메리케이의 인간중심 리더십

직접 판매라는 독특한 방식으로 유명한 세계적인 화장품 회사 '메리케이(Mary Kay Inc.)'의 창업자이며 회장이었던 메리 케이 애쉬(Mary Kay Ash) 여사가 2001년, 향년 83세로 타계하자 세계는 그녀의 죽음을 크게 애도하였다. 미국의 퍼스트레이디 로라 부시 여사는 추모사에서 "내가 늘 흠모하던 분이었다. 자기가 옳다고 생각하는 일에 두려움 없이 맞서는 여사 같은 용감한 사람이 있기에 나는 미국이 위대한 국가라고 믿는다"고 말했다.

메리 케이 애쉬는 1963년 9월 13일, 45세의 늦은 나이에 자본금 5,000달러로 화장품 회사 메리케이를 창업하게 된다. 메리케이는 스킨케어, 메이크업, 바디 케어, 향수, 선 케어 등 8가지 상품을 생산해 소규모 직접 판매를 하고 있다. 지난해 매출액은 대략 37억 달러 정도이며 이 중 소매 판매가 25억 달러이다. 71년 오스트레일리아에 최초의 국제 지사 설립을 시작으로 영국, 호주, 중국, 캐나다, 스위스, 브라질, 과테말라 등 세계 각지로 판로를 넓혀가고 있다. 현재 대부분의 제품개발, 테스트, 제조 등은 덜레스, 스위스, 중국 등지에 위치한 최첨단 제조공장에서 이루어지고 있다. 현재 메리케이는 전 세계 37개국(한국 포함)에 75만여 명의 독립 뷰티컨설턴트(Independent Beauty Consultants)를 거느린 세계적 초우량 기업으로 성장하였다.[21)]

"여성의 삶을 풍요롭게"라는 슬로건을 내걸고 자신의 이름을 딴 "메리 케이 화장품" 회사를 설립한 그녀가 사람들의 주목을 받은 건, 적지 않은 나이에, 그리고 여성 CEO가 드물던 시절에 창업을 한 이유도 있지만, 그보다는 인간 중심의 독특한 경영 때문이었다. 그녀는 당시 사회적으로 많은 차별을 받던 여성들에게 다른 곳에서는 찾을 수 없는 성공의 기회를 제공하는 회사로 만들고자 하였다. 그녀는 자신과 함께하는 모든 여성이 개인적으로 성장하고 재정적으로 독립하여 삶의 행복을 느낄 수 있도록 하는 회사를 꿈꾸었다. 그 후 2005년에는 세계 3대 화장품 직판 회사로 성장하였고, 매출 10억 달러, 37개국에 130만 명의 독립 뷰티컨설턴트를 보유한 '가장 일하고 싶은 100대 기업'(포춘지 선정)이 되었다.

메리 케이는 1918년 미국 텍사스 주 핫 웰즈에서 태어났다. 여섯 살 때 아버지가 병으로 쓰러지자 어린 메리 케이는 아버지를 간호하고 집안 청소와 요리를 도맡았다고 한다. 어머니가 생활비를 벌기 위해 휴스턴의 레스토랑에 나가 하루 14시간을 일해야 했기 때문이었다. 그러나 언제나 '너는 할 수 있어'라고 용기를 북돋아주던 어머니 덕분에 힘든 집안 일을 하면서도 학교 성적이 좋은 편이었으며 특히 타자와 토론에 뛰어난 능력을 발휘하였다. 그녀는 고등학교를 졸업하자마자 결혼했지만, 그 생활은 그리 오래 가지 못하였다.

이혼 후 세 자녀의 양육을 책임져야 했던 메리 케이는 스탠리 가정용품 회사에 판매 사원으로 들어가 자녀를 돌보면서 억척스레 일을 했다. 화장품 판매업계의 바닥부터 시작하여 25년 간을 근무한 끝에 미국 직판협회로부터 명예전당에 속한 판매원으로 인정받을 정도로 성공적인 세일즈 우먼이 되었다. 그녀는 회사를 은퇴한 후 '여성들과 그들의 가족이 보다 살기 좋은 세상'을 만들기 위해 '독창적인 회사'를 창립하기에 이른다. 1963년, 당시 20세이던 둘째 아들 리처드의 도움으로 자본금 5,000달러의 소규모 화장품 회사인 메리케이를 설립한 것이다. 그녀는 오랫동안 직장 생활을 하면서 여성들이 뛰어난 능력에도 불구하고 조직에서 인정받지 못하고 충분히 동기부여 되지 못하는 것을 늘 안타깝게 생각해 왔다. 그래서 여성이 용감하게 자신의 '안전지대'를 탈출하여 능력을 충분히 발휘할 수 있는 장을 마련하기 위해 메리케이를 설립하게 되었다고 자서전에서 밝히고 있다.

독실한 크리스천인 그녀는 '남에게 대접을 받고자 하는 대로 너희도 남을 대접하라'는 성경 구절을 그대로 실천하려고 애썼다. 그리고 경영의 우선 순위는 '첫째 하나님, 둘째 가족, 셋째 일'에 두었다. 그녀는 재혼한 남편(Mel Ash)이 폐암 선고를 받은 후부터는 분주한 회사일과 빡빡한 바깥 스케줄에도 불구하고 병석의 남편을 지극정성으로 간호할 정도로 가족의 소중함에 가치를 두는 철학을 가졌다. 직원들이 가정 문제로 불가피하게 무단결근을 하는 경우에도 경고나 해고하지 않았고 오히려 그 가정 문제에 대한 상담을 실시하여 가족을 중시하는 경영철학을 실천하였다. 또한, 그녀는 타인에게 많이 베풀면 베풀수록 더 받게 된다는 'Go-Give' 정신을 임직원들에게 심어주려 애썼다. 고객이나 종업원들에게 '가서 베푸는' 경영을 스스로 실천하였으며, 이러한 '타인에 대한 배려와 베품의 정신'은 오늘도 사내 문화로 자리 잡고 있다.

메리케이의 경영 철학은 다음 네 가지로 요약된다. 첫째, 아무도 고립시키지 않는다. 컨설턴트나 세일즈 감독 등 누구든지 그들의 장점과 정보를 공유하여 잠재력을 충분히 발휘할 수 있도록 회사가 지원한다는 것이다.

둘째, 판매 구역을 별도로 설정하지 않는다. 메리케이의 이른바 '양자 프로그램(Adoptee Program)'은 직원들이 지역을 가리지 않고 모집한 사람들에 대한 판매 수당을 판매 구역과는 상관없이 모집자에게 지급하는 방식을 도입하여 일선 판매원들의 동기 유발을 자극하였다.

셋째, 판매를 고객에게 강요하지 않는다. 메리 케이는 화장품을 팔기보다는 소비자들에게 피부 관리 요령을 가르치는 데 주력해 회사에 대한 좋은 이미지를 남기는데 힘썼다. 또한 판매원과 소비자간의 장기적인 좋은 관계 구축에 우선 순위를 두었다.

넷째, 판매원들 간의 경쟁을 조장하기보다 자신과 경쟁하도록 분위기를 조성한다. 즉 판매원들 간의 치열한 경쟁인 제로섬 게임을 벌이는 것보다 자신의 기록을 경신한 모두에게 보상하는 방식인 포지티브섬 게임을 실시해 건전한 경쟁을 유도하였다.

무엇보다도 메리케이 경영의 핵심은 '칭찬'을 통한 보상 시스템에 있다. 매년 개최되는 '메리케이 세미나' 행사는 메리케이의 판매원(독립 뷰티컨설턴트)들에게는 매우 중요한 행사이다. 세미나에는 보통 8,000여 명의 임직원이 참여하는 대규모 행사로 치러지는데 세미나 기간 동안 톱 세일즈 지도자들이 성공 사례를 발표하고 강의한다.

직원들이 긴장하고 기다리는 세미나의 하이라이트는 시상식날 밤이라고 볼 수 있다. 이날은 마치 아카데미 시상식이나 미스 아메리카 시상식 같은 화려한 무대와 분위기가 연출된다. 그 해 화장품 판매에 최고의 실적을 올린 사람들은 환상적인 음악을 배경으로 스포트라이트를 받으며 한 사람 한 사람 무대 위로 오른다. 선택된 이들은 8천여 명의 환호를 받으며 메리 케이 애쉬 회장으로부터 파격적인 상을 받게 된다. 핑크색 캐딜락, 다이아몬드 반지, 긴 밍크코트 그리고 충분한 특별휴가가 부상으로 주어진다.

메리케이 세미나의 궁극적인 목적은 매우 간단한 학습 원리에 기초한다. '성공을 얻도록 사람들을 칭찬하라'는 것이다. 시상식 밤을 직·간접적으로 경험한 판매원들은 메리케이의 기업 문화에 압도되고 뜨거운 열정에 전염되지 않을 수 없게 된다. 누구나 '나도 핑크빛 무대 위에서 수많은 직원들이 지켜보는 가운데 상을 받는 기쁨을 위해 열심히 일해야 겠다'는 결심을 자연스레 하게 되는 것이다.

결론적으로, 메리케이사의 성공은 창업자 메리 케이의 창업 정신에 있다고 볼 수 있다. 그것은 다른 사람을 위하여 나누고 보살피는 정신, 즉 '가서 베푸는 정신(Go-Give Spirit)'과 사람의 잠재력에 대한 믿음으로 요약할 수 있다. 메리 케이는 칭찬과 격려를 충분히 해 준다면 이 땅의 모든 사람들은 성공할 수 있다고 믿었다.

그녀는 사람들을 진심으로 사랑하는 CEO였다. 그녀는 직원들을 영원히 함께해야 할 가족으로 보았고, '손익계산서'의 피와 엘(P&L)이 '손익계산서(P&L: Profit & Loss)'가 아닌 '사람과 사랑(People & Love)'을 의미한다고 주장했다. 즉, 그녀는 회사의 이익이 중요하지만, 그것은 모든 이들의 삶을 풍요롭게 만드는 하나의 수단에 불과하다고 보았던 것이다.

그녀는 '황금률'에 의해 회사를 운영했다. 그녀의 황금률이란 자신이 대우받기를 원하는 대로 다른 사람을 대하라는 것이다. 그녀는 "직원들을 만날 때마다 그들의 가슴에 '나는 존중받고 싶다'라고 쓰여진 목걸이를 차고 있다고 생각하고 그들을 대한다"고 스스로 말할 정도로 상대방에 대한 배려와 경청을 중요시했다.

이처럼 메리 케이 애쉬는 인간중심의 리더십을 발휘한 것으로 잘 알려져 있다. 그녀의 인간중심 리더십의 내용은 좀 더 상세하게 살펴보면 다음과 같기 정리할 수 있다.

① 충분히 칭찬하면서 비판하라.

리더가 직원을 비판하는 것은 적절하지 못한 행동이다. 그렇다고 절대로 비판하면 안 된다고 말하는 것은 아니다. 중요한 것은 비판은 누가 잘못했는가가 아닌, 무엇이 잘못되었는가에 초점이 맞춰져야 한다는 것이다. 리더는 무언가 잘못 되었을 때에도 직원을 감싸안는 너그러움을 보일 줄 알아야 한다. 그들의 자존심을 건드리지 않으면서도 날카롭게 잘못된 점을 짚어 말할 수 있어야 한다. 즉 직원과 긴밀한 관계를 유지하더라도 업무에 관한 한, 단호하고 직설적으로 말할 수 있어야 한다는 것이다. 메리 케이 애쉬는 절대 칭찬 없이 비판하지 않았다. 그녀가 선택한 방법은 사람들 앞에서는 칭찬을 극대화 해주고, 비판은 사람들이 없는 곳에서 최대한 개인의 자존심을 보호해 주면서 부드럽게 하지만 예리하게 하는 것이었다.

② 리더는 사람들과 함께 성장한다.

기업을 위대하게 만드는 결정적인 요인은 바로 그 기업에 몸담고 있는 직원들이다. 뛰어난 직원들이 뛰어난 비즈니스를 한다. 반면 사람 때문에 심각한 경영위기에 처하기도 한다. 따라서 뛰어난 직원을 절대로 놓쳐서는 안될 뿐더러 입사한 각 직원을 최선을 다해 정말 따뜻하게 보살펴 주어야 한다. 메리케이 직원들이 회사를 평생직장으로 여기는 것은 메리 케이의 서번트 리더십의 성과라고 할 수 있다.

③ 리더의 속도가 팀의 속도를 결정한다.

메리 케이 애쉬가 강조했던 리더십은 '뛰어난 리더는 스스로 본보기를 보여 부하 직원들을 이끌어 간다.'는 것이었다. 즉 말로 하는 명령은 마음을 움직일 수 없지만, 몸소 행함으로 하는 명령은 직원들의 마음을 움직인다는 것이다. 관리자로 승진한 후에 관리자병에 걸리는 사람이 많다. 언제 그랬냐는 듯이 승진하기 이전의 일은 거들떠보지도 않고 오직 관리만 한다는 것이다. 그러므로 유능한 관리자는 다른 사람들의 본보기가 되는 것에 항상 신경을 써야 한다. 그렇게 되면 부하 직원들은 좋든 나쁘든 리더의 업무 습관을 따르게 마련이고 그에 따라 스스로를 맞추어 간다. 좋은 일, 나쁜 일이 마찬가지 이다. 또한 뛰어난 리더는 이론에 얽매어 업무를 수행하지 않고 경험에 비추어 업무를 수행한다는 것이다. 충분한 증거를 보여주지 않으면 직원들은 간단한 지시사항도 무시하려 한다. 메리 케이는 직접 보여주는 것이 말보다 효과적이라는 것을 항상 유념하며 실천하였다.

④ 자부심이 중요하다.

직원들의 자부심이 조직의 사기를 좌우한다는 것은 누구나 알고 있는 사실이다. 그러므로 직원들은 그들 자신뿐만 아니라 그들의 가족까지도 회사에 대한 자부심을 함께 나누고 있어야 한다. 이때 중요한 것이 회사와 리더의 역할이다. 메리케이는 직원들의 평균 근속년수에서 볼 수 있듯이 회사를 평생직장으로 여길 뿐만 아니라 그들은 그것에 대해 자부심을 느낀다. 그렇기 때문에 메리 케이 직원들은 누구나 자신에게 주어진 임무를 탁월하게 해내고 싶어 한다. 메리케이는 이러한 자부심을 부하 직원들에게 심어주었고, 그로 인해 업무수행 능력 또한 크게 발전하였다.

⑤ **일하면서 즐겨라.**

나이에 관계없이 어떤 일을 하는데 지치지 않는 열정으로 주위 사람들을 놀라게 하는 사람들이 있다. 그들은 일을 즐기면서 한다. 메리 케이 애쉬가 바로 그런 사람이었다. 그녀는 판매하는 일을 몹시 즐겼다. 일을 즐겼던 것이 그녀가 빨리 성공할 수 있었던 최대의 비결이었다고 말한다. 뛰어난 리더는 부하 직원들이 즐기면서 일할 수 있는 적합한 업무를 찾기 위해 노력해야 한다.

⑥ **스트레스를 줄여라.**

메리 케이는 부하 직원들에게 스트레스를 주지 않으려 한다. 상황에 따라 바람직하고 필요한 스트레스도 있기 때문에 스트레스를 없앤다는 뜻이 아니다. 그들은 친근감 있는 리더십으로 생산적인 업무 환경을 도모하여 직원들의 스트레스 최소화에 힘을 쏟고 있다. 우유부단한 리더는 부하 직원들에게 스트레스를 준다. 상사가 자신에게서 무엇을 바라는지 모를 때 사람들은 어둠 속에 갇히고, 두려움이 엄습해 오는 것을 느끼게 된다. 또한 애매한 지시로 인해 부하 직원은 스트레스를 받고 결국 업무 성과는 형편없어진다. 이와는 달리 메리 케이는 직원들에게 방향을 제시한다. 이를 통해 점진적으로 변화를 추진 할 뿐만 아니라 직원들에게는 변화에 적응할 수 있도록 충분한 시간을 주고 있다.

⑦ **내부 사람을 발탁하라.**

메리 케이는 회사 내부에서 직원들을 진급시켜야 한다고 믿고 있다. 그들은 사내에서 자격을 갖춘 직원이 있을 경우, 외부 인사를 영입하지 않는다. 공석이 생기면 부서의 책임자는 업무 내용을 정식으로 사내의 모든 게시판에 공지하여 직원 중 누구라도 그 직책에 지원할 수 있도록 한다. 단, 내부에서 적임자를 찾을 수 없을 경우에만 외부에서 사람을 찾는다. 뛰어난 리더는 자신의 자리를 대신할 수 있는 부하 직원을 길러내며 현명한 리더는 부하 직원에게 '자네 도움이 필요하네. 자네가 없으면 이번 일을 효율적으로 할 수가 없어'라고 말한다. 다시 말해서 조직 내의 사람들과 함께 성장해야 한다는 것이다.

⑧ 규정과 거만함 뒤로 숨지 말라.

승진하게 되면 사람들은 자칫 오만해지기 쉽다. 심리학자들에 의하면 거만하게 행동하는 사람에겐 열등감이 있다고 한다. 즉 성공을 감당하지 못하는 사람들은 자신의 부족함을 채우려 노력하기보다 오만함으로 감추려고 한다. 성공한 사람은 '가진 자'와 '못 가진 자'를 구분하는 분위기를 만들면 안 된다. 부하 직원들에게 항상 진실해야 하며, 사리와 태도를 일치시켜야 하고, 여유 있고 자신감 넘치게 사람들을 대하도록 해야 한다. 메리 케이는 이러한 점에서 '나'라는 표현보다 '우리'라는 표현을 사용했으며, 마지막으로 자신이 어디에서부터 시작했는가를 항상 기억하고, 자신의 미래는 사람들과 함께 잘 일하는 능력에 달려 있다는 점을 항상 명심하여 실천하고 있다.

10. 행복기업 자포스의 리더십

자포스(Zappos)는 한 마디로 경이로운 기업이다. 1999년 라스베가스에서 신발전문 쇼핑몰로 출발한 자포스는 창업한 지 얼마 되지 않아 성장을 거듭하더니 미국 최대 신발쇼핑몰로 성장하였으며 신발뿐만 아니라 옷, 가방, 뷰티, 가전제품 등 많은 여러 가지 종류의 상품도 판매하고 있는 기업으로서 독특한 경영방식과 기업문화를 형성하고 있다. 2010년 9월, 아마존(amazon.com)은 12억 달러(1조 2700억원)라는 역대 최고의 인수가를 지불하여 자포스를 인수하였는데, 인수되기 직전 자포스 매출은 10억 달러(11조원)을 기록했다.

이처럼 경이적인 성장을 기록한 미국의 온라인 신발 판매 1위 업체 자포스는 24시간 연중무휴로 운영하는 컨택센터(contact center), 무료배송과 무료 반품, 빠른 배송, 365일 언제라도 반품가능, 재고가 없으면 경쟁사 사이트를 검색해서라도 알려주는 친절함으로 고객감동을 선사하고 있다. 자포스는 우선 전체 직원 1500명의 27%인 400 명이 콜센터 직원이다. 기업 대부분이 상품기획과 판매를 중심에 두는 반면에 자포스는 고객응대를 핵심에 두는 것부터 남다르다. 비록 콜센터에서 발생하는 매출은 전체 매출의 5%에 불과하지만 자포스는 콜센터 역할을 매우 중요하게 생각한다. 상품이 아니라 '행복 서비스'를 배달하겠다는 사명을 갖고 있다. 이러한 고객서비스 덕분에 고객의 재 구매 비율이 75%이며 고객충성도를 나타내는 NPS지수 역시 미국내 기업 중 가장 높은 90점대를 기록하고 있다. 또한 직원, 고객, 회사 모두의 행복을 추구하는 독특한 기업문화를 가꾸고 정착시킨 회사로 2010년 「포춘」이 선정한 '일하기 좋은 100대 기업' 중 15위에서 작년에는 6위로 올라섰다.[22)]

자포스는 직장을 단순히 돈을 벌고 일을 하는 곳이 아닌 가족애가 느껴지고, 즐겁고, 자아실현을 할 수 있는 곳으로 믿고 있다. 이것이 기업의 핵심가치이며 이를 기반으로 한 독특한 채용방식을 사용하고 있다. 예를 들면 구직자 설명회에서는 자포스 본사 견학을 통해 기업문화를 체험할 수 있게 한다. 이를 통해 자포스의 강렬한 기업문화를 명확히 알려줌으로써 구직자 스스로가 이 회사에 적합한지 아닌지 판단할 수 있게 한다.

자포스의 직원들은 주인의식과 자율성을 가지고 있다. 이러한 자율성은 CEO인 토니셰로부터 시작한다. 토니셰는 하버드대학교 컴퓨터공학과 출신으로 온라인 배너 회사인 링크익스체인지를 만들어 마이크로 소프트에 3,000억에 판 인터넷 비즈니스 업계의 재주꾼이다. 하지만 토니셰는 이런 이력과 중견기업 자포스의 CEO로서의 무게감을 더하기 보다는 행사 종료 후 빗자루를 들고 청소를 하기도 하고 크리스마스 때 직원들 한 명 한 명에게 "올해도 고마웠습니다."라는 인사를 할 정도로 겸손한 성품을 지니고 있으며 공을 직원들에게 돌리는 리더이다.

자포스에는 임원실이 따로 없다. 임원실 없는 개방된 공간은 권위주의 장벽을 무너뜨린다. 또한 직원 누구나 사장 또는 임원 누구와도 이메일을 주고받고 의견을 교환할 정도로 수평적인 조직이며 회사의 구성원으로 인정을 받은 직원들은 신입들에게 자율성과 겸손함을 물려준다.

자포스의 CEO인 토니셰는 스스로 리더라고 생각하기보다는 직원들이 아이디어를 펼치고 스스로 문화를 키우고 발전시킬 수 있도록 환경을 만들어주는 건축가라고 생각한다. 토니셰는 이렇게 말했다. "직원과 기업문화를 식물에 비유한다면, 나는 그들이 원하는 화분이 아니라 그들이 번창하고 자랄 수 있는 비닐하우스를 만드는 건축가가 되려고 노력할 뿐이다." 그는 직원들에게 장기적 비전인 '행복의 전달(Delivering Happiness)'를 제시했다. 자포스의 모토는 종업원과 고객에게 행복을 전달하는 것이다. 종업원이 행복하면 이 행복은 그대로 고객에게도 전달되어 고객만족에 이르게 한다는 긍정적인 순환 고리에 대한 근본적인 믿음을 토니셰는 가지고 있다.

자포스에는 독특한 상담실이 있다. 이 상담실에서 직원들은 붉은 벨벳으로 만든 왕좌에 앉아 고민을 이야기한다. 회사는 직원을 왕처럼 생각하고 대우하고 있다는 것을 상징적으로 보여주고 있다고 생각된다. 허심탄회한 상담을 통해 동료들 간의 관계가 나쁘거나 인생의 어느 부분에 대해 화가 나있다면 고객에게 훌륭한 서비스를 제공할 수 없다는 것이 회사의 운영철학이다. 그러므로 직원들 사이에 서로 솔직하고 열린 관계를 만들고 가족애를 형성하는 것이다.

자포스는 5년에서 7년 사이 어떤 직원이라도 부장급으로 성장할 수 있도록 회사가 필요한 교육기회를 제공하고 멘토 역할을 한다. 이 멘토링 프로그램은 자포스 직원들이 개인의 경력을 효과적으로 관리할 수 있도록 회사가 나서서 지원해주는 것이다. 모든 직원들이 받아야 하는 교양 과목과 각 부서의 특수한 직무교육 과목으로 구성되어 있어 직원들은 자신이 노력만 하면 자기 스스로의 선택에 따른 교육을 이수하고 바라는 경력 트랙에 진출할 수 있다는 기대를 가지게 함으로써 업무에 긍정적 동기를 유발시킨다.

자포스에서의 연봉인상도 승진과 마찬가지로 자기하기 나름이다. 자포스 컨택센터는 17개의 필수 업무 능력을 만들어 놓고 각각의 능력을 취득할 때마다 월급을 올려주는 시스템을 갖추고 있다. 실시간 채팅으로 고객의 문의에 답하면 시급 50센트, 이메일로 답을 하면 시급 75센트가 오르는 방식이다. 각각의 능력을 취득했다는 인증을 받기 위해서는 지정 학습 프로그램이나 인증시험을 통과해야 한다. 하지만 정해진 규정이나 커리큘럼은 없다. 직원들은 자신에게 어떤 능력이 필요한지를 스스로 판단해서 취득 목표를 세운 다음 하나 하나 마스터하면 된다. 능력을 하나씩 마스터할 때마다 월급이 올라간다. 자포스는 성과급제를 실시하면서도 평가항목이 성과하나만 보는 것이 아니라 자포스의 필수 업무 능력을 평가함으로써 직원들의 노력에 대해 철저히 보상해주고 직원들이 꾸준히 자기 성장을 추구할 수 있게끔 한다. 또한 자포스에는 보상 과정이 규정되어있고 그에 대한 정보가 공유되어 있어 객관적으로 평가가 가능하기 때문에 일관되고 편견

없이 진행될 수 있다. 즉 공정성 이론의 분배적 정의와 절차적 정의를 모두 고려한 보상 시스템으로 종업원 만족에 영향을 주고 긍정적인 동기부여를 한다.

자포스는 직원들이 자신의 적성과 가장 잘 맞는 업무를 찾을 수 있도록 사내의 부서를 자유롭게 이동할 수 있는 제도를 갖추고 있다. 이는 직원들이 자기한테 적합한 업무를 함으로써 개인의 자아실현의 욕구를 충족시킬 수 있을 뿐만 아니라 승진 및 연봉인상에 효과적이다. 예를 들어 컨택센터 직원이라도 본인이 원하면 수습 바이어로서 머천다이징 부서에서 임시로 일할 수도 있다. 기간은 대략 6개월이며 그 기간에는 임시로 소속되어 있는 부서 매니저 밑에서 지도를 받을 수 있다. 업무 숙달 상태와 일에 대한 본인의 생각 등을 체크하면서 적성과 잘 맞는지를 판단해보는 것이다. 이러한 평가는 3개월 또는 6개월 간격으로 이루어진다. 평가 결과 새 업무가 적성에 맞지 않는다고 판단되어도 이전의 포지션을 잃지 않는다. 따라서 직원은 위험을 감수하지 않고 자신의 가능성을 실험 할 수 있다. 이 프로그램은 직원들이 스스로 새로운 것을 계속 배울 수 있도록 장려하는 동시에 유능한 직원이 새로운 경력 관리를 모색할 수 있게 한다.

자포스의 특징 중 하나는 구성원들이 평등한 수평적 관계를 지향한다. 즉, 자포스는 구성원 모두에게 개방된 조직으로 다양한 아이디어와 의견, 다른 관점을 존중한다. 이를 통해 그들은 단순한 '동료' 관계가 아닌 이해관계자들이 서로를 믿고 보살피고 도와주는 '아주 친밀한 관계(가족애)'가 되길 원한다. 자포스는 이를 실현하기 위해 많은 노력을 하고 있다. 예를 들어 '무엇이든 물어보세요?'라는 자포스 뉴스레터 코너를 실시한다. 이는 주제를 불문하고 직원들의 질문을 모아서 회사 임원진에게 묻는다. 이를 통해 경영층과 직원 간에 벽이 허물어지고 구성원들의 소속감과 연대감은 그 깊이를 더해 가게 된다.

또한 직원들 간의 유대관계를 강화하기 위해 트위터나 블로그를 장려한다. 또한 '오늘의 자포니언(Zapponian)'이라는 주제로 일반 직원을 인터뷰해서 동영상을 소개, 파자마 데이나 퍼레이드, 노래방 콘테스트 등 자포스에서 진행되는 여러 행사들을 알려준다. 한편 자포스의 이러한 노력은 공간 배치에서도 드러난다. 자포스 경영진의 방에는 문이 없다. 즉 "No Door Policy(직원 간의 커뮤니케이션과 조직 내 수평적 관계를 위해 사무실고 중역실의 문을 없앰)"을 실천하고 있다.

자포스는 지금까지 살펴본 바와 같이, 독특한 동기부여 정책과 커뮤니케이션 정책, 인재선발 제도를 가지고 있으며 이를 통해 핵심가치가 발현 될 수 있는 최상의 환경이 구축 되어 있음을 알 수 있다. 이에 직원들은 그 안에서 자기가 스스로 선택해서 핵심 가치를 실천할 수 있다. 그리고 거기서 행복을 느끼며 자기 일에 만족하고 자연스레 직무와 조직에 몰입할 수 있다. 이렇게 자포스의 경영방침은 무엇보다 좋은 근무 환경을 구축함으로써 직원들을 행복하게 만들고 이 행복이 고객에게도 전달되어 좋은 성과로 이어지는 선순환의 고리를 만들어 가는 인사관리가 그 핵심요소라고 말할 수 있다.

참고문헌

1. Oswalt, P. (2009), *Bauhaus Streit 1919~2009: Kontroversen und Kontrahenten.* Ostfildern: Hatje Cantz Verlag.
2. 이지현 (2010), 아르데코 vs. 바우하우스, in: 행복이 가득한 집.
3. 김민수 (2007), 바우하우스의 성궤를 찾아서: 발터 그로피우스, in: 김민수 (2007), 「필로디자인(삶과 철학으로 시대를 디자인한 22인의 이야기)」, 그린비.
4. 김성국 (2011), Bauhaus 이념과 융·복합 인재양성, in: 김성국(2009), 「인적자원관리 5.0」, 탑북스, pp. 142 - 149.
5. 김명연 (2007), 생활이 된 디자인 바우하우스 1, in: 라이프 큐레이터 (2007).
6. 김석철 (2005), 발터 그로피우스, 건축의 사회적 역할을 강조한 20세기 건축의 진정한 지도자, in: 김석철(2005), 「20세기 건축」, 생각의 나무; 김민수 (2007), 바우하우스의 성궤를 찾아서: 발터 그로피우스, in: 김민수(2007), 「필로디자인(삶과 철학으로 시대를 디자인한 22인의 이야기)」, 그린비.
7. Anderson, J.C. (1987), An Approach for Confirmatory Measurement and Structural Equation Modeling of Organizational Properties, *Management Science*, 33, pp. 535 - 541.
8. Bass, B.M. (1985), *Leadership and Performance Beyond Expectations*, Free Press: New York.
9. Avolio, B.J. and Bass, B.M. (1988), *Transformational leadership, charisma, and beyond*, in: J.G. Hunt, B.R. Baliga, H.P. Dachler, and C.A. Schriesheim (Ed), Emerging; Bass, B.M. and Avolio, B.J. (1995), *Multifactor Leadership Questionnaire for Research*, Mind Garden, Palo Alto, CA.
10. Bass, B.M. and Avolio, B.J. (1997), *Full Range Leadership Development: Manual for the Multifactor Leadership Questionnaire*, Mind Garden, Palo Alto.
11. Avolio, B.J. and Bass, B.M. (1988), *Transformational leadership,*

charisma, and beyond, in: J.G. Hunt, B.R. Baliga, H.P. Dachler, and C.A. Schriesheim (Ed), Emerging leadership vistas. Lexington, MA: Lexington Books; Avolio, B.J., Bass, B.M., and Jung, D.I. (1999), Re-examining the components of transformational and transactional leadership using the multifactor leadership questionnaire, *Journal of Occupational and Organizations Psychology*, 72, pp. 169 - 191.

12. 김민수 (2007), 바우하우스의 성궤를 찾아서: 발터 그로피우스, in: 김민수(2007), 「필로디자인(삶과 철학으로 시대를 디자인한 22인의 이야기)」, 그린비; 김성국 (2011), Bauhaus 이념과 융・복합 인재양성, in: 김성국(2009), 「인적자원관리 5.0」, 탑북스, pp. 142 - 149.
13. Ulbricht, J.H. (2009), *Undeutsche Umtriebe, Attacken von Rechts 1919~1933*, in: Oswalt, P. (2009), Bauhaus Streit 1919~2009: Kontroversen und Kontrahenten, Ostfildern: Hatje Cantz Verlag, pp. 14 - 31.
14. Barrett, R. (1998), *Cultural Capital: The New Frontier of Competitive Advantage*, Boston: Butterworth-Heinemann.
15. Runco, M. A. (1991), *Divergent Thinking*, Westport: Greenwood.
16. The Drucker Foundation, Hesselbein, F. & Johnson, R. (2002), *On Creativity, Innovation and Renewal: A Leader-to-leader guide*, New York: Wiley.
17. Gogoi, P. (2003), Thinking Outside the Cereal Box. *Business Week*, pp. 74 - 75.
18. 데니스 라이너・미쉘레 라이너 (2001), 『신뢰와 배신의 심리학』, 이주일 옮김, 서울: 시그마프레스.
19. Greenleaf, R.K. (2003). *The Servant-Leader Within: a Transformative Path*. New York: Paulist Press.
20. Hesse, H. (1932), *Die Morgenlandfahrt: Eine Erzählung*. Berlin: S. Fischer-Verlag.
21. 김성국 (2006), 『글로벌 CEO의 성공공식』, 서울: 삼영사, pp. 175 - 179.
22. Rosenbaum, S. (2015), The Happiness Culture: Zappos Isn't A Company – It's A Mission. *Fast Company Magazine*.

제4장 영화 속에 비쳐진 모멘트 리더

4

Chapter

영화 속에 비쳐진 모멘트 리더

1. '인빅터스' 넬슨 만델라의 통합의 리더십

「인빅터스(Invictus)」는 2009년에 개봉된 미국영화이다. '인빅터스'는 '굴복하지 않는, 정복되지 않는'이라는 뜻을 지닌 라틴어로서 남아프리카 공화국의 첫 흑인 대통령이었던 넬슨 만델라의 꿈과 인생을 상징하는 단어이다. 원래 '인빅터스'는 영국의 시인 윌리엄 어니스트 헨리(William Earnest Henley)가 1875년에 발표한 시의 제목이다. 이 시는 '나의 굴복하지 않는 영혼 … 나는 내 영혼의 선장'이라는 표현으로 유명하며 시인이 일찍이 장애를 입었지만, 운명에 결코 굴복하지 않고 살겠다는 의지가 담겨 있다. 만델라가 독립운동을 하다 체포되어 27년간 로빈 섬의 감옥에 갇혀 있으면서 늘 외우던 시였다고 한다.[1)]

남아프리카 공화국(남아공)에는 1948년 이후 40여 년 동안 소수 백인 정권이 다수의 흑인을 지배하면서 악명 높은 '아파르트헤이트'(남아공말로 분리, 격리라는 의미)라 부르는 철저한 인종차별정책을 수립, 시행하면서 흑인들을 탄압하여 왔다. 이에 따라 백인이 타는 버스나 열차에 흑인은 탈 수 없었고 백인이 가는 공공시설과 식당에 흑인은 출입할 수 없었다. 선거 때는 흑인에게 투표권을 주지 않아 흑인은 정치에도 참여할 수 없었으며 백인이 부를 누리는 반면 흑인은 가난과 억압정책에 시달려야 했다.

그가 남아프리카 공화국의 첫 흑인대통령에 당선된 후 "용서는 영혼을 자유롭게 한다."고 외치며 자신들을 차별하고 학대했던 백인들을 용서하고 포용하는 정책을 추진하였다. 그는 집권 후 '진실과 화해위원회'를 만들고 백인이 용서를 구함으로써 백인과 흑인이 화해하도록 노력했다. 즉 흑인을 공산주의자로 몰아 탄압하거나 화형 등의 잔악한 방법으로 죽인 가해자라고 해도 백인이 진심으로 죄를 고백하고 뉘우친다면 사면함으로써 흑백갈등의 고리를 끊고 흑백간의 진정한 화합을 추구하였다.[2)]

영화「인빅터스」는 실화에 바탕을 두고 있으며 만델라 대통령(모건 프리먼 분)의 국민화합의 노력을 그려내고 있다. 만델라는 어느 날 남아공의 인기스포츠인 럭비경기를 보다가 자국의 럭비 대표팀 '스프링복스(Springboks)'가 선수 전원이 백인으로 구성되어 있는데다 성적마저 저조하여 대다수의 흑인들이 남아공 대표팀이 아니라 상대팀인 영국을 응원하는 것을 보고 충격을 받게 되었고 럭비경기가 남아공에서 흑백 갈등을 상징적으로 보여주고 있다는 사실을 깨닫게 된다. 그는 전 세계 10억 명 이상이 시청하는 럭비 월드컵 경기가 1년 후인 1995년 자국인 남아프리카공화국에서 개최된다는 것을 알고 이 럭비경기를 인종과 국경을 초월하여 국민들을 하나로 묶는 계기로 활용하기로 결심한다.

그는 흑인들을 억압하고 핍박했던 백인들을 적으로 돌리기보다는 용서하는 마음으로 더불어 살아가야 하는 공동체의 일원으로 생각하고 이를 위해 럭비 월드컵 기회를 활용하기로 결심하였다. 먼저 그는 백인들로만 구성되어 백인우월주의 성향을 보이는 스프링복스 팀을 해체하자는 대다수 흑인들의 주장에 반박하며 자신의 주장을 따라줄 것을 흑인들에게 강력 설득한다. 그는 스프링복스의 모든 경기를 관람하고 귀를 기울이며 럭비 경기의 분석과 선수들의 역량 파악은 물론, 상대편 선수들까지 분석하며 국가대표 럭비 팀에 대한 대통령으로서 지대한 관심을 보인다.

그리고 그는 스프링복스 팀의 주장인 프랑소와 피나르(맷 데이먼 분)와의 만남을 통해 럭비 월드컵의 우승이라는 비전을 전하며 그에게 사명감과 자부심을 심어준다. 그리고 사회통합을 위해서라도 스프링복스 팀이 럭비 월드컵에서 우승해 달라는 간절한 마음을 전한다. 전형적인 백인가정에서 성장한 피나르는 만델라 대통령과의 개인적인 만남을 통해 그의 핍박 받았던 과거 삶에 대한 이야기를 들으면서 큰 감동을 받게 되었고 함께 인빅터스 시를 읊으면서 마음 문을 열게 된다.

지도자로서의 가장 큰 덕목은 포용하는 힘과 옳은 신념, 그리고 그것을 끝까지 지켜 나갈 수 있는 의지에 찬 믿음이다. 만델라는 백인 위주의 럭비 팀에 반발하던 흑인들에게 자국 팀의 가치를 설명하고 자신의 정책과 대통령의 자질에 대해서조차 의심하던 백인들에게도 그는 자신의 의지와 신념을 담은 설득을 통해 이루어냈다. 럭비라는 스포츠 경기를 통해 국가의 위상을 높이게 됨으로써 두 인종집단 간의 벽을 허물게 해주는 중요한 촉매 역할을 했다. 영화에서 럭비가 국민들을 하나로 모을 것이라고 기대한 만델라는 백인들에 대해 대통령의 지위권력을 이용한 복수보다는 포용과 친화정책으로 자신이 먼저 럭비에 대한 많은 관심을 보이며 반대하던 흑인들에게 흑백 갈등을 해소하고 국민통합을 이루는 그의 비전을 따라오게 만들었다. 이러한 갈등해결 과정에서 만델라의 국민통합을 위한 리더십이 나타났다. 만델라는 훈련에 임하고 있는 스프링복스 팀을 직접 찾아가서 그들을 응원하면서 영감을 불어넣으며, 백인 선수들 개개인의 이름을 모두 외우고 경기 직전 한 명 한 명의 이름을 부르며 악수를 청하는 모습을 통한 개인적인 배려를 통해 리더십을 발휘한다.

만델라 대통령의 응원과 격려, 피나르 주장의 솔선수범으로 말미암아 선수들은 점차 자신감을 갖고 매 경기를 임하게 되었고, 승승장구하면서 결승에 까지 올라 뉴질랜드 대표팀을 이기고 불가능이라 여겨졌던 우승을 결국 이루어내고 만다. 결코 굴하지 않았던 그들은 온 국민에게 기적 같은 경험을 선사하였고 이 날의 경기는 흑과 백이 하나되는 역사적인 사건이 되었다. 만델라는 흑과 백의 대립구도가 명확하게 나타났던 스프링복스 팀을 오히려 화합의 상징으로 만듦으로써 럭비 월드컵, 즉 스포츠를 통한 사회 통합을 이루어내는 뛰어난 정치적 업적을 달성하였다. 흑인의 권익을 쟁취하기 위해 끊임없이 투쟁해 오면서 백인으로부터 혹독한 탄압을 받은 대표 인물 격인 만델라는 피해자인 자신이 가해자에게 먼저 용서의 손길을 내밀며 화합하고자 하는 모습을 보였기에, 이를 통해 흑인과 백인 모두의 마음을 얻을 수 있었다.

오늘날 우리나라에 가장 필요한 리더십이 바로 만델라의 국민통합의 리더십이 아닌가 한다. 국민통합을 약속한 정치 지도자가 많이 있지만, 만델라가 흑백의 국민통합을 위해 럭비라는 스포츠를 활용했듯이 지도자는 국민들 모두의 관심이 쏠린 사회적 이슈에 주목하고 그 이슈를 슬기롭게 해결함으로써 국민통합의 기틀을 마련하는 역할을 하여야 한다.

그리고 국민통합이라는 목표를 이루는 과정에서 끊임없이 국민에게 가까이 다가가면서 그들과 동고동락하고 그들로부터 마음을 얻어 목표달성을 위한 협력을 이끌어 내는 것이 중요하다는 사실을 이 영화를 통해 배울 수 있다. 만델라가 피해자인 자신이 먼저 양보하고 용서하면서 가해자였던 백인들의 전폭적인 협조를 얻어 냈듯이, 지도자는 자기 희생을 통해 목표를 이루는 데 지역색으로 그리고 이념 대결로 국론이 분열되어 있는 상황에서 경제적 어려움을 처해 있고, 설상가상으로 안보위기까지 겪고 있는 우리나라에 만델라의 사회통합 리더십은 우리에게 꼭 필요한 리더십이 아닌가 생각한다.[3)]

그럼 이제 통합의 리더십을 좀 더 자세히 분석해 보기로 한다.

넬슨 만델라는 국민 통합을 위해서 인구의 30퍼센트를 차지하면서 여전히 경제적으로 남아공사회를 지배하고 있는 백인들과의 진정한 화합이 필요하다고 생각하고 다음과 같은 몇 가지 조치를 취했다.

첫째, 자신의 대통령 경호요원들을 100% 흑인들로 구성하지 않고 백인들도 파격적으로 등용하였다. 이것은 매우 상징적인 사건이었다. 사람들은 대통령의 목숨을 지키는 경호요원에 백인들을 등용하는 것을 보면서 넬슨 만델라의 화해의 진정성을 믿기 시작했다. 처음에는 흑인과 백인 경호요원 간에 상대방을 믿지 못하는 일이 발생하여 경호에 혼선을 빚는 사례가 있었지만 대통령은 자신의 안위에 영향을 줄 수 있는 이러한 사건에도 불구하고 백인 경호원들에 대한 신뢰를 지속적으로 보내면서 백인들의 신뢰를 얻는 데 성공한다. 이것은 자기희생의 자세가 없으면 불가능한 일이었다.

둘째, 넬슨 만델라는 대통령으로 취임하고 난 후 '진실과 화해위원회'를 결성하고 과거 백인 소수정권하에서 흑인들을 탄압하고 각종 불법, 부당한 행동에 앞장섰던 백인 공직자와 민간인들에 대해서 철저히 범죄사실을 조사하고, 이들이 자신의 잘못을 솔직히 시인하고 뉘우치면 국민화합 차원에서 과거의 잘못에 대한 형사소추를 중지하거나 불문에 부치는 등 흑백간 대화합을 시도하였다. 살인이나 잔인한 폭행 등 죄질이 무거운 경우는 예외로 하였지만, 그렇지 않은 경우에는 화합의 정신에 따라 용서하였다. 이것은 넬슨 만델라와 같은 가장 피해를 본 희생자만이 할 수 있는 것이었다. 백인들은 자신들이 특별한 범죄사실이 없는 정치범인 넬슨 만델라를 26년 동안 열악한 환경에서 감옥살이를 강요하였으나, 인생의 대부분을 외로운 섬의 감옥에서 보낸 정치범 넬슨 만델라는 자신에게 종신형을 선고하고 투옥한 백인들을 용서함으로써 흑백 대화합의 첫 단추를 끼웠다. 이 역시도

보통사람은 하기 어려운 행동이다.

셋째, 넬슨 만델라는 다수의 흑인이 정권을 차지하고 자신이 대통령이 되었다고 해도 진정한 흑백 화합은 자동으로 달성되지는 않는다는 것을 럭비경기를 관람하면서 느끼게 되었다. 국민들이 마음에서 우러나는 흑백화합을 이루기 위해서 상징적인 공동의 경험이 필요하다고 판단했고 남아공에서 개최되는 '럭비 월드컵'이 이를 위해 매우 좋은 계기가 될 것으로 생각하였다. 그는 럭비 월드컵을 통해 흑인과 백인이 모두 하나가 되는 극적인 이벤트가 성공하기 위해서 대표팀인 '스프링복스'가 국민의 염원인 우승을 일궈내기를 바랐다. 이를 위해서 스프링복스팀의 주장이자 감독인 백인 프랑소와 피나르를 자기편으로 끌어들이는 데 성공하였다. 영화 「인빅터스」는 넬슨 만델라 대통령의 화합을 위한 불굴의 리더십을 극적인 효과를 통해 잘 그려냈다고 볼 수 있다.

만델라 전 대통령이 서거한 지금, 흑백간 화합의 정치가 그가 살아 있을 때처럼 계속될 지에 대해 회의적인 시각을 가진 사람들이 많다. 그만큼 넬슨 만델라의 사회통합의 리더십은 그 분의 불굴의 의지의 소산이며, 개인적 카리스마에 기반을 둔 것이기 때문에 그 카리스마가 사라진다면 남아공은 다시 사회통합에 있어서 위기국면으로 전환되지 않을까하는 우려가 있는 것 같다. 아무쪼록 넬슨 만델라의 화해와 용서의 리더십이 남아공에 그대로 계승될 수 있기를 바랄 뿐이다.

2. '행쇼' 아멜리아의 서번트 리더십

요즘 부쩍 '행복'이라는 단어가 유행하고 있다. 지난 18대 대통령선거에서는 '국민행복시대'를 열겠다고 약속한 후보가 당선될 정도로 우리 정치에서 국민행복이 그 어느 때 보다 중시되고 있다. 심지어 세종시로 옮겨간 공무원들이 '행복도시'에 행복이 없다며 행정복합도시(줄여서 행복도시)인 세종시의 열악한 인프라를 불평하고 있을 정도이다. 이런 분위기에 편승하여 최근 MBC '무한도전'에서 빅뱅의 지드래곤이 '행쇼'라는 말을 사용하기 시작하자 방방곡곡에 이 말이 유행하고 있다. '행쇼'란 '행복하쇼' 또는 '행복하십쇼'의 줄임말이다. '행쇼'가 유명세를 타기 시작하자 JTBC가 새 토크쇼의 타이틀을 '행쇼'라고 붙이기에 이르렀다. 온통 나라 안이 행복을 찾는 사람들로 가득 차 있는 느낌이 든다.

2001년에 개봉된 프랑스 영화 「아멜리에(Amelie)」를 기억하는 영화팬들이 아직 많을 것이다. 프랑스판 '엽기적인 그녀'로 국내에 소개된 이 영화는 컬트무비라는 평을 받을 정도로 엉뚱 발랄한 한 소녀의 천방지축한 삶을 진솔하게 그려낸 영화로서 세계적으로 팬들의 큰 사랑을 받았다.

이 영화의 주인공 아멜리에(오드리 토투 분)는 어릴 적부터 '지독히 재수 없는' 소녀였다. 오랜만에 자신의 몸에 닿은 아빠의 손길에 가슴이 두근거렸더니 의사인 아빠는 그녀에게 선천성 심장병이 있다고 오진하게 된다. 이날부터 아멜리에는 학교를 가지 못하고 집에서 생활해야만 했다. 유일한 친구인 금붕어는 스트레스로 어항에서 뛰쳐나오는 자살을 기도한 끝에 버려진다. 엄마는 외로움을 달래라며 그녀에게 중고 사진기를 선물한다. 이 사진기로 여기저기를 찍는데 눈앞에서 자동차 사고가 일어난다. 지나가던 행인이 말한다. "너 때문이야!" 비행기 추락, 화재 등등 TV에서 나오는 불행한 일마다 자신 때문인 것 같다. 그리고 노트르담 성당에서 아들 하나 낳게 해달라며 빌고 나온 아멜리에의 엄마는 자살하는 한 관광객이 떨어지면서 덮쳐 세상을 떠난다. 주변의 사람들은 아멜리에가 불운을 몰고 오는 '재수없는 아이'라고 수군거리기 시작했고 점점 더 그녀를 멀리했다.

그러나 아멜리에는 몽상이 많은 소녀였다. 어릴 때 학교를 가지 못하고 홀로 자라면서 자기만의 세계에 빠졌다. 집의 사진이 말을 하고, 인형이 말을 한다. 외롭고 우울한 어린 시절을 보내며 살던 아멜리에가 17세 되던 해, 그녀의 인생에 반전이 일어난다. 아이러니컬하게도 이 날은 대영제국의 다이애나 왕세자빈이 파리의 지하차도에서 교통사고로 정부와 함께 죽던 어느 불행한 날이었다. 그녀는 이날 우연히 자신의 아파트 벽 틈에서 50년 쯤 된 낡고 녹이 슨 양철 상자를 발견한다. 그 상자는 구슬들과 플라스틱 군인, 빛바랜 사진들이 빼곡히 들어 있는 어떤 소년의 보석 상자였다. 그녀는 이 상자의 주인이 이것을 다시 찾게 되면 얼마나 행복해 할까를 생각하고 그 어떤 사람을 기쁘게 해 주기 위해 주인을 찾으러 나선다.

천신만고 끝에 머리가 희끗희끗한 50대 후반의 상자 주인을 찾아 몰래 전달하는 데 성공한다. 그 중년신사는 어린 시절의 추억이 담뿍 담긴 상자를 받아들고 감동을 받아 눈물을 글썽이며 행복해한다. 그 광경을 멀리서 지켜보던 아멜리에는 인생의 중요한 결단을 하게 된다. 앞으로 '내 주위에 있는 사람들에게 행복을 찾아주는 일'에 앞장서기로 한 것이다.

낮에는 파리의 한 카페에서 웨이트리스로 일하고 밤에는 이웃을 행복하게 만들 소재를 찾아 골몰하는 아멜리에의 활약이 끝없이 이어진다. 아멜리에의 깜찍한 작전에 의해 몽마르트르 거리에 사는 불우한 사람들에게 조그만 기적이 일어나고 행복이 찾아오기 시작한다. 바람난 남편과 이혼하고 홀로 살아 온 할머니는 남편이 젊은 시절 군대에서 보낸 연애편지를 40년 만에 뒤늦게 전해 받고 죽은 남편과의 아름답던 젊은 시절을 반추하면서 이혼한 남편을 용서하며 살게 된다. 또 20년간 방에서 르노아르 그림을 그리고 있는, 거동이 불편한 '유리남자'에게는 그리지 못했던 컵을 든 여인의 표정을 찾아준다. 식당 동료에게는 일생의 사랑을 주선한다. 식료품 가게 청년에게는 자신감을 몰래 선사한다. 아멜리에는 마침내 자신의 유일한 혈육인 아버지를 생각하게 된다. 어머니가 죽은 후 요양원에서 혼자만의 세상에 갇혀 지내는 아버지를 바깥세상으로 끌어내기 위해 아멜리에는 아버지의 난쟁이 인형을 세계일주 시켜 줌으로써 결국 아버지는 정신병을 이기고 세계 여행을 떠나게 된다. 결국 아멜리에는 깜찍한 장난을 통해 주변 곳곳에 행복 바이러스를 전염시키는 데 성공한다.

이렇게 누가 시키지도 않았는데 '아낌없이 주는 나무'로 온 동네를 다니며 '행쇼'를 하면서 바쁘게 살아가던 아멜리에 자신에게도 어느 날 우연히 행복이 찾아왔다. 즉석사진 부스를 찾아다니며 남이 버린 찢어진 증명사진을 모으는 이상한 취미의 남자 니노에게는 사랑을 찾아주게 되는데, 그 사랑은 바로 아멜리에 자신이다. 달콤한 미소를 가진 니노라는 그 청년도 아멜리에를 사랑하게 되어 마침내 행복은 아멜리에 차례가 되고 영화는 해피엔딩으로 끝난다.

아멜리에는 섬김의 리더십(servant leadership)의 전형이 그대로 녹아있다. 섬김의 리더의 핵심 특성은 다른 사람의 말을 잘 경청하고, 남에게 동정심을 가지며, 이웃이 처한 어려운 문제를 해결하고 치유하려고 노력하며, 남을 위해 기꺼이 수고하는 봉사정신이다. 섬김의 리더십은 아멜리에가 살던 파리의 몽마르트르 사람들의 삶을 변화시키고 행복하게 만드는 데 결정적인 역할을 하였다. 평소 아멜리에의 존재는 사람들에게 잘 알려지지 않았지만 그들은 아멜리에 때문에 행복해졌고 어두웠던 삶이 밝아졌으며 살아갈 이유를 찾게 되었다. 아멜리에는 그들의 실제적인 리더였다. 단지 그들은 그녀가 리더인 줄을 모르고 있는 것뿐이다.

중국 춘추시대에 살았던 노자(老子)는 그의 저서 『도덕경(道德經)』에서 다음과 같은 유명한 글을 남겼다. "사람들이 그의 존재를 느끼지 못하는 사람이야 말로 가장 훌륭한 지도자라고 할 수 있다. 사람들이 알아보고 복종하고 아부하고 박수를 칠 때는 이미 그는 지도자에서부터 멀어지기 시작한다. 진정 훌륭한 지도자는 가급적 말을 아끼면서 조용히 사람들을 목표로 인도함으로써 그의 임무를 다한다. 바라던 목표가 달성된 것을 보고 사람들은 환호하면서 말한다. '우리 모두가 이 일을 해냈다'고... 진정한 지도자는 멀리서 그 광경을 보고 미소를 짓는다." 아멜리에 같은 존재를 염두에 두고 하신 말 같다.

하는 일마다 되는 일이 없고 꼬이기만 한다고 불평하는 사람들은 모두 이 영화를 보는 것이 좋다고 생각한다. 지독히 운이 없던 소녀 아멜리에는 우연히 50년 전 한 아이가 고이 숨겨놓았던 보물을 발견하면서 삶이 바뀐다. 보물을 찾아주려 사람을 찾아다니면서 일들이 술술 풀리게 된다. 그녀의 인생이 바뀌는 데는 48시간이면 족했다. 남을 위해서 수고를 아끼지 않는 사람에게 행복이 찾아온다는 '행복의 역설'을 이 영화를 말해주고 있다. 행복은 외부에서 주어지는 어떤 상태가 아니라 내가 찾아 나서야 하는 실천이요 행동이라는 교훈을 이 영화는 주고 있다. 오늘날 현대인들은 아멜리에 같은 지도자를 갈망하고 있다. 대한민국 방방곡곡에 행복 바이러스를 퍼뜨릴 수 있는 아멜리에 같은, 섬김의 리더십을 베푸는 사람이면 좋겠다.

3. 영화 「세 얼간이」가 말하는 진정한 인재

2011년에 국내에서 개봉된 인도영화 「세 얼간이(3 Idiots)」는 국내 영화팬들에게 좋은 반향을 불러일으켰다. 이 영화의 줄거리는 대략 이렇다. 인도의 명문 공과대학교 ICE는 지원자 40만 명 중 우수한 200명만이 선발되어 입학할 수 있는 명문대학이다. 천재들만이 갈 수 있다는 인도 최고의 명문 ICE의 재학생인 '세 얼간이' 파르한과 라주는 란초를 만나 친구가 된다. 세 얼간이들 중에서 멘토격인 란초는 성적과 취업만을 강요하는 학교의 운영 방침에 대해 정면으로 반기를 든다. 학점과 취업률을 높이기 위해 학생들을 몰아가는 학교는 단지 '스트레스 공장일 뿐'이라고 란초는 질타하면서 다른 두 친구들에게 자신이 좋아하는 일, 가슴 설레는 일을 하면 진정한 성공을 할 수 있을 거라고 말한다. 란초의 말과 행동에 설득되어 두 친구는 조금씩 변하게 되고 세 학생은 점차 학교내에서 '얼간이'가 되어 간다.

이들은 어릴 적부터 하고 싶었던 일에 몰두하기 시작했다. 파르한은 사진 촬영하는 일을 본격적으로 배우기 시작했고, 라주는 자신이 하고 싶은 공부에 몰입했다. 그러다보니 이들은 학교의 정규수업 공부는 등한히 하게 되어 파르한과 라주는 매번 시험에서 꼴찌를 하는 성적부진 학생(C-Player)이 되었다. ICE 총장은 항상 학교의 시스템에서 벗어나는 행동을 하는 란초와 두 친구들이 영 마음에 들지 않았고 야단을 많이 쳤다. 인생은 레이스이며 빨리 달리지 않으면 짓밟힌다는 철학을 가지고 있는 총장의 눈에는 이들은 루저(loser)일 뿐이었다. 그러나 란초는 4년 동안 이들과 함께 생활하면서 믿음과 신뢰관계를 쌓고 그들이 꿈을 찾도록 도왔준다. 파르한은 유명한 사진작가로, 라주는 공학자로 크게 성공을 거두게 되는 것으로 영화는 끝이 난다.

최근 국내 굴지의 항공사에서 여섯 명의 직원들이 스트레스와 우울증으로 잇따라 자살한 사건은 우리 사회에 큰 충격을 던져주었다. 관련업계의 소식통에 의하면, 이 회사의 혹독한 인적자원관리 프로그램인 'C-PLAYER'와 X-Men 제도가 한 원인이라고 전한다. 이 회사는 성과에 대한 차별적 보상제도를 도입하고 있는데, GE의 잭 웰치 회장이 CEO 시절 도입, 실시한 'Vitality Curve' 이론에 바탕을 두고 A, B, C Player 등급평가에 따른 차별적 보상을 주요 내용으로 하고 있다.

A-Player는 평가결과 상위 10 - 20%의 핵심인재로 인사상의 특별대우를 받으며, B-player는 70 - 80%의 지속적인 육성 및 체계적인 관리의 대상, C-Player는 하위 10%의 퇴출 관리 대상인 직원들을 의미한다. 그리고 X맨 제도는 동료들끼리 서로 감시하고 감독하여 고발하게 하고, 점수를 매겨 인사고과에 반영하는 것이다. 이는 동료들 간의 불화가 생길 수 있고 서로의 신뢰를 망칠 수 있다. 이 두 제도는 성과주의를 지향하는 그 회사가 야심차게 추진하였던, 인적자원관리의 상징적인 프로그램이었다.

성과주의에 입각한 차별적 보상 프로그램은 나름의 장점이 있다. 개인 성과에 대한 차별적 보상을 통해 직원들에게 동기부여를 제공하고, 성과향상을 통해 기업의 경쟁력을 높이는 데 성과 지향적 인사 프로그램은 견인차 역할을 할 수 있다. 그러나 지나친 성과주의는 단기목표 달성에 집착한 나머지 손쉽게 성과가 나는 비용절감에만 주력할 수 있으며 지속 성장을 위한 투자와 장기적 관점의 인재 육성에는 소홀할 수 있다. 자질이 우수하지만 회사가 요구하는 능력에 약간이라도 미달되는 사람은 성과평가로 인해 항상 스트레스를 받으며 고용불안에 떨 것이며, 열심히 해봤자 능력이 좋은 사람들이 많기 때문에 자신은 안 될 것이라며 자발적 헌신 의지도 떨어질 수 있다. 그리고 성과에 대한 평가와 보상 차등으로 인한 과도한 경쟁의식이 구성원간, 부서 간 협력을 저해 할 수도 있다. 자신이 다른 직장동료들 보다 더 큰 보상을 받고 싶은 욕심 때문에 과도한 경쟁이 일어나고 이는 조직의 분위기를 해칠 수 있다. 결국 지나치게 성과지향적인 평가보상제도로 인해 이 회사 직원들이 엄청난 스트레스를 받아왔고, 퇴출대상이 된 직원들이 자살이라는 극단적인 선택을 한 것으로 추측된다.

영화 「세 얼간이」는 이러한 의미에서 오늘날 한국 기업에 많은 시사점을 던져 주고 있다고 생각한다. 학업성적이라는 측면에서 바라보면 ICE 공대의 파르한과 라주 두 학생은 분명 'C-Player'로서 낙오된 학생이고 퇴출 대상이 되는 학생일 것이다. 그러나 이들은 자신이 잘 할 수 있는 일에 몰두 했고 그 결과는 ICE 공대의 'A-Player'보다 더 뛰어난 성과를 올렸다. 대학에서는 쓸모없는 인재라고 낙인찍고 퇴출시키려 했던 인재가 세상으로부터 크게 인정받는 인재가 되었다는 것은 평가의 패러독스이다.

몇 해 전 우리나라 최고의 과학인재가 다닌다는 KAIST에서 학업성적에 대한 압박감 등의 이유로 잇따라 자살하는 일이 발생하여 우리 사회를 큰 충격에 빠뜨렸고 교수와 학생들은 총장의 퇴진을 요구하기까지 했다. 자살한 학생 중에는 '로봇 영재'로 키우기 위해 특별전형으로 입학한 학생도 있었다는 사실은 학생 평가의 이중성과 모순성을 여실히 보여주고 있다. 로봇제작에 천재적인 재능을 보인 지방의 일반고 출신 학생을 KAIST가 받아들이고 나서 영어 성적이 좋지 못하다고, 미분과 적분을 못 한다고 압박을 가하는 이중적 잣대를 적용하여 결국 로봇 천재를 극단적인 선택을 하도록 몰고 갔고, 그의 자살과 함께 그가 어릴 적부터 그토록 만들고 싶어 했던 최첨단 로봇의 꿈도 깨어졌다. 우리나라의 학교들은 언제까지 '에디슨'에게 MIT수준의 성적을 요구하는 엉뚱하고도 잔인한 만용을 계속해야 하는가하는 물음이 제기된다. 과학영재에게 명문대 졸업장을 따도록 권하는 사회가 과연 좋은 사회인가?

로봇 영재의 비극은 우리나라 기업에서도 반복되고 있다. 팔방미인이 되어야만 가능한 역량평가, 업적평가, 인성평가를 통해 A,B,C로 직원들을 옥죄고 줄을 세우고 있지는 않는가? 무한경쟁시대에 기업이 글로벌 환경에서 살아남기 위해서는 성과주의 평가보상제도는 어쩔 수 없다고 강변하는 관리자들도 스트레스와 우울증에 시달리기는 마찬가지이다. 잘 나가던 해외영업 관리자도 하루아침에 국내 지방 지점으로 좌천되자 아파트의 옥상에서 삶을 마감하는 우리나라의 기업 환경에서는 창의성이나 새로운 아이디어를 생각할 겨를이 없다. 단기적인 업적이 없으면 생존자체가 어려워지기 때문이다.

2008년 글로벌 금융위기 이후 미국의 평범한 시민들은 '월스트리트 자본주의'의 폐해에 분노하고 월스트리트를 점령하겠다며 성난 얼굴을 하고 거리로 나선 적이 있다. 신자유주의가 기업의 시장 경쟁력을 높이고 번영을 가져다준다고 막연히 믿었던 시민들에게, 차갑지만 효율적인 자본주의를 번영을 위한 필요악으로 받아들였던 서민들에게 돌아온 것은 기업의 연쇄도산, 당장 갚아야 할 은행대출금과 실직의 슬픔이었다. 아나톨 칼레츠키가 저술한 「자본주의 4.0」에 사람들이 공감하는 것은 비인간적이지만 효율적이라고 믿었던 자본주의가 더 이상 효율적으로 작동하지 않고 있다고 믿기 때문이다.

성과주의 인적자원관리도 이와 비슷한 운명의 길을 겪게 될 가능성이 높다. '따뜻하고 인간적인' 얼굴이 없는 인사제도는 결국 효율성도 효과성도 놓치게 된다. 21세기 지식정보화시대에는 단순히 인사평가 점수가 좋은 인재보다는 다양한 인재, 남들이 카피할 수 없는, 자기만의 능력을 가진 Player들이 필요하다. 오늘 A-Player로 평가된 인재가 미래에는 C-Player가 될 수도 있다. 우리가 오늘의 C-Player 들에게 따뜻하고 인간적으로 다가가야 할 이유가 여기에 있다.

4. 월터의 상상은 정말 현실이 되는가?

「월터의 상상은 현실이 된다」는 2013년에 개봉된 미국 영화이다. 원제는 "The Secret Life of Walter Mitty"로서 모험 및 판타지 영화이다. 이 영화의 줄거리를 먼저 살펴보기로 한다. 주인공 월터 미티는 자신의 꿈은 접어둔 채 16년째 『라이프(LIFE)』 잡지사에서 포토 에디터로 일하고 있는 사원이다. 그는 해본 것도, 가본 곳도 없이 다람쥐 쳇바퀴 돌리듯 일상을 벗어나지 않고 나름 열심히 일하는, 평범한 회사원이다. 그가 유일하게 가지고 있는 취미는 상상인데, 때때로 그는 주변에서 뭐라고 해도 들리지 않을 정도로 상상에 심취하곤 한다. 상상 속에서만큼은 그도 인사 담당자를 멋지게 무안을 주기도 하고, 용감한 히어로가 되기도 하고, 로맨틱한 사랑의 주인공이 되기도 한다.

어느 날, 그가 평생 몸 담아 온 라이프 잡지사는 다른 회사와의 M&A를 앞두고 지면 잡지발간을 폐지하고 온라인 잡지만을 발행하기로 결정하였다. 회사의 갑작스런 결정으로 마지막 지면 잡지 발간을 앞두게 되고, 잡지 출간 2주전에 표지를 장식할 전설의 사진작가 숀 오코넬이 보내온 25번째 사진이 사라지는 일이 벌어진다. 당장 사진을 찾아오지 못할 경우 직장에서 쫓겨날 위기에 처하게 된 월터는 사라진 사진의 미스터리를 풀기 위해 연락조차 닿지 않는 숀 오코넬을 찾아 월터는 무작정 길을 떠나게 된다. 이 과정에서 그는 이제껏 상상으로만 해왔던 지구 반대편 여행하기, 바다 한가운데 헬기에서 뛰어내리기, 폭발직전의 화산으로 돌진하기 등을 직접 경험하게 되고, 그가 평소에 그토록 동경해오던 진정한 도전과 열정, 라이프 잡지사의 비전과 미션을 다시한번 느끼게 된다.

그 사이에 라이프 잡지사 직원들은 어느 날 갑작스레 회사의 인수합병 소식을 듣게 되고, 전형적인 톱다운(top-down) 방식의 다운사이징이 진행되었다. 그 첫 조치로서 라이프 잡지사의 새 인사 담당 이사로 테드 핸드릭스라는 온라인 잡지사 소속임원이 취임한다. 그는 라이프 잡지사 직원들에 대한 이해 없이 단순히 표면적인 담당직무와 역할을 기준으로 해고를 결정하는 만용을 부린다. 월터도 테드의 정리해고 대상자 명단에 오르게 된다.

해고되던 날, 월터는 숀 오코넬의 25번째 사진을 찾아 회사로 돌아왔고 그는 해고를 통보하는 인사담당임원 테드에게 라이프 잡지사의 모토가 무엇인지를 물어본다. 하지만 테드는 제대로 대답을 못한다. 결국 그는 인수합병 대상회사인 라이프 지의 비전, 모토 등에 대한 기초적인 지식 없이 저승사자가 되어 라이프 잡지소속 종업원들을 마음대로 해고를 하고 있음을 직원들에게 실토한 셈이다. 월터는 "늦은 이야기일진 모르지만, 당신이 자른 사람들, 그 사람들이 이 잡지에 엄청난 열정과 애정이 있다는 건 좀 아시길 바랍니다. 그들은 모두 이 회사의 모토를 알거든요."라며 테드에게 일침을 가한다. 정리해고를 시작하는 라이프 잡지사는 직원들에게 이렇다 할 해고 사유를 제시하지 않는다. 또한 직원들에게 충분히 정리할 시간을 주지 않고 갑작스럽게 해고하여 문제를 일으킨다. 지금까지 회사에 헌신적으로 일해 온 직원들에 대한 조금의 배려도, 관심도 없는 일방적으로 해고 통보를 하는 경우가 많았다. 남은 직원들은 언제 자신이 해고될지 모른다는 불안감에 휩싸여 업무에 제대로 집중할 수가 없게 된다.

결국 월터는 천신만고 끝에 사진작가 숀 오코넬의 마지막 사진 필름을 찾아오자마자 회사로부터 해고를 당하고 회사를 떠난다. 그런데 놀라운 반전이 일어난다. 월터가 어렵사리 구해온 라이프 지의 표지가 일반에 공개되자, 사람들은 깜짝 놀라게 된다. 온갖 역경을 이기고 월터가 찾아온 25번째 표지 사진은 바로 월터 자신의 얼굴이었던 것이다.

평소 월터의 업무 능력과 그가 사소한 자신의 직업이라도 하찮게 여기지 않고 열정적으로 일 해온 사실을 안 사진작가 오코넬은 월터가 일하는 모습 그 자체가 '삶의 정수'라고 표현하며 그의 모습이 세상에서 가장 아름답다고 표지모델로 선정한 이유를 덧붙인다. 그 사진은 어떻게 보면 평생 동안 라이프 지의 미션과 비전 그대로 일해 온 월터를 위한 오마주(homage)였을 것이다. 세계적인 사진작가 오코넬이 삶의 정수를 나타내는 라이프의 마지막 표지 모델로 월터를 택한 것은 그가 라이프 잡지사의 가장 중요한 인물이었음을 웅변적으로 보여준 것이었다.

이 영화가 기업의 인사담당자에게 주는 시사점을 요약하자면, 회사는 해고를 하기 전에 반드시 합리적인 정리기준을 선정하고 선별의 공정성을 확보하여야 한다는 것이다. 객관적이고 합리적인 기준에는 결근일수, 지각횟수, 규율위반 횟수 등의 근무 성적이나 근속 연수 등의 기업공헌도가 있다. 이러한 기준을 바탕으로 해고 대상자를 선정할 때 해고로 인한 부작용을 줄일 수가 있다. 해고로 인한 부작용은, 우선 가장 크게 대체 불가능한 자산으로 판명되는 사람을 실수로 해고하는 우를 범하는 것이다. 또한 기업의 이미지가 손상되고, 남아 있는 종업원들도 조직에 대한 충성심을 버리고 다른 새로운 일자리를 찾으려고 하거나, 자신들이 하고 있는 일에 집중하지 못하게 된다. 기억해야 할 것은, 해고된 사람들이나 남아 있는 직원들도 어쩌면 월터처럼 라이프 지의 표지를 장식할 만한, 위대한 인물이 될 수 있다는 사실이다. 이것을 깨닫는 경영자는 기업의 핵심인재를 보는 눈을 가질 수 있으며, 기업의 비전에 따라 핵심인재를 채용하고 육성하는 능력을 갖출 수가 있을 것이다. 이런 의미에서 영화 '월터의 상상은 현실이 된다'는 불황을 맞아 정리해고를 고려하고 있는 경영자들에게 시사하는 바가 많다.

5. 환경보호 영웅이 된 에린 브로코비치

2000년에 개봉된 미국 영화 「에린 브로코비치」는 톱스타 줄리아 로버츠가 주인공 에린 역을 맡아 열연한 영화로서 실화에 바탕을 둔 문제작으로 세계적으로 큰 반향을 불러 일으켰다. 에린은 두 번 이혼 경력이 있는 여성으로 고졸이고 뚜렷한 자격이 없이 근근히 살아가던 어느 날, 억울한 교통사고를 당해 소송을 하였으나 패소하게 되자 은행잔고 74달러에 세 아이를 홀로 키워야 하는 경제적인 어려움에 봉착하게 된다. 그녀는 당장 생계대책이 막막해지자 교통사고를 통해 알게된 변호사 에드의 사무실에 무작정 찾아가 자신을 비정규직원으로 써달라고 애원한다. 변호사는 그녀의 딱한 처지를 동정하여 법률지식이 전혀 없는, 무경험자 에린을 장부정리원이라는 말단 직원으로 고용한다.

어느 날 에드가 에린에게 프로보노 부동산 사건 파일을 찾아줄 것을 부탁했다. 에린은 그 파일을 찾던 중 부동산 파일에 의료기록과 혈액샘플이 왜 같이 있는지에 대해 의문을 느끼면서 직접 당사자 젠슨 부부가 사는 힝클리 마을에 찾아가 조사를 시작한다. 부동산 서류는 그 지역의 에너지 대기업인 퍼시픽 가스・전기 회사(이하 PG&E)가 젠슨의 집을 시장가격보다 더 좋은 조건에 매입한다는 내용이었다. 젠슨씨와 부인은 모두 큰 병을 앓고 있었다. 젠슨 부인은 부동산기록에 그들의 의료기록과 혈액샘플이 들어간 것이 우연이라고 설명하지만 에린은 젠슨 부인과의 대화를 통해 PG&E가 젠슨 부부의 가족진료비 전액을 대고 있으며 의사도 PG&E 측에서 왕진비를 부담하고 있다는 사실을 알게 된다. 에린은 지역 발전소가 의료보험도 아닌 진료비 부담을 할 뿐만 아니라 땅도 비싸게 사준다는데 뭔가 의심을 느끼고 에린은 대학교수와 수도국을 찾아가 PG&E가 공장에서 사용하는 크롬에 대해 자세히 알아본다. 그 결과 발전소에서 쓰는 엔진의 과열을 막기 위해 사용되는 물에 녹 방지용으로 크롬을 같이 넣는다는 걸 알게 되었다.

문제는 PG&E가 사용하는 크롬이 몸에 이로운 일반크롬이나 3가 크롬이 아니라 인체에 매우 위험한 6가 크롬을 사용한다는 것이다. 이러한 6가 크롬의 영향은 젠슨 가족의 암에 직접적 사유가 될 수 있었다. 에린은 PG&E가 이를 속이기 위해 실제 쓰는 6가 크롬이 아닌 3가 크롬의 이로운 점에 대해서만 주민들에게 홍보하고 의사 왕진 비용을 부담하며 주민들을 속이고 있었다는 것을 깨달았다. 에드는 에린을 통해 이 사실을 알고 PG&E에 관련 서류를 보내자 PG&E 측에서 당장 변호사를 보내 합의를 보려고 했다. 그러나 협상에 나온 신참 변호사는 시종일관 거만한 태도를 보이며 건강이 나쁜 것은 PG&E 탓이 아니며 젠슨 부부의 집값으로 25만 달러를 내겠다고 통보한다. 이에 화가 난 에드와 에린은 신참 변호사를 돌려보낸다.

이후 힝클리 마을 주민들의 새로운 제보가 이어진다. 피해를 받은 것은 젠슨 부부만이 아니었다. 마을 주민 중 상당수가 심각한 병에 걸려있었을 뿐 아니라 닭이 암에 걸려 걷지도 못하고 죽은 사건도 있었고 5번이나 유산한 부인도 있었다. 에드는 이들에게 후한 집값과 보너스를 받아낼 것을 약속한다. 그러나 에린은 힝클리 마을에서 집집마다 찾아다니며 심각한 병에 걸린 사람들을 더 많이 만나게 되면서 중금속 피해로 인한 사람들이 모두 보상 받을 수 있도록 고소인들을 늘리고 싶어 하게 된다. 에드는 처음에 부동산 문제가 환경오염 관련 민사소송이 되어 너무 커진다며 반대했지만 결국 에린의 행동력과 소신에 동참하게 된다. 그러나 소송은 PG&E 본사가 힝클리 지역 PG&E가 6가 크롬을 사용했다는 것을 알면서 묵인했다는 사실을 입증하지 못하면 모든 게 수포로 돌아가 버릴 위험에 처한다. 또한 에린은 소송을 준비하는 과정에서 PG&E 측으로부터 협박을 받기도 하고 남자친구와 결별을 맞기도 하는 등 많은 어려움에 처한다.

그러나 에린의 적극적인 행동에 용기를 얻은 마을 사람들이 PG&E에 대한 정보를 제공하면서 그곳에서 일했던 사람에 의해 PG&E 본사가 6가 크롬의 사용을 알면서도 모른 척했다는 극비 문서가 공개되고, 6가 크롬의 사용 증거도 모으게 된다. 이제 급해진 PG&E는 소송이 아닌 중재를 요청한다. 중재는 배심원이 없는 형태로 여러 번의 재판이나 항소로 끌 것 없이 판사의 결정 한번으로 모든 걸 결정하는 것을 말한다. PG&E 측은 5천만 달러에서 4억 달러 범위 내에서 판사가 정하는 대로 보상하겠다고 제의한다. 이에 힝클리 주민과 에드, 에린은 보상금 의 범위가 너무 넓어서 비록 의견 차이가 있었으나 재판까지 가면 몇 십 년이 지나도 꼬리를 무는 항소로 실제 돈을 지급받기 힘들다는 것을 감안하여 결국 중재를 택한다. 이제 가장 초미의 관심사는 보상금 액수로 판사가 결정한 액수는 3억 3300만 달러로 역사상 최대규모의 보상금이었다. 또한 PG&E는 모든 공장에 6가 크롬을 사용하지 않으며 모든 물탱크에 오염물질 누출 예방조치를 취하겠다고 공식적으로 밝혔다.[4)]

에린은 현장을 발로 뛰면서 주민들을 인터뷰하고 특유의 친화력과 호소력을 십분 발휘하여 사건의 진상을 파헤치는데 성공하였고, 에드 변호사 사무실은 거대기업 PG&E의 환경오염 관련 소송에서 승소하여 미국 역사상 최대 규모의 보상액인 3억 3천만 달러라는 거액을 받아냄으로써 에린 브로코비치는 일약 미국사회에서 거대기업의 불의에 맞선 영웅으로 부각되었고 경제적으로도 성공을 거두게 된다. 만약 수년 전 뚜렷한 수입이 없이 세 아이를 홀로 키우는 엄마인 에린이 절박한 심정으로 에드 변호사를 찾아왔을 때 그가 매정하게 거절했으면, 역사적인 환경소송에서 승리하는 큰 업적은 없었을 것이다.

에린 브로코비치 이야기를 접하면서 우리나라의 현실을 돌아보게 된다. 과연 우리나라에는 결혼해서 세 아이를 키우는 경력단절 주부에게 자리를 내 줄 기업이 있을까? 에린보다 훨씬 학력이 좋고 능력이 있는 유경험자라고 해도 '경력단절'의 벽 앞에서 좌절할 수밖에 없는 것은 아닐까? 용케 경력단절의 벽을 넘어 재취업에 성공한 여성이라도 결혼 전 일하던 지위를 보장받지 못하고 과거에 받던 급여수준에 훨씬 못 미치는 낮은 급여를 받아들일 수밖에 없는 '경력 디스카운트' 때문에 울며 겨자 먹기로 허드렛일을 전전하고 있는 것은 아닐까? 이 질문들에 대해서 '아니'라고 대답하기는 어려울 것이다.

특히, 우리나라의 여성인력은 선진국에 비해 가장 개발이 안 되고 있는 인적자원이라는 지적을 받고 있는 현실에서, 에린 브로코비치같은 워킹맘들이 직장과 가정생활의 균형을 이루면서도 능력을 발휘하여 업무성과를 내는 직장여성들, 근무시간에 얽매이지 않고 일과 학습을 병행하여 자기개발을 통해 성장하는 인재들을 우리 주위에서 많이 볼 수 있는 날이 올 수 있기를 기원해 본다.

6. 「악마는 프라다를 입는다」에서 보여지는 여성리더십

2006년에 개봉된 미국 영화 「악마는 프라다를 입는다」는 전형적인 페미니스트 영화이면서 전통적인 직장여성 영화와는 차이가 있다. 종래의 직장여성을 다룬 영화나 드라마의 패턴은 남성 위주 직장에서 여성이 겪게 되는 성차별과 인사상 불이익, 이에 맞서는 주인공 여성의 외로운 투쟁… 이러한 플롯으로 진행되는 것이 대부분이었다면, 「악마는 프라다를 입는다」는 이러한 전통적 패턴을 벗어나 있다. 이 영화에서는 여성이 지배하는 직장에서 여성과 여성간의 갈등과 암투를 주로 다루고 있다. 따라서 이 영화에서 그려지는 직장여성의 모습은 어쩌면 우리 사회의 미래 그림을 미리 보여주는 것이라고 여겨진다.

「악마는 프라다를 입는다」는 같은 이름의 소설에 기반을 두고 있다. 이 소설의 작가 로렌 와이즈버거는 소설을 쓰기 전에 패션잡지

「보그(Vogue)」의 미국 자회사 편집장인 안나 윈투어의 비서였다. 그래서 이 이야기가 그녀의 자서전적 소설이라는 소문이 있다. 분명한 것은, 이 영화의 주 무대가 되는 패션잡지사 「런웨이(Runway)」에서 보여지는 장면들이 가공적인 내용이 아니라 실제로 세계적인 패션 잡지사 내부에서 일어남직한, 리얼한 이야기라는 점이다.[5)]

이 영화의 스토리 전개는 다음과 같다. 미국 명문대학을 졸업한 소도시 출신의 여성 앤디(앤드리아) 삭스는 저널리스트가 되는 꿈을 안고 뉴욕에 상경한다. 나름 대학에서 편집장도 하고 상도 받았던 그녀는 자신감에 차 뉴욕의 여러 언론사에 이력서를 넣지만 결과는 비참했다. 결국 그의 이력서에 답한 곳은 오직 한 곳 「런웨이」 뿐이다. 「런웨이」는 세계 최고의 패션지로 누구나 입사하기를 열망하는 곳이지만, 패션이라는 것은 자신과는 다른, 똑똑하지 않은 여성들의 허영의 산물이라는 일종의 선입견을 가진 앤디에게는 탐탁지 않은 자리다. 앤디는 패션에 대해서 아는 것이 거의 없는 상태에서 「런웨이」가 어떤 잡지인지, 그곳의 편집장이 얼마나 패션계에서 유명한 사람인지 전혀 모르는 상태에서 뉴욕에서 꼭 성공하겠다는 열정 하나로 당당하게 면접을 보러 간다.

면접 날부터 앤디는 전설적인 편집장 미란다 프리슬리에게 몸매와 옷차림, 패션계에 대한 무지로 무시를 받는다. 하지만 앤디는 "전 똑똑해요. 또 빨리 배웁니다. 아주 열심히 일할 수 있어요."라고 자신의 열정을 보여줘서 미란다의 선택을 받고 비서로 채용된다. 미란다가 앤디의 잠재능력을 높이 평가한 셈이다. 하지만 앤디는 출근 첫날부터 긴급 비상사태로 새벽에 미란다에게 불려가더니, 매일 야근과 특근의 연속이고 여기에 사생활도 없이 하루 24시간 핸드폰이 울려댄다. 매일 강도가 더해가는, 미란다의 무리한 업무지시는 앤디로 하여금 '저널리스트가 되기 위해 여기서 일년만 버티자'는 생각을 하게 만든다. 하지만 상상할 수도 없는 상사의 무리한 요구와 기존 직원의 질투에도 불구하고 패션계에서 살아남는 법을 터득하기 시작한 앤디는 노력과 빠른 습득 능력으로 점차 미란다의 마음을 사는데 성공한다. 하지만 남자친구와 친구들은 너무 일에만 집중하고, 화려한 패션계에 빠져 예전의 모습을 찾을 수 없는 앤디에게서 멀어진다.

그러던 중 앤디는 선배 에밀리가 꿈꾸던 파리 출장(파리 컬렉션 참가)을 대신 가게 되어 현재 자신이 근무하고 있는 곳과 자신의 일이 과거에 원하던 직종의 업무가 아님을 깨닫고 과거 삶을 뒤돌아보게 된다. 결국 앤디는 「런웨이」를 떠나 자신이 꿈꾸던 기자가 되기 위해 신문사를 찾아가고 새로운 삶을 살게 된다.

영화는 이처럼 서로 대조적인 두 여성, 구체적으로 세계 최고의 패션 조직을 이끄는 상당한 리더십의 소유자인 미란다 프리슬리와 그녀를 모시는 앤드리아 삭스를 주인공으로 삼아서 그녀들이 최고로 삼는 가치의 대조에서 비롯하는 그녀들의 행동 차이를 중점적으로 보여준다.

이 영화는 전통적인 가부장적인 사회에서의 순종적인 여성이 아닌, 주체적인 직장여성들의 갈등과 화해를 영화로 승화시켜 새로운 질문을 던지고 있다. 더 이상 직장은 남자들만의 전유물이 아니고 여성들도 얼마든지 자신의 꿈과 야망을 이뤄내는 주체로 그리고 있다. 그러나 이 영화 안에서도 성 역할에 대한 편견은 여전히 남아있다. 그것은 외모지상주의와 여성 최고 경영자는 성격이 괴팍하고 독특한, 때로는 병적인 리더십 스타일을 가지고 있다는 메시지를 은연중에 던지고 있다.

이 영화에서는 외모가 여성의 평가 항목 중 빠질 수 없는 항목이라는 오래된 편견이 나타난다. 미란다가 첫 만남에서부터 앤디의 볼품없는 패션을 지적하자 앤디는 마음을 굳게 먹고 헤어스타일부터 옷, 구두까지 변신을 시도한다. 상상할 수도 없는 상사의 요구와 여자들의 끊임없는 암투에도 불구하고 패션계에서 살아남는 법을 터득하기 시작한 앤디는 점차 미란다의 마음을 사는데 성공하고 촌스럽고 뚱뚱한 모습에서 세련된 패션스타일로 무장한 매력적인 커리어 우먼으로 변신한다. 영화는 화려한 편집과 경쾌한 음악을 통해 여성관객들의 눈을 사로잡는다. 변신과 함께 앤디는 당당해지고, 직장동료들도 이전처럼 그녀를 무시하지 못하게 된다. 관객들은 자신도 저렇게 화려하게 되고 싶다는 느낌만을 받을 수도 있지만 속내를 들여다보면, 마치 여성이 인정을 받으려면 외모도 남들에게 화려하게 보여야 한다는 여성에 대한 편견이 담긴 메시지도 볼 수 있다.

미란다는 패션잡지 「런웨이」의 편집장으로서 패션에 대한 뛰어난 안목과 센스 그리고 오랫동안 일하면서 쌓아온 인맥과 권위 모든 것을 가지고 있는 여성이다. 언뜻 보면 이는 여성이 최고의 자리에 있다는 긍정적인 모습을 보여주는 것 같지만, 미란다는 괴팍하고 독단적인 성격으로 나온다. 또한 일에서는 누구나 인정하지만 인간으로서는 모두가 무서워하고 좋아하지 않는다. 성공한 지위에 있는 여성을 '악마'로 치부하고 있는 것이다. 이는 직장여성을 바라보는 사회의 부정적 시선이 반영되어 있다고 볼 수 있다. 남성과는 달리 출세욕과 야망이 가득한 여성은 사회에서 결코 환영 받을 수 없다는 왜곡된 생각을 엿볼 수 있는 대목이다.

앤디는 직장에서 인정받고 성공하기 위해 자신의 사생활은 철저히 포기하기를 '악마'인 상사로부터 요구 받는다. 직장이 요구하는 사람이 되기 위해 자신의 모든 것은 포기해야 하는 것이다. 이는 현실 상황에서 회사 때문에 가족과 육아 등을 포기해야 하는 직장여성들에 투영시켜 볼 수 있다. 또한 미란다는 걸핏하면 해고협박을 하며 온갖 무리한 요구를 한다. 그야말로 직장에 모든 시간과 노력을 쏟아 부어, 충성과 헌신을 다 할 것을 강요하는 것이다. 회사에서 더 나은 업무환경과 조건을 제시하기는커녕, 일을 제대로 수행하지 못하는 것에 대해선 순전히 앤디의 개인적 능력 부족을 탓한다. 직장 여성들이 인사 문제에 있어 늘 불안정한 혹은 불리한 상황에 놓여 있음을 볼 수 있다. 여성은 회사에서 쉽게 퇴출되거나 그들의 의지와는 상관없이 직장을 옮겨야만 하는 경우가 많은 것이다. 뿐만 아니라, 고위직 여성과는 달리 직급이 낮은 여성일수록 더욱 불안정한 지위로 고통을 겪는 것을 알 수 있다. 충분한 환경과 조건이 보장되지 않은 상황에서 개인의 부단한 노력과 능력 개발만을 요구하는 것이다. 이는 몇몇 최고의 자리에 오른 여성을 제외하곤 대부분의 평범한 직장여성들은 여전히 실업위기의 맨 앞에 놓여있음을 보여준다. 즉, 직장 여성들 사이에서도 2차 차별이 발생하는 것이다.

마지막으로 여성들의 인간관계에 대한 편견도 엿볼 수 있는데, 영화는 두 여성간의 연대에 매우 부정적인 관점을 노출하고 있다. 여성 상사인 미란다와 앤디는 사사건건 부딪히고, 결국은 같은 직장 안에 남지 못한다. 또한 기존의 여성 직원들은 앤디를 처음에는 무시하고, 앤디가 성공 가도를 달리자 질투하는 모습을 보여준다. 이와 대비되게, 남성 디자이너 나이젤은 앤디를 도와주고 응원해주는 모습을 주로 보여준다. 여성들끼리는 같은 직장 내에서 강한 연대를 형성하는 것이 불가능함을 암묵적으로 보여주는 것이다. 이는 곧 '여성의 최대 적은 여성이다'라는 편견을 더욱 공고히 하고 있는 셈이다.

영화에서 앤디는 미란다에게 인정받기 위해 고군분투 하느라 연인과도 헤어지고, 친구들과도 멀어지며 아버지와의 오랜만의 외식도 미란다의 호출로 망쳐버리고 만다. 이런 상황은 비단 영화에서 앤디가 '악마' 상사를 만났기 때문이 아니라, 현실에서도 직장여성들은 일 때문에 가정과 가족을 어느 정도 포기해야 하는 상황에 직면한다는 것을 이 영화는 언뜻 언뜻 암시적으로 보여주고 있다. 이 영화의 주인공은 미혼 여성으로 그려지고 있지만, 직장여성이 안고 있는 '일과 가정의 양립(work-life balance)' 이슈는 여성과 노동의 가장 핵심적 이슈라는 것을 이 영화에서 볼 수 있다.

영화 후반부에 보면, 미란다에게 위기가 찾아온다. 그녀의 위기를 알게 된 앤디는 진정으로 그녀를 생각하는 마음으로 그녀에게 위기를 알려주고 대비할 것을 부탁하지만, 미란다는 그녀의 말을 무시한다. 후에 미란다는 그녀 자신만의 방법으로 위기를 극복한다. 바로 오랜 기간 함께 동고동락 해온 동료 나이젤을 배반함으로써 그 위기를 극복하는 것이다. 미란다가 인간관계를 저버리면서 까지 극단적으로 개인의 사회적 성공을 추구하는 모습을 보며 앤디는 자신이 「런웨이」사에서 일하는 것에 대하여 회의를 느끼게 된다. 이 부분에서 회사를 이끄는 리더와 그녀의 가치가 충돌하게 되는 것이다. 미란다는 개인의 궁극적 목표를 위해서는 어떤 수단이라도 동원할 수 있다는 가치를 가지고 있다. 그것이 배반인지 아닌지는 그녀에게 그런 것은 중요하지 않다. 그러나 앤디에게는 자신이 소중하게 여기는 '정직', '우정', '인간다움'과 같은 가치를 지키고 도덕적 행동을 하는 것이 매우 중요하다. 따라서 앤디는 편집장 미란다가 이끄는 회사의 가치가 자신에게 부합하지 않음을 느끼게 된다. 이로 인해 그녀는 극심한 내적 갈등을 경험하게 된다. 그녀의 궁극적 가치인 승진과 출세, 성취감과 꿈을 위해서 계속해서 미란다와 함께 일을 할 것인지 아니면 그녀 개인의 가치를 유지하기 위해서 남들이 부러워하는 「런웨이」사를 떠날 것인지를 놓고 고민하게 된 것이다. 결국 앤디는 자신의 가치관과 맞지 않는 회사를 떠났다. 그녀는 자신의 가치를 실현시켜줄 수 있는 다른 직장을 찾기로 하고 본래의 삶으로 돌아가게 된다.

이 영화를 통해 주인공 앤디가 세상에 던져주는 메시지가 있다면 과연 무엇일까? 영화 주인공 앤디는 패션 산업에 대한 새로운 체험과 '악마'같은 상사와의 갈등과 문제해결 노력, 그리고 완전히 성공하지 않았다고 해도 '악마'와의 궁극적 소통과 화해 가능성을 보여주고 있다.

오늘날 현대 사회에서 여성들의 사회 진출이 활발해지고 있으며 여성의 사회적 성공은 더 이상 새로운 것이 아니다. 하지만 직장여성들의 표면적인 화려한 성공에도 불구하고 프라다를 입고 있는 성공한 직장여성의 이면을 살펴보면, 여전히 열악한 근무환경과 직장 여성들에 대한 편견 등을 이 영화에서 발견할 수 있다. 직장여성들의 근무 현실과 개선 방안에 대해 사람들은 끊임없이 고민해야 한다는 것과, 여성 상사에 의한 또 다른 형태의 억압에 대해 어떻게 대처할 것인가에 대한 숙제를 영화 「악마는 프라다를 입는다」는 여성들에게 던져주고 있다.

7. 「어벤저스」에서 보여진 진정한 리더의 모습

최근 한국 촬영을 계기로 더욱 유명해진 헐리우드 블록버스터 영화 「어벤저스(Avengers)」는 인적자원관리의 시각에서 보면, 서로 다른 배경과 능력을 갖추고 있는 다양한 인재들이 함께 임무를 수행하면서 겪는 갈등과 이를 어떤 식으로 풀어나가는지를 잘 드러내고 있다. 이들이 점차 서로의 차이를 인정하고 하나의 팀으로 호흡을 맞춰나가는 모습은 다양성 경영(diversity management)이 추구하는 이상적 방향이라고 할 수 있다. 이제 다양한 출신과 성격, 스펙을 지닌 이질적 인재들이 한 팀에서 활동하면서 어떻게 조직의 시너지를 달성하는지, 그리고 이를 위한 인적자원관리는 어떠해야 하는지에 대해서 살펴보고자 한다.

영화 「어벤저스」는 악당 로키의 지구침략 위협으로 시작된다. 이것이 현재 지구를 지키려는 조직이 직면한 문제이다. 이 조직은 문제해결을 위해 특별한 임무가 주어진 태스크포스팀을 구성하기로 결정하는데 이 태스크포스팀의 이름이 '어벤저스(Avengers)'이다. 우선 '어벤저스' 팀원들의 모집은 크게 내부충원과 외부충원으로 나뉜다. 내부충원은 블랙위도우, 호크아이로 수십 년 동안 조직 내부에서 키워진 인적자원들이다. 반면, 외부충원으로는 아이언맨, 캡틴 아메리카, 헐크, 토르가 있다.

이는 최근 기업들이 다양하게 인재를 모집하는 방법들 중 한 가지이기도 하다. 많은 기업들이 다양한 분야에서 도전과 혁신을 즐기는 인재를 선발하기 위해서 여러 모집 · 채용방식을 도입하고 있다. 기업이 확신을 가지고 꼭 필요한 인재라고 생각하면 직접채용 즉, 스카우트를 통해 인재를 조직으로 데려오기도 하는데 '어벤저스'에서 이러한 모집 · 채용방식을 활용하고 있음을 알 수 있다.

[「어벤저스」 등장인물 소개]

닉 퓨리	국제평화기구(S.H.I.E.L.D)의 국장, 어벤저스팀을 모으고 운영하는 인물이다.
쉴드 위원회	이들은 어벤저스팀을 마지막까지 믿지 못하며 맨해튼에 핵을 날려 모든 문제를 종식시키려고 한다.
로키	토르의 이복동생으로 잔혹한 치타우리 족과 함께 엄청난 에너지원인 큐브를 이용하여 지구를 멸망시키려 하는 악의 축이다.
캡틴 아메리카	2차 세계대전 당시의 인물로 허약했으나 '슈퍼 솔져' 실험에 참여하여 캡틴 아메리카로 거듭남. 침착한 위기대응 능력과 뛰어난 전투력을 보유하고 있다.
헐크	인간 브루스 배너는 뛰어난 과학자이지만 감마선에 노출된 이후로 흥분하면 엄청난 괴력을 지닌 헐크가 된다.
토르	로키의 배다른 형으로 외계에서 왔으며 천둥과 번개를 자유자재로 다루는 신이다.
호크아이	쉴드 요원으로 뛰어난 시각과 다양한 기능의 화살로 침입자를 제거한다.
블랙 위도우	고도로 훈련된 무술실력과 첩보능력을 보유한 쉴드 요원으로 암살, 스파이 활동이 전문이다.
아이언맨	토니 스타크는 최고의 무기회사의 CEO이면서 자신이 개발한 최첨단 수트를 이용하여 세상을 지킨다.

특히 직접 채용 시 잡 오퍼를 받은 인재는 오퍼기업에 대한 유인책이 필요하기 때문에 적극적으로 채용에 심혈을 기울이기도 한다. 영화에서 블랙 위도우는 헐크를, 퓨리 국장은 캡틴 아메리카와 토르를, 콜슨 요원은 아이언맨을 일일이 찾아가 대화하며 적극적으로 설득하는 장면이 이를 잘 보여준다. 그렇지만 '어벤저스' 팀원을 구성하는데 나타나는 특이한 점은 선발의 과정이 없다는 것이다. '어벤저스'의 경우, 팀원들은 이미 한 번 검증이 된 영웅들이기 때문에 성과를 낼 수 있는 핵심적인 개인역량이 매우 뛰어남을 보증 받았다고 볼 수 있다. 한 마디로 전문가(professional) 집단이라고 말할 수 있다.

다음으로 영화 「어벤저스」에 나타난 인적자원개발에 관하여 분석하고자 한다. '어벤저스'에서는 조직이 다양한 인물들로 구성됨에 따라 심각한 대립이라는 문제 상황이 발생하는데, 대립을 가져온 각 인물들과 조직의 특성을 세부적으로 파악하여 문제의 원인과 이러한 문제점이 어떻게 해결되는지 인적자원개발의 개념을 도입하여 살펴보고자 한다. 팀 '어벤저스'는 개인적, 조직적 측면의 문제들을 보여주고 있다. 먼저 개인적 측면에서 팀의 문제점은 개개인의 특성에서 드러난다. 국제평화기구 쉴드는 프로젝트를 위해 내부적으로 블랙 위도우와 호크아이를 배치한다. 이들은 자신들끼리 응집하여 새로운 구성원인 아이언맨이나 토르 등과 같은 외부 인력들과 어울리지 못하는 모습을 보인다. 하지만 '어벤저스'에서 기존 인력만이 문제를 지닌 것은 아니며, 외부 인력들도 모두 팀의 결속력을 약화시키는 모습을 보인다. 아이언맨의 경우, 자기중심적이고 안하무인의 태도를 보이며 팀의 결속을 방해한다. 그는 영화 초반에 캡틴 아메리카와 함께 로키를 생포하여 가는 도중 토르로 인해 로키를 놓치게 되는데, 이 상황에서 캡틴 아메리카가 계획을 세우자고 하였으나 공격이 자신의 계획이라며 그의 말을 귀담아 듣지 않고 독단적으로 행동한다. 주어진 상황에서 드러나듯이 캡틴 아메리카는 아이언맨과는 반대 성향을 지닌 인물로서, 사전 계획을 중시하고 이를 과도하게 강조함으로써 다소 고리타분한 모습을 보인다. 또한 냉동인간으로 오랜 기간 동안 보존되었기에, 현대의 흐름에 뒤처지는 모습을 보인다. 토르의 경우에는 문제를 일으킨 장본인인 로키에게 혈연에 기반을 둔 봐주기 행태로 주어진 업무 수행에 차질을 빚는다. 마지막으로 헐크는 자신이 가진 능력을 표출하는 데 있어서 소극적인 모습을 보인다. 그는 계속해서 자신의 지난 과거를 회상하며, 그 당시 자신이 저지른 실수를 반복할까봐 능력을 드러내기를 두려워한다.

이와 같이 '어벤저스' 팀내 각 인물들이 지닌 특성이 제각기 다양하여, 소통이 원활하게 이루어지지 않아 팀의 목표를 달성하는 데 종종 실패하는 모습을 보여준다. 이러한 문제 상황에 직면하게 되자, 해결에 있어서 쉴드의 퓨리 국장과 위원회는 서로 다른 시각을 보인다. 퓨리 국장은 개개인의 능력을 신뢰하고 업무 파트너로서 조직을 바라보며, 그들에게 또 다른 기회를 제공할 것을 주장한다. 반면 위원회는 그들을 통제하는 것이 불가능하다고 여기고, 이용가치에 집중하여 이들을 폐기해야 한다고 말한다. 즉 국장의 경우 조직원들을 '자원'으로 보았으나, 위원회의 경우 통제적 관점에서 이들을 '비용'으로 여긴 것이다. 하지만 퓨리 국장과 위원회의 문제 해결방안을 둘러싼 대립은 동료인 콜슨 요원의 예기치 못한 죽음으로 인해 국면이 전환된다. 퓨리 국장은 자칫 조직이 와해될 수 있었던 동료의 죽음이라는 위기 상황을 기회로 바꾼다. 그는 콜슨 요원이 캡틴 아메리카에게 싸인을 받고 싶어했던 카드를 꺼내어, 이것이 콜슨의 주머니에서 나왔다고 조작한다. 동시에 국장은 콜슨 요원의 생전 목표에 대한 이야기를 꺼낸다. 콜슨이 원하던 것은 뛰어난 능력을 가진 인물들을 모으고 팀으로서 힘을 합쳐, 혼자서는 절대 이길 수 없을 싸움을 하는 것이었다고 퓨리 국장은 그를 대신하여 전한다. 이렇게 국장은 상황을 조작하여 구성원 간의 협업을 이끌어 내는 역할을 한다.

여기서 퓨리 국장의 동기부여 방법을 살펴보면 그는 외부적인 조건이 아닌 구성원들의 감정에 호소하고 있다. 콜슨의 죽음이 헛되지 않도록 해달라는 그의 암묵적인 부탁은 오히려 외부적인 조건보다 더 깊고 강한 내재적 동기부여를 일으키는데 성공한다. 이러한 '감성경영'은 다양한 구성원에 대한 조직관리를 하는데 있어서 매우 중요하다. 다양성 경영의 인재들은 성별, 인종, 언어처럼 외형적인 차이뿐만 아니라 가치관, 성격, 신념 등 내면적인 부분에서도 큰 차이들을 보인다. 그 중 내면적인 차이는 구성원들의 감정에 매우 직접적인 영향을 주기 때문에 반드시 잘 관리되어야 될 부분이라고 할 수 있다.

로키의 기습으로 정신적 지주와 같았던 콜슨 요원이 죽고 난 후 '어벤저스'는 절체절명의 위기에 놓이게 된다. 구성원들 모두 부상을 당하며 예기치 못한 공격으로 인해 쉴드의 함선은 초토화가 된다. 그러나 퓨리 국장은 이러한 위기를 기회로 삼으며 콜슨 요원의 죽음을 통해 멤버들이 하나로 뭉칠 수 있도록 동기부여를 시킨다. 또한 로키의 공격으로 대변되는 급격한 환경변화에 대응하기 위해 기존의 통제구조에서 벗어나 소통의 유연화를 꾀한다. 기존의 엄격한 통제 속에서 한정된 정보만 제공한 채 업무수행을 종용하는 경우 구성원들은 조직에 대한 신뢰를 쌓기 어려우며 자신이 업무에 참여해야 하는 이유를 찾지 못한다. 그러나 팀이 구성된 확실한 이유와 업무에 대한 배경(큐브를 둘러싼 정보들)을 충분히 인지시켜줄때 비로소 구성원들은 팀과 조직을 믿고 적극적으로 업무에 참여하게 된다.

이러한 정보의 개방은 특히 다양성 경영에서 매우 중요하다. 다양한 인재들은 다면적 시각에서 현상을 해석하고 색다른 아이디어를 창출하기에 조직에서 큰 시너지를 효과를 낼 수 있지만, 표면적 · 심층적 차이로 인해 서로간의 불신과 반목의 진원이 될 수도 있다. 여기서 불신과 반목은 서로에 대한 이해의 부족에서 오는 것이기에 정보의 개방은 다양성 경영의 성공에 있어서 매우 핵심적인 요소라 할 수 있다. '어벤저스' 멤버들 역시 처음에는 진실된 소통의 부재로 인해 서로에 대한 편견과 불신을 갖고 있었으나 콜슨 요원의 죽음 이후 진솔한 대화와 공감을 통해 각자의 차이를 이해하며 상대방을 배려하고 존중하는 법을 터득해 나간다.

결국 '어벤저스' 팀은 퓨리 국장을 중심으로 기존의 멤버 간 불협화음을 해결하고 각자의 장점을 최대화시킬 수 있는 역할을 찾아나가게 된다. 먼저 캡틴 아메리카의 경우 오랜 시간 군인으로 생활했기 때문에 질서유지와 명령복종에 익숙한 나머지 융통성이 부족했으나 다른 멤버들과의 교류를 통해서 점차 환경에 대한 유연성을 기르게 된다. 이러한 변화를 바탕으로 조직생활에서 얻은 그만의 풍부한 지식과 경험을 통해 '어벤저스' 멤버들의 장점을 재빠르게 파악하고 실질적인 사령탑으로서의 역할을 수행한다. 또한 캡틴 아메리카는 기성세대를 대표하는 인물로 신세대인 아이언맨과의 마찰을 겪지만, 나중에는 아이언맨의 독창성과 개성을 인정해주면서 갈등을 풀어나간다. 아이언맨과 캡틴 아메리카가 보여주는 세대 간의 의식구조와 가치관의 차이는 인적자원관리가 각 세대의 가치관을 고려해서 이루어져야 함을 시사하고 있다.

배너박사는 헐크로 변했을 때 나오는 엄청난 힘을 갖고 있음에도 불구하고 임무에 적극적으로 동참하지 않는다. 자신의 통제 불가한 힘이 무고한 희생을 초래할 것이라는 두려움으로 인해 엄청난 힘으로 대변되는 그의 능력은 제대로 발휘하지 못하고 있던 것이다. 그러나 자신의 힘과 비등한 능력을 가진 동료들의 존재가 그에게 자신의 능력을 마음껏 발휘해도 된다는 믿음을 심어주게 되고 그는 마지막 치타우리 종족과의 전투에서 어떤 멤버들보다 크게 활약하게 된다.

아이언맨은 최첨단 수트로 얻은 힘과 비상한 두뇌를 모두 갖춘 '어벤저스'의 핵심적인 인재라고 할 수 있다. 그는 자기중심적인 특성이 강하기 때문에 다른 멤버들과의 협업을 우습게 보며 캡틴 아메리카와 대치하기도 한다. 그러나 언제나 자신을 믿어주던 콜슨 요원의 죽음과 다른 동료들의 살신성인을 확인하고 기존의 이기심을 버리고 공동의 목표를 위해 함께 노력하게 된다. 마지막에 자신이 죽을 수도 있음에도 로키가 연 포털로 핵미사일을 옮기는 그의 모습에서 그의 희생정신과 동료애가 얼마나 성장했는지를 알 수 있으며 더불어 그의 빠른 판단력과 과감함을 느낄 수 있다. 아이언맨은 현대 핵심인재의 전형이라고 볼 수 있다. 오늘날 신세대 핵심인재들은 업무적인 기술과 능력은 뛰어날지라도 희생, 배려, 양보와 같은 사회적인 기술이 부족한 경우가 많다. 그러나 동료들과의 원활한 교류와 공감능력은 조직생활에 있어서 꼭 필수적이기 때문에 이러한 커뮤니케이션 능력을 훈련을 통해 배양시키는 것도 인적자원관리의 주요 역할이라 볼 수 있다.

여러 번의 위기를 함께 겪으면서 '어벤저스' 멤버들은 그간의 갈등을 해결하고 더욱 견고해진 신뢰와 믿음으로 똘똘 뭉치게 된다. 이를 바탕으로 그들은 따로 그러나 또 같이 서로의 능력을 상황에 따라 능수능란하게 결합해나간다. 예를 들어 날 수 있는 능력이 있는 아이언맨은 호크아이의 공중전을 지원해주며 반불사신인 토르는 아무나 감당할 수 없는 토르의 괴력을 충분히 커버해준다. 캡틴 아메리카는 군인으로서의 그의 지략을 이용하여 멤버들의 역할부담을 도우며 블랙위도우의 엄호를 맡아주기도 한다. 이러한 팀워크를 바탕으로 '어벤저스' 팀은 마침내 치타우리 전사들을 몰아내고 로키를 무릎 꿇게 만든다.

여섯 명의 영웅들이 보여주는 이러한 환상의 팀워크는 성공적인 다양성 경영에 바탕을 둔 현대적 인적자원관리의 이상적 모습이라고 할 수 있다. 미래의 조직에는 '어벤저스' 멤버와 같은 다양한 인재들이 무한경쟁의 글로벌 환경에서 독특한 시너지를 내는 조직이며, 이러한 특이한 조직환경에서는 이에 상응하는 창의적인 인적자원관리가 필요하다고 생각된다.

8. 「미쓰 루시 힐」의 리더십

영화 「New in Town」은 2009년에 개봉된 미국 영화로서 한국에서는 「미쓰 루시 힐」이라는 제목으로 개봉되었다. 이 영화의 주인공 루시 힐은 '멍크 푸드'라는 식품 대기업의 마이애미 본사에 근무하는 고위직 임원으로서 높은 연봉을 받고 마이애미 생활에 잘 적응하고 있는, 잘 나가는 캐리어 우먼이다. 언제나 출세를 꿈꾸며 열심히 일해온 그녀는 어느 날 사장으로부터 겨울이 매우 추운 미네소타 공장 근무를 제안 받게 된다. 임무를 완벽하게 수행하고 성공해서 돌아와 승진 할 거란 야심을 품고 과감히 미네소타 행을 결정하는 그녀는 출세욕, 승부욕에다 모험적 성향이 있는 여성이다. 그런데 그녀가 담당하게 될 미네소타에서의 임무는 사실 모두가 꺼리는 프로젝트였다. 멍크 푸드의 경영진이 그녀를 미네소타로 보내면서 내린 특명은 이윤을 내지 못하고 있는 미네소타 주 뉴얼름(New Ulm)에 소재한 공장에 대해서 자동화 시스템을 도입하고 공장 종업원들을 절반으로 감축하는 정리해고였다.

마이애미를 떠나 눈보라 몰아치는 뉴얼름이라는 소도시에 도착한 루시는 공장 관리자로 부임하지만 처음 공장에 갔을 때부터 공장 근로자들과 갈등을 겪게 된다. 경영진의 지시대로 야심차게 구조조정을 감행하려 하지만, 이미 계속 진행되어 왔던 본사의 일방적인 해고조치에 불신이 가득 찬 뉴얼름 사람들과 마찰을 빚게 된다. 설상가상으로 노조대표 테드와는 첫 만남부터 원수지간이 되고, 공장 근로자들은 물론, 마을 사람들 모두가 합세하여 정리해고를 단행하러 파견된 루시를 내쫓으려 하며 갈등은 극에 달한다. 그녀는 처음부터 마을 사람들과 가까이하려 하지 않았고 오직 업무적인 관계만을 유지하려고 했다. 자신의 지시에 공장 근로자들이 복종해주기를 바랐던 루시는 결국 근로자들을 비롯한 많은 마을 주민들에게 무시 받게 된다. 그녀가 공장 근로자들을 해고하려고 온 것임을 알고 있기에 사람들은 더욱 그녀를 못마땅하게 여겼다. 이에 아랑곳하지 않고 루시는 본사에서 파견된 임원으로서 경영진의 특명대로 구조조정을 시행하겠다는 방침을 근로자들에게 통보하고 실제로 사람들을 해고하기 시작하였다.

그런데 작은 마을인 뉴얼름의 주민들은 공장이 주요 생계수단이므로 해고통지를 받는 순간 그들은 더 이상 갈 곳 없는 실업자가 되는 상황이었다. 또, 워낙 작은 마을이다 보니 공동체 의식이 끈끈해서 근로자 가운데 한 사람이라도 해고되는 상황이 되면 구성원 모두가 의기투합하여 강한 반발을 드러냈다. 공장장인 스투가 해고당했을 때도 근로자들은 공장의 기계가 모두 고장 나서 더 이상 일을 못하겠다며 공장가동을 단체로 중단함으로써 공장장의 해고에 직접적으로 불만을 표출했다. 사태의 심각성을 나중에 깨달은 루시는 좋은 말로 해결을 하려고 했으나 공장 근로자들을 비롯한 마을 사람들은 계속 루시를 골탕 먹였고, 그녀는 참다못해 마이애미로 돌아가겠다고 선언을 하는 지경에 까지 이르게 되었다.

그러던 중에 눈보라가 거센 어느 날 눈속에 고립된 루시를 노조 조합장 테드가 구출하게 된 사건 이후, 그녀는 테드와 개인적으로 가까워지게 되었고 점차 마을사람들에게 정이 들게 된다. 또한 뉴얼름 공장의 근로자들과 함께 어울리고 소통을 하면서 차갑고 사무적이던 루시의 태도가 점차 변화하기 시작한다. 근로자의 의견을 무시하는 대신 귀를 기울이고 대화를 통해 그들과의 이견을 좁혀나가기 시작했다. 루시는 소도시 사람들의 느리고 여유로운 삶에 적응을 하게 된다. 그 지방의 'ICE DAY'라고 하여 얼음낚시가 시작되는 첫 날은 공장 문을 닫을 정도로 사람들은 삶의 행복과 삶의 질 향상을 추구한다. 또한 크리스마스에는 거리에 모두 등불을 켜고 나와 함께 노래를 부르며 의식을 공유한다. 이러한 생활에 능숙하게 적응하면서 루시는 점차 마을 사람들의 신뢰를 얻어가고 있었다.

결국 루시는 뉴얼름 공장 근로자들과 마을 사람의 편에 서서 본사의 정리해고 지침에 반대하는 입장을 취하게 된다. 루시는 본사의 회의에 참석하여 뉴얼름 공장을 살려야 한다고 의견을 피력하지만, 경영진은 뉴얼름 공장의 제조품인 '로켓바'의 판매부진을 이유로 극단적인 공장 폐쇄조치를 내리게 된다. 이때부터 루시는 본사의 공장 폐쇄조치에 맞서 공장 근로자들의 의견을 대변하여 본사에 부당 해고에 대해서 항변하는 역할로 대변신을 하게 된다. 공장 관리자로서 종업원들을 '일자리 박탈 위기'에서 구제하기 위해 발 벗고 대책을 찾아 나서게 된 것이다.

그러나 본사의 입장은 요지부동이었고 공장 폐쇄 결정을 되돌릴 수는 없었다. 이대로 공장 문을 닫게 할 수는 없었던 루시는 자신의 커리어를 걸고 마을 사람들과 함께 '신제품 개발'이라는 모험을 하게 된다. 공장 폐쇄까지 주어진 4주라는 기간 내에 공장의 기존 설비를 이용하여, 평소 음식을 잘하던 자신의 비서 블란체가 곧잘 만드는 '타피오카'를 신제품으로 내세워 시제품을 생산하고 판매하게 된 것이다. 놀랍게도 이 '타피오카' 신제품이 시장에서 좋은 반응을 얻고, 멍크푸드 본사 사장의 아들이 타피오카를 좋아하게 되자 사장은 뉴얼름 공장에서 타피오카를 계속 생산하게 한다.

자신이 직접 투자자들을 모아 공장을 재인수한 뒤, 훗날 공장의 지분을 종업원들에게 모두 배분하겠다고 약속하는 루시는 더 이상 뉴얼름 공장에서 타자(他者)가 아니었다. 성공적인 신제품 개발로 마이매미 본사의 부사장으로 승진했음에도 루시는 뉴얼름 공장의 CEO를 자청하며 그들과 함께 하길 원했다. "공장의 주인은 여러분입니다. 주식을 여러분이 보유할 것입니다. 공장이 사라져 여러분이 길거리로 나가면 저도 길거리 신세가 될 것입니다. 소문을 믿지 말고 저를 믿고 일 하십시오." 이와 같은 루시의 발언은 인적 자원 관리에서 가장 중요한 전제인 '신뢰'의 중요성을 역설한 것이다. 자신을 못 미더워하는 공장 근로자들에게 '신뢰'를 주고 위기를 함께 극복해가려는 루시는 마침내 인적 자원 관리자로서도 충분한 자격을 갖추게 된다. 그 결과 공장은 다시 정상화되고, 루시와 뉴얼름 지역의 마을 사람들 모두가 행복을 되찾게 된다.

이 영화는 우리에게 노사분쟁의 원인과 해결방식에 대해서 많은 시사점을 주고 있다. 마이애미 본사와 미네소타 공장이 노사분쟁을 겪게된 원인은 무엇일까? 제일 큰 문제점은 멍크푸드가 생산라인의 근로자들을 단순히 테일러리즘에 입각한 '기계적 인간'으로 간주하고 관리했다는 데에 있다. 이에 대한 반발로 뉴얼름 공장의 노조 조합장인 남자주인공 테드는 "차 훔치면 감옥 가지만, 남의 뼛골을 빼먹으면 사장되죠."라며 본사의 공장 근로자들에 대한 비인간적 처우에 불만을 표현했다. 실제로 본사인 멍크푸드는 공장 근로자들의 복리후생이나 그들 사이의 인간적 관계보다는 생산량과 판매량이라는 수치로써 근로자들을 관리하였고, 수치가 미달될 때마다 근로자들을 해고하는 전형적인 테일러식 성과관리법을 고집하였다. 그 결과 주인공 루시가 뉴얼름 공장에 첫 출근하여 근로자들을 만났을 때 공장장 스투는 "댁들이 오면 늘 누가 잘리더군"이라며 노골적으로 본사에 대한 강한 불신을 드러냈다. 뉴얼름 공장의 근로자 모두는 본사에 대해 부정적인 시각을 가지고 있었다. 이제까지 공장에 부임한 소장은 한 달 이상 버티지를 못했고, 자꾸 인력을 정리해고 하려고만 하는 본사에 대해 부정적인 의식을 가지고 있었다.

만약 본사가 뉴얼름 공장의 근로자 그들을 '사회적 인간관'에서 좀 더 따뜻하게 바라봤다면 상황은 달라졌을 것이다. 근로자를 비용이 아닌, 개개인의 인간으로 대우하고 소중한 인적자본으로 대했더라면 아마도 상황은 달라졌을 것이다. 또 본사의 경영진이 소도시 뉴얼름의 근로자와 주민들의 공동체적 특성과 공장이 그들의 유일한 생계수단임을 고려했다면, 일방적 해고통지가 아닌 상호협의를 통한 존중에서 해결책을 함께 모색했다면 극의 갈등이 이렇게까지 치닫지는 않았을 것이다.

영화는 이렇게 루시가 인적자원 관리 담당자로서의 단순히 경영진의 명령을 수행하는 행정적 역할에서부터 인적자원의 가치를 인식하고 이를 적극적으로 개발, 활용하여 조직을 성장, 발전시키는 '변화 담당자'의 역할을 수행하는 데 까지 성장하는 모습을 보여주고 있다. 그리고 그러한 과정에서 겪게 되는 역할갈등과 시행착오를 통해 한 사람의 여성 관리자가 어엿한 CEO로 성장해 나가는 역할변화의 과정을 보여준다. 이 영화가 시사하는 바는, 기업은 단순히 업무와 시스템에만 집중된 인사행정에서 벗어나 사람에 초점을 두어야 미래가 있다는 것이다. 또한 근로자와 가족의 처지를 이해하고 그들의 성장과 발전을 후원하고 공동체의식으로 함께 더불어 살아가는 철학에 기반을 둔 인적자원관리가 조직의 위기를 극복할 수 있는 결정적인 열쇠가 될 수 있다는 것을 보여준 것이다.

9. 영화 「셰프」가 말하는 진정한 프로의 조건

우수 전문인력 확보는 경쟁이 치열한 21세기 지식정보화 시대를 살아가야 하는 기업의 입장에서는 미래가 걸린 문제이다. 우수 전문인력이 과연 누구인가? 라는 정의의 문제부터 기업에 따라 견해가 다를 수 있다. 일단 우수인력의 정의가 내려지면 다음으로 그러한 우수인재를 어디서, 어떻게 확보할 것인가? 라는 의문이 제기 된다. 천신만고 끝에 우수 전문인력을 확보했다고 해서 일이 끝나는 것이 아니다. 기존의 인재들과 영입된 우수인재가 적절히 협력하고 의사소통을 하여 조직의 시너지를 높이는 것이 중요하며, 그들에게 끊임없이 유·무형의 보상을 제공하고 동기를 부여해 주어야 마침내 그 조직에 정착을 하게 된다. 이 모든 과정에서 차질이 없어야 우수인재 확보는 성공을 거두었다고 평가할 수 있다. 어느 한 과정에서라도 소홀함이 있으면, 힘들게 확보한 우수인재는 조기에 미련없이 조직을 떠나 버린다. 우수 전문인력의 확보와 유지는 그래서 어렵다고 얘기하는 것이다.

2012년에 개봉된 프랑스 영화 「셰프(Comme Un Chef)」는 고급 레스토랑의 경영, 요리사의 확보와 육성을 다룬 흥미로운 영화이다. 주연으로서 장 르노(Jean Reno - 알렉산드르 역)와 미카엘 윤(Micahel Youn - 자키 역)이 열연하였다. 영화의 줄거리는 다음과 같다. 파리에 위치한 '카르고 라가르드'는 전통과 역사가 있는 레스토랑이다. 이곳의 셰프인 알렉산드르는 요리계의 전설적인 인물로 많은 단골 손님들이 그의 요리를 맛보기 위해 레스토랑을 찾는다. 하지만 레스토랑의 경영 방식 문제로 사장과 갈등을 겪게 된다. 사장은 시대에 부합하는 새로운 방식의 요리를 내놓기 원하지만 알렉산드르는 전통을 고수하고자 한다. 이에 사장은 레스토랑의 별점이 떨어지면 그를 해고하겠다고 엄포를 놓으며 자신의 기호에 부합하는 셰프를 영입하려고 한다. 그를 보조하던 곁의 요리사들도 하나 둘 떠나기 시작하는 등 레스토랑은 위기를 맞게 된다.

그러던 중 알렉산드르는 우연히 천재 요리사 재키를 발견한다. 재키는 모든 요리법을 외우고 있는 천재 요리사지만, 요리에 대한 고집이 강하고 융통성이 없어 번번이 해고를 당하는 인물이다. 재키는 임신한 여자 친구와의 약속으로 6개월 계약직인 페인트공으로 일하고 있었는데, 우연히 창문을 통해 주방일에 관여하게 된다. 그는 결국 요리를 만들어 레스토랑에서 손님들에게 내놓기도 한다. 카르고 라가르드의 단골 손님들은 거의 노인들로, 변화를 싫어해 처음에는 재키의 요리를 거부했다. 하지만 곧 그의 놀라운 요리에 빠져든다. 이런 재키의 존재를 안 알렉산드르는 자신의 보조로 일해 볼 것을 제안한다. 하지만 정식 고용이 아닌 테스트 기간이며, 제안된 기간이 짧고, 주방일을 하면 금방 해고 될 것을 두려워한 재키는 처음에는 거부한다. 하지만 알렉산드르라는 자신이 존경하는 요리사의 밑에서, 게다가 카르고 라가르드라는 명성있는 레스토랑에서 일해 볼 기회를 놓치고 싶지 않았던 재키는 제안을 수락한다. 알렉산드르와 재키는 요리 방식이나 철학에 있어 갈등을 겪기도 하지만 서로 호흡을 맞춰가며 일을 해낸다.

위기에 처해있던 알렉산드르의 주방은 재키의 영입으로 활력을 얻게 된다. 평론가들의 별점 평가는 레스토랑의 명성 유지를 위해 가장 중요한 요소이기 때문에 재키와 알렉산드르는 신 메뉴 개발을 위해 총력을 다한다. 몇 번의 시행착오를 겪지만 재키의 천부적인 재능과 알렉산드르의 노하우의 합작으로 신메뉴 개발에 성공한다. 하지만 평가 당일 예상치 못한 문제가 발생하고, 재키는 악조건 속에서도 재능을 발휘하며 신 메뉴를 내놓는다. 그의 신 메뉴는 미식가들에게 큰 호평을 받고, 알렉산드르는 신메뉴 개발의 주인공이 재키임을 알리며 셰프 자리를 재키에게 위임한다. 이후 알렉산드르는 파리 외곽 지역의 레스토랑에서 요리사로서 제 2의 인생을 살고, 재키는 그 재능을 십분 발휘하여 명문 레스토랑인 카르고 라가르드를 이끌게 된다.

이 영화에 등장하는 주요 인물은 다음과 같다.

① **알렉산드르 – 기존의 핵심 인재**

30년간 별 3개를 유지하며 레스토랑을 이끌어온 카르고 라가르드의 전설적인 셰프이다. 그러나 경영자와의 갈등과 명성의 하락으로 해고당할 위기에 처해 있다. 별점 유지를 위한 신 메뉴 개발에 대한 압박을 가지고 있다. 성격이 고지식하고 융통성이 없어 전통적 요리법을 고집하며 상업적으로 요리를 다루려는 외부와 타협하지 않는다. 관성에 빠져 새로운 도전을 멀리 하기도 하는 그에게 신 메뉴 개발은 큰 위기로 다가오지만, 새롭게 등장한 재키의 도움으로 레스토랑의 명성 유지에 성공한다.

② **재키 – 발굴된 우수인재**

천부적인 재능을 가진 천재 요리사지만 알렉산드르를 만나기 전까지 자신의 가치를 알아봐주는 직장을 찾지 못해 방황하고 있었다. 그의 요리에 대한 집념과 고집으로 매번 해고되기 일쑤였다. 평소 알렉산드르를 우상으로 생각하고 그의 요리법을 모두 외우고 있다. 알렉산드르의 요리법에서 마음에 들지 않는 부분은 주저 하지 않고 수정을 요구할 만큼 요리에 대한 신념이 강하고 고집이 세다. 이러한 점 때문에 알렉산드르와 갈등을 겪기도 한다. 하지만 알렉산드르의 가르침을 받고 함께 협력하면서 이내 주방이라는 환경에 적응하고, 다른 사람들과 함께 일하는 법을 체득하며 일하게 된다. 결국 신 메뉴 개발에서 호평을 받으며 능력을 인정받고 레스토랑의 핵심 인재로 자리잡게 된다.

③ 레스토랑 '카르고 라가르드'의 사장 – 경영자

아버지에게 물려 받은 레스토랑을 운영하고 있지만, 요리를 상업적 수단으로 이용하는 경영 방식을 추구한다. 오랜 시간 레스토랑을 위해 몸 바쳐온 알렉산드르가 자신의 의견을 따르지 않자 그를 내쫓기 위해 계약조건을 이용해 그를 위협한다. 새롭게 나타난 우수 인재인 재키를 회유하려고 노력하지만 잘 되지 않자 그마저도 내쫓으려 한다. 평론가들이 좋아하는 요리를 내놓아 별점을 유지하려는 등 대외적이 명목에만 신경 쓰며, 전통과 역사를 무시한 채 현대적인 유행을 따르려 하는 근시안적인 시각을 가지고 있는 경영자이다.

우수한 인재의 확보가 현대 기업들의 초미의 관심사가 되고 있다. "하나를 심어서 열을 거두는 것은 나무이고, 하나를 심어 백을 거두는 것은 사람이다"라는 격언이 있듯이, 인재란 단순히 기업에 고용되어 일하는 사람이 아닌, 선도적으로(proactive) 기업의 운명을 바꾸어 나가며 기업의 경쟁력을 결정짓는 주요 자산이다. 3M사의 대표상품인 'Post-it'이 어느 한 직원의 아이디어에서 시작된 것처럼 한 명의 인재가 기업에 막대한 영향을 끼칠 수 있다. 영화 「셰프」에서도 명성을 잃어가는 카르고 라가르드에 제 2의 전성기를 가져다 준 것은 한 명의 천재 셰프 재키였다. 자원으로서의 '우수인재'는 다음과 같은 이유들 때문에 그 어느 물적 자원보다 중요한 가치를 가진다.

먼저 인적자원은 '개발 가능한' 자원이다. 확보 당시의 가치가 영원히 지속되는 것이 아닌 무한한 발전 가능성을 가진 자원으로, 기업에 어느 정도의 가치를 창출해 줄 지 가늠 할 수 없다. 꾸준한 교육과 훈련을 통한 관리는 그들의 잠재력을 증폭시키고, 물질로 환원될 수 없는 기업의 자산이 된다. '지속 가능 경영'이 기업 경영에 있어 최고의 화두로 떠오르고 있는 요즘, 장기적인 기업의 존속과 성장을 위해 무엇보다 우수한 인재의 발굴과 육성이 중요하게 여겨지고 있다. 다음으로 '우수 인재의 확보' 자체가 기업의 경쟁력을 결정하기 때문이다. 그 기업이 보유하고 있는 인재들이 얼마나 우수한 인재들인지에 따라 기업의 대외적 이미지와 신뢰도가 결정된다. 실례로 세계 최고의 IT 기업 중 하나인 구글(Google)은 까다로운 선발 과정을 통해 세계 최고의 인재들을 영입한다고 알려져 있는데, 이러한 점이 기업에 대한 신뢰를 높이고 세계 최고 기업으로의 이미지를 견고하게 만들어 준다. 또 오랫동안 수직적 구조를 유지해온 우리나라를 비롯한 아시아 기업들도 세계화와 다양화의 영향으로 조직구조가 점점 수평적으로 변하고 있다. 이러한 변화는 개개인의 능력 발휘에 더 많은 자유를 부여함으로써 단순히 시스템과 권위 체계에 따라 운영되던 때와 달리 개개인의 역할과 능력이 더욱 중요해 지는 결과를 가져왔다. 이러한 이유로 최근 수많은 기업들이 우수한 인재를 확보하기 위해 노력하고 있다.

기업들은 우수인재 확보를 위해 실제로 어떠한 노력을 하고 있을까? 국내 대기업을 중심으로 실례들을 살펴보도록 하자. 먼저 명실상부 우리나라 최고의 기업이자 글로벌 기업인 삼성그룹은 그의 명성에 알맞게 체계적이고 전략적인 인재 관리 플랜을 가지고 있다. 최고 경영자부터 인재의 중요성을 거듭 언급하는 등 인재 확보에 총력을 기울이고 있는 모습을 보인다. 중소기업, 협력체와 연계 해 우수 인재를 발굴하기 위한 채용박람회를 개최하고, 우수 인재가 부족한 신생 사업 분야는 아예 고급 인재를 직접 육성하기도 한다. 또한 최근 삼성전자를 중심으로 인도, 러시아 등 '신흥 정보기술(IT) 강국'의 천재급 인재를 유치하는데 역점을 두고 이들 국가에서 소프트웨어 부문의 전문인력을 대거 스카우트하려는 노력을 보이고 있다. 이는 삼성 전자가 스마트폰 시장과 더불어 글로벌 IT기업으로 성장하면서 세계적 기업으로의 입지를 다지기 위함이다. 삼성그룹 CEO들이 1년에 수차례 우수 인재들을 영입하기 위해 외국으로 출장을 가는 사실 또한 이를 입증 해 준다. 인사 담당자들은 세계 곳곳의 인재를 확보하기 위해 수도 없이 출장을 다닌다고 한다. 삼성은 일단 우수 인재를 확보하면 초특급 대우를 제공한다. 높은 연봉과 더불어, 그들을 확보해 오기 위해 전용기를 수시로 띄우는 등 최상의 대우를 제공한다. 우수인재 영입을 전담하는 'IRO(International Recruit Officer)'라는 특수 조직도 가동하고 있다. 이곳의 요원들은 전 세계에 배치되어 우수인력을 발굴하고, 지속적으로 접촉하면서 유치활동을 벌인다. 삼성전자가 유치 대상으로 선정한 외국의 우수 인력 리스트만 3만 5천여 명에 이르는 것으로 알려져 있다. 이 중 10% 정도는 상시 접촉이 가능 할 정도로 실효성이 있는 인맥관리가 이뤄지고 있고, 나머지 인력들도 꾸준히 친밀도를 높이고 있다는 게 삼성 측의 설명이다. 삼성의 '인재경영'을 상징하는 부서인 '미래전략 그룹'이 있다. 이는 해외의 우수한 인재를 고용해 그룹의 세계화를 이끌겠다는 취지로 설립되었으며 그룹의 미래전략과 사업방향을 수립하는 역할을 한다. '미래전략 그룹'의 멤버를 뽑기 위해 삼성은 1년에 6,000명이 넘는 세계 유수의 MBA졸업자들 중 20여 명을 엄선해 설명회에 초대하고 있다.

LG그룹도 글로벌 인재육성에 혼신을 다하고 있다. LG 전자를 중심으로 계열사 별로 해외 핵심인재 유치전략을 잇따라 수립하고, CEO와 임원들도 전 세계를 돌며 인재 유치에 열을 올리고 있다. 업무를 위한 출장에서도 반드시 인재 확보를 병행하라는 원칙이 정해져 있으며 모든 임원이 헤드헌터 역할을 하고 있다. 임원에 대한 평가 또한 인재 확보 능력이 절대적 비중을 차지하고 있으며 CEO주도로 임원별 '인재 확보 · 육성 책임제'를 실시하는 등 회사의 경영진급 임원들이 직접 인재 확보에 발 벗고 나서는 전략을 구사하고 있다. 단순히 인재 채용에 관여하는 것이 아니라 LG화학과 LG전자 최고경영진은 외국 캠퍼스 리크루팅은 물론 대학 강좌 등에 직접 나가는 방법으로 핵심 인재 확보에 나서고 있다. 또한 확보된 우수 인재에게는 입사 시 지급되는 '사이닝 보너스(signing bonus)', 고액의 성과급 등 아낌없는 지원을 해 주고 있다.

SK그룹은 우수인재 확보를 위해 글로벌 오픈 채용 제도를 실시하고 있다. 필요에 따라 국적에 상관없이 채용하며 단순히 해당 사업에 필요한 간부나 사원뿐만 아니라 사업 책임자까지 외국 인력으로 채용하고 있다. 그룹의 경영자가 "CEO는 우수 인재를 뽑고 양성하는 데 업무의 80%이상을 투입해야 한다"라고 강조할 정도로 우수인력 유치를 중시하고 있다. 그룹 경영 지침서라고 할 수 있는 'SK경영관리체계'에 우수한 인적자원이 갖춰야 할 기본적 자질을 정의해 놓을 정도로 체계적인 인사관리 시스템을 구축 해 나가고 있다.

위의 사례들에서 볼 수 있듯이, 오늘날 한국의 대기업들의 화두는 글로벌 기업으로 성장하기 위해 필요한 우수한 글로벌 인재를 확보하는 것이다. 최근 대기업의 인재 전략은 단순히 인사관리 부서의 일이 아닌 최고 경영진이 직접 인재 발굴에 나서는 기업의 핵심 업무라는 점이 특징이다.

알렉산드르와 같은 기존의 핵심 인재들을 지속적으로 기업에 이득이 될 수 있도록 활용하는 것은 기업의 인사관리에 있어서 무엇보다 중요하다. 아무리 뛰어난 새로운 우수 인재들이 영입된다고 해도, 기존의 핵심인재들과의 협력이 없다면 소용없는 일일 뿐이다. 지금까지 기업을 이끌어 오고 지탱해 온 사람들은 바로 기존의 핵심 인재들이며, 기업의 주요 업무, 핵심 산업, 정체성을 담당하고 있는 사람들이 그들이기 때문이다. 발굴되지 않은 우수인재인 재키를 알아보고 적극적으로 영입한 것도 기존 핵심 인재인 알렉산드르였다는 점도 간과해서는 안된다. 우수인재가 조직에 들어오면 그들이 쌓아온 노하우와 경험을 후배들에게 전수하고 그들의 뛰어난 능력을 이끌어 내어 활용하는 역할을 기존 인재들이 할 수 있어야 한다. 또 실무 경험이 부족한 영입된 우수 인재들을 교육하고, 능력을 지속적으로 개발할 수 있게 평가하는 것도 기존 인재들의 중요한 역할이다.

10. 하이힐을 신고 달리는 워킹맘

「하이힐을 신고 달리는 여자(원제: I Don't Know How She Does It)」는 2011년에 제작된 미국영화로서 국내에도 2012년에 개봉되었다. 이 영화는 직장 기혼여성들의 문제를 흥미롭게 다룬 영화이다. 핵심 줄거리는 이렇다. 미국 보스턴에 근무하는 능력 있는 펀드 매니저인 케이트는 남편과 두 아이가 있는 아내이자 엄마(이른바 워킹 맘)이다. 매일 그녀가 직장인이자 엄마로서 해내야 하는 일들은 열 가지가 넘고 몸이 열 개라도 부족할 만큼 바쁜 일상 속에서 살아가고 있다. 그녀는 가족의 아침식사 준비, 남편 출근 준비, 아이들 등교 준비를 모두 혼자서 척척 해내며 모든 면에서 완벽한 슈퍼우먼다운 능력을 발휘한다. 가정에서의 임무를 끝마치고 나면 케이트는 커리어 우먼으로서 전문가다운 모습을 잃지 않기 위해 하이힐을 신고 출근 시간에 늦지 않기 위해 전력을 다해 뛴다. 이런 케이트를 보며 그녀의 직장 동료와 친구들은 어떻게 그녀가 이 모든 것을 해내는지 모르겠다며 감탄한다.

케이트에게 휴식이란 있을 수 없다. 출장과 야근이 끝나면 퇴근길에 아이들 학교 행사에 가져갈 파이를 구하기 위해서 동분서주해야 하며 집에 와서는 밀렸던 청소와 빨래를 하고 지쳐서 잠이 든다. 직장에서의 점심시간에도 가정에서 일어나는 크고 작은 일에 신경을 쓰지 않을 수가 없다. 그러나 케이트는 동시에 정보싸움, 인적 네트워크 싸움 등의 여러 각축이 벌어지는 금융권 회사에서 자신과는 달리 업무 몰입도가 높은 남성 동료들과의 경쟁에서 살아남기 위해서 회의, 미팅, 업무에 있어서도 정신을 바짝 차리려고 노력한다.

최선을 다해서 일과 가정의 균형을 맞춰오던 케이트에게 그녀의 인생에 있어서 절체절명의 기회이자 위기가 한꺼번에 찾아온다. 뉴욕 본사에서 케이트가 제안한 리포트를 높이 평가하여 본사와의 협력 작업을 통한 글로벌 프로젝트를 제의한 것이다. 케이트의 커리어에 있어서는 일생에 한 번 올까 말까 한 엄청난 기회이지만, 지금 보다도 더 잦은 출장과 야근, 과도한 업무량이 요구되기 때문에 그녀에게는 마냥 좋은 소식만은 아니다. 가정도 소중하지만 자신이 진심으로 좋아하는 그녀의 일 역시 포기할 수 없기에 케이트는 프로젝트를 승낙하게 되고 이번 프로젝트의 성공을 위해 가족과 함께할 수 있는 시간을 희생하게 된다.

때마침 추수감사절을 맞이하여 케이트는 휴가를 받아 가족들과 시댁으로 여행을 간다. 장시간 가족들과 함께 하지 못했던 미안한 마음에 오랜만에 가족에게만 몰두하리라 다짐하지만, 회장 앞에서의 프로젝트 발표 일정이 갑작스럽게 변경되었다. 온 가족의 실망 어린 눈빛을 뒤로하고 휴가 중에 뉴욕으로 떠나게 된다. 성공적으로 발표를 마치고 본사 회장에게도 좋은 인상을 남기며 인정을 받지만, 그 시간 막내 아들이 다쳤다는 소식을 듣게 되고 이 일을 계기로 여태껏 스트레스를 참아오며 가사를 짊어졌던 남편의 화가 폭발하게 되고 남편과 케이트 사이의 갈등의 골은 깊어만 지게 된다.

글로벌 프로젝트 성공으로 인해서 직장 내에서 그녀의 입지는 더욱 탄탄해져 상사는 새로운 대형 프로젝트를 그녀에게 맡기며 주말에 출장을 다녀오라고 지시한다. 가족과의 갈등을 채 해결하기도 전에 새로운 업무를 받은 케이트는 고민 하던 중에 창밖에 내리는 눈을 보며 첫눈이 내리면 함께 눈사람을 만들자던 딸과의 약속을 떠올리며 결단을 내린다. 케이트는 상사에게 시간을 달라며 출장은 주말 이후에 다녀오겠다고 한다. 만약 자신의 요구가 부당하다고 생각되면 자신을 해고해도 된다는 그녀의 말에 상사는 그녀의 요구를 수용한다. 이러한 처사가 부당하다며 불만을 표하려는 남자 직원들에게 상사는 자신은 어디까지나 성과에 의한 보상체계에 따를 뿐이며 성과주의 보상체계는 남녀 불문하고 누구에게나 공평하게 적용될 것을 강조하며 직원들의 불만을 달랜다. 능력 있는 인재의 중요성과 가치를 인식하고 있는 사려 깊은 상사 덕분에 케이트는 첫눈이 내리는 날 오후, 남편과 아이들을 만날 수 있게 된다. 남편 역시 케이트가 가정을 위하여 얼마나 헌신하고 노력하는지 누구보다도 잘 알고 있기에 육아와 집안일 등 자신도 더욱 그녀를 돕고 이해할 것을 약속하며 행복한 결말로 영화는 끝을 맺는다.

이 영화의 해피엔딩과는 달리 우리나라에서 아직도 수많은 직장내 워킹맘들이 가정생활과 직장생활병행의 고통 속에서 경력을 포기하고 이른바 '경력단절 여성'이 되어가고 있다. 경력단절은 한 마디로 인적자원관리의 실패라고 말할 수 있는데, 경력단절을 야기하는 환경요인은 크게 조직 외부적 요인과 조직 내부적 요인으로 나누어 볼 수 있다. 외부적 요인은 무엇보다도 정부의 정책 미비를 이야기할 수 있다. 현재 한국의 가정들은 육아와 출산 관련 활동을 위해 스스로 부담하고 있는 비율이 상대적으로 높다. 대한민국 영유아보호법에 따르면 우리나라 대기업(여성근로자 300명 이상 기업)은 직장 내에 보육시설 설치를 '권장'하고 있다. 그러나 2010년 기준 직장보육시설 설치 대상 기업 중 약 40%는 사내 보육시설이 없거나 보육수당도 지급하지 않는 상태이다. 기업들의 무관심은 특히 남성 중심적인 산업 군, 예를 들어, 자동차, 건설업, 전기화학 관련에서 더욱 두드러지게 나타나며, 마땅히 받아야 할 복지혜택을 누릴 수 없는 사각지대에 위치한 워킹맘들에게 보육의 어려움을 가중시킨다. 이러한 결과는 사회제도적 미비와 기업의 관심 부족이 맞물린 결과라고 볼 수 있다.

사회 전반적으로 나타나는 교육열은 출산 후에 자녀 양육을 주로 담당하는 직장 기혼여성들에게 업무와 가정을 '양립'보다는 '양자택일'로 인식하게 하며, 상당수 자신의 커리어를 뒤로 하고 가정을 선택하는 결과를 보인다. 실제로 한겨레 신문이 전국 산업단지 내 1000곳의 입주 기업의 직원들을 대상으로 최근 3년 내 직장을 그만둔 이유를 물어본 결과 11.5%에 달하는 사람들이 자녀의 육아문제를 손꼽았다.

우리나라 워킹맘의 경력관리 및 장기근속을 위협하는 내적인 장애요인으로서 직장내 회식문화를 들 수 있다. 조직내부의 친밀함 및 팀워크를 향상시키기 위해 회식은 필요하다. 그러나 회식 참여는 워킹맘들에게 있어서 심리적, 육체적, 정신적 부담이 된다. 한국에서는 회식이 직무기술서에는 기록되어 있지 않지만 실제로 엄연한 근무로 간주된다. 따라서 회식 혹은 비공식 부서행사에 불참하는 워킹맘보다는 이러한 모임에 헌신적으로 참여하는 직원들이 인사고과에서 후한 평가를 받고 승진 등 성장기회를 더 많이, 더 빨리 차지하게 되는 불공평한 구조가 은연중에 형성되어 있다. 또한 기업의 조직문화가 아직 보수적이고 관료제적인 성격이 강하다는 점 역시 워킹맘들의 경력 단절을 일으키는 원인 중 하나이다. 특별히 한국기업조직들은 고용 구조가 대체적으로 남성 중심, 정규직 중심, 풀타임 중심, 사무실 근무 중심이다. 이러한 고용환경은 조직의 유연함을 도울 수 있는 대안적 고용형태의 접목을 막는다. 실제로 대부분의 한국기업에서는 9시 출근, 5시 퇴근이 정석이고, 남성 직원 선호문화 등이 강하게 나타난다.

그러나 미국의 경우 재택근무가 51%에 달하며(한국의 25배) 보다 다양한 유연근무제를 도입하여 각 직원들의 업무와 가정의 균형유지에 도움이 될 수 있도록 노력하고 있으나, 우리나라의 직장에는 아직 이러한 인사제도는 미비한 실정이다.

이러한 열악한 환경에도 불구하고 워킹맘들의 경력단절을 막고 직장과 가정생활의 성공적인 조화를 위해 인사정책으로 지원하고 있는 대표적인 민간 기업들이 있다. 유한 킴벌리는 '가족친화경영'을 추진하면서 사람들이 근무하고 싶은 외국계 기업 1위에 오르고 있다(2008년). 가족친화경영이란 근로자들이 직장과 가정생활을 조화롭게 수행하고 출산과 양육 및 돌봄에 어려움이 없도록 지원하는 주도적인 경영전략을 의미한다. 유한 킴벌리는 가족친화경영의 성공을 위해 탄력적 근무제도를 효과적으로 사용하고 있는 기업들 중에 하나이다. 예컨대, 임산부나 어린 자녀를 둔 여직원들을 배려해 출근시간을 오전 7~10시로 탄력적으로 운영하는 유연근무제를 도입하고 현장 출퇴근제, 4조 2교대 근무제 등도 시행했다. 탄력적 근무제도를 도입함에 따라 결과적으로 2005년도 우리나라 여성 평균 출산율인 1.08명 보다 낮은 평균 1.0명에 그쳤던 출산율이 2010년 평균 자녀 2명 정도로 증가했다.(이것은 같은 해 기준 여성 평균 1.22명 보다 훨씬 웃도는 결과이다). 육아를 위한 환경과 시스템이 갖추어지고 나니 자연스럽게 출산율도 증가되었다.

SK이노베이션은 회사에 'SK 행복어린이집'을 운영하면서 직원들의 직장생활과 가정생활의 성공적인 양립을 지원할 수 있었으며, 워킹맘들의 장기근속과 직무몰입을 높이는 효과를 거둘 수 있었다. SK행복어린이집의 특징은 전 구성원이 이용할 수 있고, 교사 대 영·유아수 비율을 1:7로 유지하여 질 높은 교육을 받을 수 있도록 한다는 것이다. 또한 이 어린이집은 아침 8시부터 저녁 9시까지 운영하며 입증된 우수한 프로그램과 전문성을 갖춘 교사진이 관리한다. 이용자의 만족도가 90%에 달하고 있어 성공적인 사내 보육시설로 자리 잡았다. 회사의 우수한 보육시설 및 보육제도 덕분으로 회사는 젊고 유능한 인력들을 유인할 수 있었고 우수인재 이탈을 방지할 수 있었다. 또한 풍부한 경험을 지닌 숙련된 기술자들의 업무 몰입도를 높이고 장기근속을 유도함으로써 회사는 생산성을 높일 수 있는 선순환 구조를 형성할 수 있었다.

오늘날 글로벌 경쟁에서 우리의 기업이 생존하고 발전을 지속할 수 있으려면 우수한 여성인력을 충분히 활용할 수 있어야 한다. 더욱이 창의력과 혁신을 강조하는 21세기 지식정보화 시대에서 여성의 능력이 그 어느 때보다 경쟁력의 원천으로 간주되고 있다. 선진국의 사례에서 보듯이 직장내 기혼여성들을 위한 사회복지정책과 기업내 복지제도가 잘 갖추어지고 효율적으로 운영될 때 저 출산의 문제를 극복하고 우리나라가 경제적인 번영을 계속할 수 있을 것이다. 고통 받는 워킹맘의 문제를 오늘 해결해야 우리에게 내일의 희망이 있다고 생각한다.

11. 「마진 콜」에서 보여진 금융인의 윤리

2008년 전 세계를 충격에 몰아넣은 미국 발 금융위기는 미국 투자은행 랭킹 4위였던 굴지의 기업 리먼 브라더스의 파산으로 시작되었다. 골드만 삭스, 모건 스탠리, 메릴린치의 위기상황에 이어 미국 경제를 주도하던 리먼 브라더스의 갑작스러운 파산은 그 자체로 전 세계에 충격이었을 뿐만 아니라 6천억 달러가 넘는 부채규모는 전 세계 경제에 연쇄반응을 일으켜 '미국발 금융위기'를 불러왔다. 이러한 엄청난 부채의 규모는 미국 부동산 가격의 하락과 금리 인상에 따른 서브프라임 모기지 부실로 인한 것이었다. 분별없이 경쟁하듯 마구 대출을 해주던 투자은행들은 전 세계 경제 불황의 주범으로 손가락질을 받게 되었으며 2011년 미국 서민들의 대대적인 규모의 시위를 일으키게 만들었다. 바로 '월가를 점령하라(Occupy Wall Street)!' 시위가 바로 그것이다. 계속되는 경제 불황에 성난 시민들은 월가의 탐욕스러운 투자은행이 99%의 일반 시민들을 힘들게 만들고 자신들의 배만 불리고 있다고 주장하며 월가를 점령해버렸다.

월가 시위는 시민들의 분노를 보여줬을 뿐만 아니라 기업윤리 문제를 대두시켰다. 이제까지 기업의 목적은 단 하나, 이윤 극대화라고 여겨졌지만 이러한 물질 만능주의의 역효과가 명백하게 나타나자 더 이상 기업들은 사회적 의무를 외면할 수 없게 된 것이다. 기업의 사회적 의무란, 이윤 창출 이외에도 사회의 구성원으로서 사회적 가치창출의 의무가 있다는 것이다. 리먼 브라더스의 몰락은 자본주의 사회의 탐욕이 불러일으키는 거대한 나비효과를 보여준다. CEO를 비롯한 몇 고위 기업가들의 기회주의적인 행동이 99%의 대중을 실업과 가난으로 몰아넣었기 때문이다. 기업은 결국 대중들의 소비력이 있어야 더 큰 이윤을 만들 수 있다. 소비의 선순환을 망가뜨리는 기업들의 비윤리적인 행동의 단적인 예시가 바로 리먼 브라더스의 파산인 것이다.[6]

미국영화 「마진콜(Margin Call, 2011)」은 월가의 한 투자은행 회사에 대한 영화로, 미국 발 금융위기 24시간 전 회사 고위인사들은 이를 먼저 알고 있었고 어떻게 그들이 그 상황을 교묘하게 빠져나갔는지에 대한 실화에 바탕을 두고 있다. 피터 설리반은 큰 투자은행의 애널리스트로 리스크관리 부서에서 일하고 있었다. 대대적인 정리해고로 인해 회사를 떠나게 된 상사 에릭 데일은 자신이 하고 있던 연구를 피터에게 부탁하게 되는데 이것을 통해 피터는 회사가 의존하고 있던 투자 공식의 결함을 발견하게 된다. 결국 이 엄청난 실수를 보고받은 CEO 자레드 코엔과 회장 존 털드는 결함을 숨기고 불량채권을 모두 매각하기로 결정한다.

이 영화에서 가장 부각되는 탐욕스러운 인물은 바로 회사의 회장인 존 털드이다. 존 털드는 피터가 발견한 공식의 결함을 보고받고 나서 회사가 할 수 있는 일은 단 한 가지 뿐이라며 불량채권을 모두 팔아버리자고 주장한다. 중간관리자인 샘 로저스가 사람들을 속이고 불량채권을 팔수는 없다고 반대하자 그는 자신들은 세일즈맨일 뿐이니까 사겠다는 사람들이 있으면 팔아버려야 한다고 말한다. 또한 그는 매각결정으로 인해 많은 사람들이 해고당하는 중에도 자신은 임원들만 쓸 수 있는 스카이라운지에서 스테이크와 와인을 즐기는 이기적인 모습을 보인다.

존 털드와 계속해서 갈등하는 인물인 샘 로저스가 계속해서 다른 사람들을 속이고 매각하는 것에 격렬히 반대하자 존은 돈을 이용해 그를 자신의 편으로 만들려고 한다. 돈은 그에게 가장 최상의 가치를 지닌 것으로 그 어떠한 상황에서도 최우선으로 지켜야하는 것이며 무엇이든 해결할 수 있는 만능수단인 것이다. 이렇듯 돈에 대한 확고한 믿음은 그가 불량상품을 직원들에게 팔도록 돈으로 회유하는 것에서도 볼 수 있다. 그는 불량 채권의 93%이상을 매각하는 사람에게는 무려 140만 달러를 보너스로 주고 부서내 사람들이 모두 목표를 달성하면 추가 130만 달러의 보너스를 주겠다고 한다.

그러나 이러한 매각이 달성되면 아이러니하게도 매각한 직원들이 일자리를 잃게 된다. 회사의 고위 경영인들은 매각을 통해 손실을 최소화 할 수 있지만 말단 애널리스트들은 한 순간에 직장을 잃어버리게 된 것이다. 이러한 대비되는 상황은 화장실에서 CEO인 자레드 코엔과 말단 애널리스트 세스가 마주치는 장면에서 극명히 드러난다.

세스는 화장실 변기에 앉아 자신이 평생 꿈꿔왔던 직장을 잃어버렸다는 사실에 슬퍼하며 눈물을 흘린다. 그러나 화장실에 들어온 자레드 코엔은 세스의 울음소리를 들으면서 태연하게 수염을 면도한다. 화장실 칸에서 나온 세스는 코엔에게 자신을 해고할 것인지 물어보지만 코엔은 아무 대답을 하지 않고, 세스는 그에게 이 직장은 자신이 평생 꿈꿔왔던 것이라고 말한다. 그러나 이에 대한 코엔의 대답은 "정말(really)?" 단 한마디였다.

코엔을 비롯한 존 털드같은 고위 경영자들이 가장 중시하는 것은 다른 어떤 것도 아닌 "돈을 잃지 말라(Do not lose money)"이다. 즉 샘 로저스와 같은 인물들과는 반대로 정의에 대한 존 털드의 윤리기준은 매우 가변적이다. 샘 로저스는 그동안 거래해온 사람들과의 신뢰, 회사의 신용을 이유로 매각을 반대하지만 존은 돈이 얼마나 더 혹은 덜 손해가 나느냐 만을 기준으로 생각한다. 즉 정의에 대해 명확한 기준을 가지고 있지 않은 것이다. 존 털드의 "이 회사가 돈을 버는 방법에는 세 가지가 있지. 첫째가 될 것, 똑똑할 것, 그리고 속일 것"이라는 대사는 그의 병든 윤리의식을 집약해서 보여준다.

존 털드와 마찬가지로 윌 에머슨, 자레드 코엔, 사라 로버트슨과 같은 회사의 중간관리자들도 자신의 위치와 급여를 지키는 것에만 급급한 모습을 보여준다. 윌 에머슨은 애널리스트들을 총괄하는 인물로 연봉 250만 달러라는 엄청난 급여를 받는다. 피터와 세스가 그에게 그 엄청난 월급을 어디에 쓰냐고 묻자 그는 돈은 버는 만큼 다 쓰게 되어 있다고 대답하며 갖가지 소비행태를 말하고 마지막으로 남는 돈은 유흥에 쓴다고 말한다. 약 7만 달러는 술 마시고 스트립 바에서 노는 것에 쓴다고 하자 피터와 세스는 대체 누가 그렇게 많은 돈을 유흥에 쓰냐며 놀란다. 즉 이들은 그토록 열심히 돈을 벌어서 그 돈을 가치 있고 정의롭게 쓰는 것이 아니라, 아무런 기준도 계획도 없이,

돈을 물 쓰듯 쓰고 있음을 알 수 있다.

존 털드의 계획에 가담하여 사실을 조작하여 불량채권을 매각하기로 결정한 윌 에머슨, 자레드 코엔, 사라 로버트슨에게는 상당한 액수의 돈이 약속된다. 이 영화에서는 돈의 액수가 자세하게 등장하고 회사의 주요 인물들의 연봉이 화젯거리가 된다. 이렇듯 계속해서 등장하는 돈의 액수는 과연 경영자들이 그만큼의 고액 연봉을 받아야 하는지에 대한 의구심을 불러일으킨다. 특히 리스크 관리 부서의 책임을 맡은 사라 로버트슨은 투자 공식의 결함을 오랫동안 알아차리지 못했음에도 불구하고 회사 대표로 사과를 하여 총알받이가 된다는 이유만으로 엄청난 위로금을 챙길 명분이 있는지 생각하게 한다.

존 털드, 윌 에머슨, 자레드 코엔, 사라 로버트슨이 상황에 따라 가변적인 정의의 기준을 가진 것과 반대로 샘 로저스와 에릭 데일은 불변하는 정의의 기준을 가진 인물들이다. 회사의 애널리스트를 대표하는 샘 로저스는 불량채권 매각을 주장하며 샘에게 가담할 것을 종용하는 존에게 자신은 그의 편이 아니라 회사편이라고 주장한다. 거절하기 힘든 액수의 돈을 약속하는 존에게 샘은 자신이 윤리를 저버리고 종잇조각인 MBS(주택저당증권)를 속이고 팔아 고의로 남들을 망하게 할 수 없다고 주장하며 그의 제안을 단칼에 거절한다. 존의 주장대로 조작을 한다면 그동안 거래해온 사람들과의 거래가 완전히 중단될 것이고 렇게 되면 단지 회사 경영자들의 손해 뿐 아니라 회사 자체의 손실이므로 반대하는 것이다.

그에게는 어떠한 상황에서도 변하지 않는 양심에 따른 윤리의식이 있기 때문에 이러한 극단적인 상황에서 다른 사람에게 휩쓸려 기회주의적인 행동을 하지 않고 정언명령에 따라 행동할 수 있는 것이다. 샘 로저스는 비록 가장 마지막에는 어쩔 수 없이 매각에 동의하지만 마지막 장면에서 죽은 개로 상징되는 무너진 기업의 윤리를 땅에 묻으면서 슬퍼한다. 에릭 데일 또한 샘 로저스와 마찬가지로 불변하는 정의에 대한 기준을 가진 인물이다. 그는 해고당하기 전까지 사라 로버트슨을 대신해 리스크 관리부서의 장으로 일하면서 회사의 투자공식을 연구하여 회사가 레버리지를 너무 무리하게 높였다는 것을 밝혀냈다. 그는 해고를 당한 상황에서도 피터에게 뒤이은 연구를 부탁하여 공식의 결함을 명백히 증명하게 하였다. 윌 에머슨이 에릭 데일이 발견한 것을 알고 그를 찾아가 많은 돈을 줄 테니 회사로 돌아오라고 회유하지만 그는 복귀를 거절한다.

샘 로저스와 에릭 데일 두 인물도 결국에는 존 털드의 조작극에 가담하게 된다. 즉 정의에 대한 변하지 않은 기준을 가지고 있었던 인물이 결국에는 비윤리적인 행동에 동참했다는 사실은 기업문화라는 것이 개인의 행동에 얼마만큼의 영향을 미칠 수 있는지 보여준다. 비록 개인적으로는 윤리적인 인물도 기업문화가 비윤리적인 곳에서 일한다면 개인적인 윤리의 기준을 지켜내는 것이 거의 불가능하다고 볼 수 있다. 그렇기 때문에 개인적인 윤리를 넘어선 기업 윤리에 대한 공론화가 필요하다.

처음부터 불량채권을 팔기로 결정한 존 털드, 처음에는 반대했지만 결국 돈에 굴복하여 이에 동참하게 된 샘 로저스 이 두 사람은 모두 자신들의 행동에 대해 누구나 그럴 수밖에 없는 행동이라고 합리화하고 있다. 샘 로저스는 불량채권을 파는 데 동참하기로 결정한 뒤, 그날 아침 직원들을 모아놓고 다음과 같이 말한다. “가까운 시일 내에 시장에 큰 혼란이 있을 것이고, 회사 측에서는 이 쪽에서 그 혼란을 시작하는 것이 더 낫다고 판단했다.” 이는 시장의 혼란은 이미 예정된 것이며 어떤 회사든지 너도나도 자신들이 보유한 부실채권을 팔기 위해 혈안이 될 것이란 뜻이다. 즉 자신들은 다른 모든 회사들이 공통적으로 행할 행동들을 그저 미리 행하여 손해를 피할 뿐이라는 것이다.

이는 샘 로저스가 "명백히 다른 출구는 없다"라고 말한 데에서 명확히 드러난다. 심지어 그는 직원들에게 "우리가 오늘 여기에서 함께 이룬 일이 굉장히 자랑스럽다"라고 까지 말한다. 이는 그들이 통제할 수 없는 시장의 혼란 속에 던져질 예정이며 오히려 이러한 상황을 재빠르게 파악하여 손해를 피한 자신들을 자랑스러워해야 한다는 것이다. 회의실에서 불량채권을 팔 것인지에 대해 논의하는 장면에서 샘 로저스는 존에게 "존, 이런 짓을 하면 앞으로 몇 년간 시장을 죽이는 게 됩니다."라고 설명하지만 존은 자신의 결정에 매우 당당하고 떳떳한 태도로 일관한다. 그는 "우리는 사겠다는 사람들에게 공정한 시장가격으로 팔 거야"라고 대답한다. 그는 '떳떳하다(fair)'라는 단어를 사용하면서 그들은 금융자산을 사고 파는 세일즈맨으로서 그들이 해야 할 마땅한 일을 공정한 방식으로 행할 뿐이라고 강조한다.

하지만 그들의 행동은 합리화 되거나 일반화 될 수 없다. 왜냐하면 모든 투자금융 회사들이 이러한 행동을 할 경우 결국 그들은 투자자들에게 신뢰를 잃어 다시는 그들과 거래를 할 수 없게 될 것이고 이는 결국 투자금융시장의 해체로 이어질 것이기 때문이다. 투자금융회사들이 자신들의 이익을 위해 투자자들에게 올바른 정보를 제공하지 않고 그들을 기만하려 한다면 결국 그들은 그러한 투자 상품들을 사고자 하지 않을 것이다. 투자금융회사들의 신용도가 하락하고 이미지가 추락하면서 그들이 더 이상 투자자들과 거래를 할 수 없는 상황에 이르게 되는 것이다. 샘 로저스는 불량 채권을 팔 경우 오랜 기간 동안 거래를 유지해온 투자자들을 잃게 될 것 이고 다시는 그들에게 그 어떠한 것도 팔 수 없을 것이라고 말한다. 또한 직원들에게 불량채권을 매각하게 하면 그들이 다시는 이 일을 할 수 없을 지도 모른다고 경고한다. 그러나 결국 그도 비윤리로 치닫는 대세를 막지 못했다.

결국 2008년 미국 월가를 진원지로 하는 글로벌 금융위기가 발발하였다. 리먼 브라더스의 파산 사태 이후 월가에서 서민 투자자들의 시위가 일어나 미국 전역과 해외로까지 그 여파가 이어졌다. 골드만삭스 등 다수의 투자금융 회사들이 간신히 파산을 면했지만 이 회사들은 오늘날 미국인들이 가장 싫어하는 기업 10위 안에 포함되어 오명을 쓰고 있다. 윤리경영에 실패한 기업들이 혹독한 대가를 치르고 있는 것이다.

12. 영화 「감기」가 메르스 사태에 주는 교훈

영화 「감기」는 2013년 개봉된 국내영화로서 한국영화 사상 처음으로 치명적 바이러스의 감염 공포를 다룬 작품이다. 이제껏 위험성을 의식하지 못했던 가벼운 일상적 질병인 '감기'가 사실 인류의 생존을 위협하는 엄청난 바이러스가 될 수도 있다는 사실을 이 영화는 처음으로 일깨워 주었다. 영화 「감기」에 등장한 바이러스는 사람에서 사람으로 감염이 가능한 고병원성 조류인플루엔자로서 호흡기를 통해 감염되며, 기침, 홍반, 고열 등을 동반한 치사율이 매우 높은 바이러스로 설정되었다. 우리나라 수도권에서 처음 발병하여 전국적으로 확산된 감기 바이러스의 재앙을 그린 영화 「감기」의 대재난은 상상 그 이상의 보다 현실적이고 충격적인 비주얼로 그려지고 인간의 존엄성과 생명의 가치에 대한 물음을 던진 화제작이었다.

이 영화는 2003년에 아시아지역을 중심으로 창궐했던 사스(SARS)로 인해 774명이 목숨을 잃은 발병사례와 2009년 신종플루로 세계적으로 약 28만 명이 감염된 바이러스 재난사건을 모티브로 하여 사람들이 일상적이라고 여기고 있던 '감기'가 어느 날 갑자기 치명적인 죽음의 바이러스로 재탄생하여 인류를 위협할 수 있다는 상상을 토대로 영화

줄거리를 만들었다.

영화 「감기」의 줄거리를 살펴보면 다음과 같다. 밀입국 외국 노동자들을 분당으로 실어 나른 남자가 원인불명의 바이러스에 감염되어 사망한다. 환자가 사망한지 채 24시간이 되지 않아 분당의 모든 병원에서 동일한 환자들이 속출한다. 사망자들은 기하급수적으로 늘어나지만 분당의 시민들은 무방비 상태로 바이러스에 노출된다. 감염의 공포가 대한민국을 엄습하고, 호흡기를 통해 초당 3.4명 감염, 36시간 내 사망에 이르는 사상 최악의 바이러스에 정부는 2차 확산을 방지하기 위해 국가 재난사태를 발령하고, 급기야 도시 폐쇄라는 초유의 결정을 내린다. 질병을 피할 사이도 없이 격리된 사람들은 일대혼란에 휩싸이게 되고, 대재난 속에서 사랑하는 이들을 구하기 위한 사람들과 죽음에서 살아남기 위한 사람들이 목숨을 건 사투를 하는 모습이 그려지면서 전국적으로 죽음의 공포가 확산된다.

안타까운 것은, 이 치명적인 감기 바이러스로부터 우리 몸을 보호해 줄 백신이나 완벽한 치료약이 없다는 것이다. 흔히들 감기약이라고 믿고 있는 다양한 약들은 실제로는 공통적인 감기 증상들을 완화시켜주는 역할을 할 뿐이다. 다양한 바이러스의 변종과 진화가 끊임없이 인류의 건강을 위협하고 있는 상황에서 이제껏 발견된 적이 없는 치명적인 감기 바이러스가 우리에게 온다면 어떻게 될까? 하는 일반인들의 막연한 공포감에 영화 「감기」는 공감을 불러일으키는데 성공했다고 볼 수 있다. 인기배우 장혁과 수애, 그리고 차인표를 주인공으로 등장시킨 영화 「감기」는 100억 원의 제작비를 투입했으나, 전국적으로 관람객 311만 명에 그치며 극장수입만으로는 그리 성공하지 못한 영화로 기록되었다.

그런데 2015년, 중동호흡기증후군(MERS: 메르스)이 전국적으로 확산되면서 2년 전에 개봉된 영화 「감기」가 다시 주목을 받고 있다. 바이러스 질병의 창궐을 다룬 재난영화이기도 하지만, 우리나라 정부가 전염병이라는 재난 앞에서 무능한 모습을 보이는 것을 마치 예언이라도 하듯 2년 전에 영화를 통해 생생히 그려냈기 때문이다. 영화 「감기」에서 정부는 성남시에 바이러스가 급속히 퍼지는 사태에 대해 안일하게 생각하고 특별한 조치도 취하지 않았으며 국민에게 알리지도 않았다. 폭동이 일어날 위기에 처하자 정부는 군 병력을 투입해 도시를 폐쇄하도록 조치하고 미국은 미사일을 발포하겠다고 우리 정부를 압박한다. 영화에서 새삼 다시 주목 받는 캐릭터는 대통령(차인표 분)이었다. 미국의 강경 대응에 한국의 대통령은 "그들은 내 국민이야"라며 끝까지 국민을 지켜 내는 의연한 태도와 행동을 보였다.

2015년의 가뭄이 심한 초여름, 메르스 사태로 끝모르는 공포에 사로잡혀 있는 국민들에게 박근혜 대통령은 청와대 수석비서관 회의에서 "메르스 같은 신종 감염병은 초기 대응이 중요한데 초기 대응에 미흡한 점이 있었다"며 간접화법으로 발언하여 구설에 올랐다. 사람들은 영화 「감기」에서는 대통령 역의 차인표가 전국에 중개된 TV 앞에 나와서 "정부는 그 어떠한 경우에도 여러분을 포기하지 않습니다"라고 단호하게 말하는 장면이 나오는데 국민들은 이번 메르스 확산 사태를 맞아 두 장면을 오버랩하면서 상대적으로 무기력하게 대처하는 대통령에 대해 실망하지 않았나 생각한다. 국가적 재난을 당해서 컨트롤타워의 부재 속에서 리더십을 발휘하는 강력한 지도자가 보이지 않는 현실에 대한 불만이 정부와 청와대로 쏟아졌다고 생각된다.

우리나라가 메르스 사태를 호되게 겪으면서 책임져야 할 두 당사자는 정부와 삼성서울병원이라는 데 의견이 대체로 모아지고 있다. 정부는 투명성 부족과 부실한 감염 통제 등으로 초동 대처에 실패했고, 이는 사스와 신종플루 사태 때 드러난 근본적 실수의 반복이라는 지적이다. '관리의 삼성'으로 상징되는, 우리나라 최고의 병원 삼성서울

병원은 이번에 메르스 통제에 실패하여 '삼성'이라는 브랜드 가치에 큰 흠집을 남기게 되었다. 이미 삼성사장단에서 단체로 대국민 사과를 한 데 이어 삼성서울병원 운영 주체인 삼성생명공익재단 이재용 이사장이 대국민 사과문을 발표했다. 그는 "국민의 기대와 신뢰에 미치지 못했다. 참담한 심정이고 책임을 통감한다"며 사과했다. 메르스 확진 환자의 절반가량이 한국 최고의 시설을 자랑하는 삼성서울병원에서 나왔다는 사실도 문제지만, 더 한심한 점은 국내 최고 수준이라는 이 병원에 음압병실조차 없었다는 사실이다. 일부에서는 수익성과 성과지상주의의 삼성그룹의 문화가 이러한 재앙의 원인이 되었다고 꼬집기도 했다.

이번 메르스 사태를 겪으면서 사람들은 판데믹(Pandemic)이라는 생소한 단어도 배우게 되었다. 그리스어로 'Pan'은 '모두', 'Demic'은 '사람'이라는 뜻으로 전염병이 전세계에서 대유행 하는 현상을 말한다. 이는 세계보건기구(WHO)의 전염병 경보 단계 중 가장 높은 6등급에 해당한다. 과학자들은 지구온난화와 환경오염 등으로 인해 앞으로 전 세계적으로 대 유행하는 새로운 질병이 얼마든지 발생할 수 있다고 경고하고 있다.

재난 사태를 맞아 정치인들이 안일한 태도를 보이는 건 영화 속이나 현실이나 똑같다. 위기관리(crisis management)의 핵심은 인적자원 관리에 달려 있다고 보는 전문가들이 많다. 보건 당국의 '실수' '무능력' '판단 미스', 그리고 취약한 감염병 대응 체계는 그간 우리가 신종 감염병에 대비할 수 있는 우수한 인재를 키워내지 못했고 감염병 관련 인재들을 동원하여 질병을 효율적으로 관리할 수 있는 예방의학 및 역학조사 체계가 확립되지 못한 것이 근본적인 문제라고 많은 전문가들이 지적하고 있다. 전문가들은 현 체계에 변화가 없으면 다른 신종 감염병 침투에도 방역망은 허무하게 무너질 수밖에 없다고 지적한다. 평택성모병원에서 첫 메르스 환자가 발생하였을 때 초기 대응에서 방역에 실패한 것이 전국적 확산의 원인을 제공하였다. 즉 보건 당국은 평택에서의 초기대응에서 격리 대상을 지나치게 좁게 설정했다. 당시 현장의 역학조사관이 바이러스 질병과 역학에 대한 정확한 지식과 전문적인 경험이 있었더라면 상황이 달려졌을 것이다. 현장 담당자의 판단미스가 엄청난 폭풍을 몰고 온 것이다.

미국은 의대 졸업생 가운데 최고 인재들이 질병통제예방센터(CDC) 역학조사관 자리에 지원한다. 국가가 역학조사의 중요성을 인식하고 타 의료기관에 비해 높은 대우를 해주기 때문이다. 이런 인재들이 각 주와 주요 도시의 보건 담당을 맡아 중앙에서 지방까지 역학조사관이 탄탄하게 배치되어 있으면 전염병이 파고들 수 없다고 전문가들이 말한다. 이번 메르스 사태를 겪으면서 우리는 질병관리의 최고 전문기관인 질병관리본부(CDC)의 허약함을 보고 많은 실망을 했다. 2003년 중증급성호흡기증후군(SARS · 사스) 사태를 계기로 새로 조직된 질병관리본부의 본부장은 정부 부처 실장급에 해당하는 1급 공무원이 맡도록 돼 있어, 공무원 조직의 생리상 감염병이 발생했을 때 강력한 리더십을 발휘하기가 구조적으로 어려운 지위를 갖고 있다. 실제로 이번 메르스 사태 때 질병관리본부는 사태 초기에 해당 병원에 폐쇄 등 적절한 조치를 내리지 못했다. 그 이유는 CDC가 상황 판단을 제대로 못한 탓도 있지만 다른 부서들을 신속히 움직여 과감한 조치를 취할 힘이 없기 때문이다. 질병관리본부장은 중요한 결정을 하려면 보건복지부의 재가를 얻어야 하는데, 한시가 급박한 상황에서 몇 단계를 거쳐야 하는 의사결정은 효율적 대처를 어렵게 만들었다는 지적이다.

정보공유의 미흡과 소통의 부재도 메르스 확산에 한몫을 담당했다. 보건 당국이 초기 감염자 발생 병원의 정보를 의료기관에 제공하지 않았다. 예를 들면 사태 초기 보건 당국은 평택성모병원에서 메르스가 발생했다는 사실을 숨겼다. 병원 환자들은 물론 다른 의료기관에도 병원 이름을 알려주지 않았다. 이는 결과적으로 메르스 사태를 확산시키는 계기를 제공하였다. 사태 초기부터 의사끼리는 정보를 공유해야 환자를 잡아낼 수 있다고 감염학회에서 공개를 요청했지만 보건당국은 주저하면서 시간을 허비한 것이 메르스 확산에 불을 지폈다고 전문가들은 비판하고 있다. 이 때문에 앞으로 우리나라에서 감염병 예방과 관리를 위한 정보관리 시스템을 구축하자는 주장이 대두되고 있다.

앞으로 다른 신종 질병이 우리나라에 얼마든지 찾아올 수 있다. 이에 대비하는 위기관리 체제가 철저히 구축되어야 할 것이다. 위기관리 체제의 핵심은 우수한 전문인력의 양성과 확보이며, 위기 시에 신속, 정확하게 일을 처리하는 관리 체제를 가동시키는 지도자들의 리더십이 라는 것이 이번 메르스 사태가 우리에게 주는 교훈일 것이다. 모 지자체장이 '준전시'라고 표현한 이번 메르스 사태를 책임지는 강력한 컨트롤 타워의 부재가 골든타임을 놓치게 하면서 사태를 더 악화시키는 실수를 반복하지 않기 위해서 우리는 첫째로 전문인력의 양성, 둘째 정보관리시스템의 구축, 셋째, 위기관리를 총괄하는 컨트롤 타워의 확립, 넷째, 컨트롤 타워를 효율적으로 이끌 수 있는 강력하고 능력있는 리더를 키우는 일에 힘써야 할 것이다.

13. 구글에서 인턴하기

2013년에 개봉된 미국영화 「인턴십(Internship)」은 세계적인 인터넷 검색업체인 구글(Google)사의 근무 환경과 그 속에서 일하는 사람들의 이야기를 보여주는 흥미로운 영화이다. 두 주인공 닉과 빌리는 어느 날 다니던 회사가 망하자 구글의 인턴십 프로그램에 도전한다. 이들이 구글에서 인턴으로 근무하면서 경험하게 되는 구글의 진면목, 특히 여러 가지 미션을 수행하면서 겪게 되는 구글의 문화의 강점을 리얼하게 그려내고 있다.

구글사의 인턴사원 모집은 웹 기반 모집을 통해서 이루어지는데 인터넷을 통해 이력서를 제출한 닉과 빌리가 면접을 보기 위해서 향한 곳은 다름 아닌 동네 도서관이다. 구글의 면접은 화상채팅으로 이루어지고 도서관에 있는 웹캠으로 면접을 보는 그들에게 면접관은 "만약 두 분이 동전 크기로 줄어서 믹서기에 들어간다면 뭘 하시겠어요?" 라는 특이한 질문을 한다. 이는 지원자의 질문에 대한 순발력과 재치, 그리고 논리적인 설명을 듣기 위해 물어본 것이라 할 수 있겠다. 이 질문에 대해 닉과 빌리는 믹서기 벽에 붙어서 칼날이 돌아가는 것을 지켜보겠으며, 믹서기에 들어가는 것은 큰 일이 아니며 나오고 난 후가 더 중요하다고 얘기한다. 그들은 자신들은 지금껏 믹서기 안에 있었으며 꿈도 직장도 잃은 상태라고 이야기하고, 이 면접을 보기 위해서 그 믹서기에서 벗어나 지금 이 자리에 있는 것이며 믹서기에서 나온 이후의 일을 알고 싶다면 인턴십의 기회를 달라고 이야기하며 면접을 마무리한다. 그들의 면접을 본 인사부 직원들은 구글의 강점은 다양성이며 그들이 찾는 사람들은 독특한 사고를 가진 이들이라는 것을 강조하며 영업과 삶의 경험이 훨씬 많은 닉과 빌리를 인턴 직원으로 뽑는다. 나이도 많고 학력도 다른 지원자들에 비해서는 열등한 그들을 인턴 직원으로 선발한 장면은 실제 에릭 슈미트 회장이 얘기했던 구글의 인재상인, "어떤 분야에 대해서든 열정을 가진 사람"을 떠올리게 한다.

영화에서는 구글이 추구하는 최고의 가치로 '구글리즘(Googlism)'이 등장한다. 실제 구글에서는 신입사원을 선발하는데 있어서 그 사람이 구글과 문화가 맞는 구글리(googley)한 사람인지를 중점적으로 평가한다고 한다. 구글리하다는 것은 겸손하며, 다른 동료와 함께 일하며, 언제나 서로를 돕고 수평적으로 오픈된 근무환경을 즐길 수 있는 사람을 말한다. 이는 모든 직군에 공통사항이며 적합하다고 판단이 되어 채용된 사람에게는 누가 어떤 지시를 내리는 것이 아니라 본인이 자신의 할 일과 업무성과를 극대화 할 수 있도록 믿고 맡기게 된다. 또한 구글은 성과를 극대화하기 위한 동료들 간의 유기적인 협조를 중요하게 생각하는데 이는 구글의 팀 위주의 매우 협력적인 기업 문화를 보여주며 이는 영화에서도 잘 드러난다.

영화에서 두 주인공은 무엇보다도 구글의 파격적인 복리후생을 접하고 충격을 받는 장면이 등장한다. 즉 두 사람은 사내 카페에서 먹을거리를 주문하다가 메뉴가 모두 공짜라는 말에 깜짝 놀란다. 실제로 구글은 무료로 아침, 점심, 저녁식사를 제공하는 찰리스 카페를 운영하고 있으며 이는 좋은 음식은 훌륭한 사고와 좋은 성과를 낸다는 구글의 믿음을 담고 있다. 또한 영화 속에는 사원들을 위한 낮잠 캡슐이라 할 수 있는 '슬리핑 포드'가 등장하는데, 실제로 구글은 억지로 졸음을 참기보다는 20분쯤 낮잠을 자는 것이 업무 효율성을 증가시킨다는 임상 결과에 따라 직원들에게 낮잠을 권하고 있다. 이 외에도 영화에 등장하는 사원들을 위한 쿠션들이 구비된 휴식공간과 쉬는 시간에 운동을 할 수 있는 운동 시설, 사원들이 이동할 때 타고 다니는 세그웨이 스쿠터에는 직원들의 업무 효율성을 높이는 구글의 경영철학이 담겨있다.

영화 속에서는 미국 전역에서 모인 똑똑한 청년 인턴들이 그룹으로 나뉘어 경쟁을 하고 주어지는 미션들을 가장 잘 수행한 한 팀만이 정직원으로 뽑히는 과정에 도전하는 스토리가 전개된다. 팀워크를 중시하는 구글은 인턴 사원들에게 스스로 팀을 꾸려서 미션을 수행하고 미션들을 가장 열심히 잘 수행한 팀에게 정직원 전환의 기회를 주겠다고 한다. 대부분 팀들은 인턴들의 스펙(학벌, 학점, 외모)만을 물어보고 팀을 꾸린다. 닉과 빌리는 열심히 팀을 꾸려보려고 하지만 스펙이 부족하고 나이마저 많은 그들과 같은 팀원이 되고 싶어하는 인턴들은 아무도 없다. 결국 닉과 빌리를 포함한, 팀을 구성하지 못한 사람들끼리 한 팀을 이루게 되고 특별히 구글사의 매니저인 라일이 멘토로 그들을 지원하게 된다.

이렇게 모인 팀들에게 여러 가지 미션이 주어지는데, 그 중에서 팀이 직접 어플리케이션을 제작해 얼마나 많은 이용자를 보유하는지에 대해 평가하는 미션에 주인공들은 참가하게 된다. 이 미션은 지원자들의 기술과 능력을 보는 것임과 동시에 창의적이고 혁신적인 열린 사고를 가지고 사회와 기업에 긍정적인 영향을 미치는 힘을 가지고 있는가를 평가하는 미션이라 할 수 있다. 즉, 인재 선발에 있어서 '구글러(Googler)'로서의 자질이 충분한가를 평가하는 것이다. 미션이 발표되자 팀은 회의에 들어갔고 데이터 수치와 통계 자료를 바탕으로 접근한다. 그러나 빌리와 닉은 기계적으로만 접근하는 팀원들을 지적하며 사람 냄새가 나야 한다는 것을 강조했다. 회의에서 열린 사고로 아이디어를 내게끔 유도하는 빌리와 닉의 태도는 구글이 단순히 기술적이고 능력주의만을 내세우는 것이 아니라 인본주의를 바탕으로 한 인재상을 원한다는 것을 나타낸다. 사회 전반적인 것에 관심을 가지고 주변을 유심히 관찰하는 접근방법은 더 큰 시너지 효과를 가져 오기 때문이다. 또한 그 과정에 있어서 서로가 서로를 존중하고 모든 직원이 편안하게 자신의 생각과 의견을 공유하는 분위기가 형성되어야 함이 드러나 있다. 빌리는 이미 존재하는 인스타그램과 유사한 아이디어를 내는데, 팀원들은 처음에는 이를 무시하고 듣지 않으려 한다. 하지만 끝까지 듣고 판단하는 자세를 기르기를 닉이 강조하고 빌리는 자신의 생각을 쉽게 전달하고 끝까지 노력하는 모습을 보여준다. 그러한 모습은 냉소적인 반응과 듣지 않으려 하는 태도로 일관하는 스튜어트의 태도를 바꾸게 하고 직접 참여하게 하여 분위기를 자유롭게 만드는 역할을 한다. 이러한 회의 모습은 구글이 추구하는 자유로운 기업문화와 일맥상통한다. 자유로운 기업문화를 만들기 위해서는 서로를 깎아 내리는 태도가 아닌 존중하고 언제나 열려 있는 사고를 가진 인재가 필요하다. 조직 분위기를 완화시켜 더 나은 결과물을 가져오게 만드는 빌리와 닉의 긍정적인 마음가짐과 태도는 구글이 원하는 인재상을 잘 보여주고 있다.

하지만 이러한 분위기 속에서도 마땅한 아이디어가 나오지 않고 다른 팀원들이 모두 자신감을 잃자 빌리와 닉은 머릿속을 비우고 오자며 밖으로 나간다. 지금 이렇게 회의만 하고 있을 것이 아니라 이것보다 훨씬 중요한 삶의 기본을 충족시키려는 의도였다. 그 동안 현실에 갇혀 자신의 삶을 제대로 즐겨보지 못한 팀원들에게 자신을 돌아보는 기회를 부여하고 의미 없이 목적만을 좇는 젊은이들의 현실을 지적하는 모습을 볼 수 있다. 이는 구글을 비롯한 모든 기업과 사회 입장에서 인재를 선발할 때 중요한 요소로 작용한다. 자신의 정체성을 제대로 파악하고 하고자 하는 일을 추구한다면 내적 · 외적으로 동시에 모두 성장할 수 있는 발판이 되기 때문이다. 기술과 기계적 능력은 인간에 대한 이해가 우선적으로 이루어졌을 때 효과를 얻을 수 있다는 인본주의적 접근 방법으로 인재를 찾는 것이다. 또한, 그 전에는 서로를 이해하지 못하고 꺼리는 경향이 있었으나 함께 소통하는 자리를 가지는 것은 팀이 하나가 되는데 중요한 역할을 했다. 서로가 알지 못했던 비밀을 공유하게 되고 허영과 냉소로 가득 찼던 스튜어트가 자신의 감정을 솔직하게 드러내기도 하고 라일로 인해 다른 무리들과 싸움이 일어나면서 함께 팀의 단결력을 키웠기 때문이다. 위계질서에서 벗어나 허물없이 팀원들을 대하고 그 속에서 스스로 책임감을 가지며 모두가 책임자 역할을 하도록 추구하는 구글의 기업문화가 잘 드러난 부분이다.

마지막 미션은 구글에 광고를 싣지 않는 회사를 찾아내서 광고를 따오는 실질적인 이익과 연결되는 것이다. 광고를 따내 수주액이 높은 팀이 이번 과제에서 우승하는 것이었다. 마지막 미션에 참여하기 이전에 앞서 팀원들은 말도 안 되는 말을 자주 하던 빌리였지만 우리를 하나로 만들어준 빌리가 돌아오길 희망한다. 모두 한 마음으로 움직이길 원하는 것을 안 닉은 빌리를 다시 설득시키러 간다.

구글을 떠난 빌리는 전동 카트를 영업하러 양로원을 다니고 성적인 수단으로 영업을 하는 자신의 파트너를 보며 회의감을 느낀다. 또한 빌리의 새로운 파트너가 어른들을 막 대하는 모습을 보며 영업인으로서 못마땅해 한다. 그 와중에 닉이 찾아오고 닉은 더 늦기 전에 꿈을 찾자면서 꼬드긴 사람이 누구냐며 빌리의 현실을 깨닫게 한다. 그 일은 빌리의 잘못이 아니라 부족했던 것일 뿐이며 제대로 몰라 그랬던 것이기에 자책할 필요가 없다고 한다. 닉은 인생이 때론 창문을 뚫고 튕겨나가서 가슴 아플 때도 있겠지만 때로는 샐리 같이 멋지고 예쁜 여자친구를 태울 수도 있다고 비유하며 빌리가 살아왔던 인생을 설명한다. 지금 우리 팀이 이긴다는 장담은 없지만 포기하지 말고 다시 돌아가서 차를 타고 질주하자며 빌리를 설득하는 데 성공하고, 빌리 또한 다시 용기를 갖게 되는 계기를 맞는다.

한편 다른 팀원들은 영업 경험이 부족하고, 통계 자료나 객관적이 자료들을 구성해 동네 피자가게 주인을 설득하려 했다. 하지만 광고를 거부하는 피자 집 주인아저씨는 인터넷을 믿지 못하고 자신이 아끼는 가게가 프랜차이즈화 되는 것을 거부하는 사람임을 미처 파악하지 못했다. 그렇게 낙담하고 있는 팀원들에게 드디어 빌리와 닉이 돌아왔고 전화번호부와 전단지에만 의존했던 피자 가게 주인을 설득하기 시작했다. 우선적으로 빌리의 진정한 설득과 상대방에게 진심으로 공감하며 마음을 얻는 기술은 성공적인 영업의 기초가 되었다. 빌리와 닉은 새로운 시도를 하는 것이 두려운 게 당연하다며 공감을 자아내고 자신들부터 먼저 솔직하게 터놓고 다가갔다. 그러한 태도는 상대방의 마음을 열게 만들었고 고객을 지향하는 태도가 필요하다는 것을 구체적으로 보여주었다. 또한 다른 팀원들의 강한 장점인 철저한 분석과 위치, 평가에 대한 서비스 관련 자료는 영업의 효과를 배로 증폭시켰다.

빌리와 닉의 인간적인 접근 방법은 분위기를 완화시키고 상대방과의 경계를 부드럽게 만들어준다. 기술 분석과 그에 따른 뒷받침은 나머지 팀원들이 검색 유입 분석, 통계 자료, 가게와 시장의 접근성, 가게에 대한 평가 반응 등을 보여주며 완성되었다. 즉 객관적이면서도 상대방의 마음을 이끌어내는 주관적 분석을 통해 광고를 따낼 수 있었다. 이 미션에서는 자신의 능력이 어느 한 영역에만 국한된 것이 아니라 어느 상황에서도 발휘될 수 있다는 것을 보여준다. 게다가 서로 부족한 점은 도와주고 자신의 장점을 이용해 채워가며 공동의 목표를 이루는 쾌거를 만들어 낸 점은 인재 채용에 있어서 제한을 둘 필요가 없음을 시사한다. 그렇기에 구글이 인재 채용을 할 때 있어서 특별한 제한을 두지 않고 기본적인 자질과 인성을 보며, 모두를 공평하게 평가하는 자세를 가지는 것이다.

주인공들이 속한 팀은 결국 미션 수행에 있어서 최우수 팀으로 선정되어 정직원으로 전환되는 영예를 누리며 영화는 훈훈하게 마무리된다. 이 영화를 통해 구글이 성공할 수 있었던 이유에 대해서 중요한 시사점을 찾을 수 있다. 구글의 성공은 빅 데이터의 숫자나 크기, 과학적인 첨단 분석기법 때문만은 아니고 개인의 능력이 탄탄한 팀워크와 조화를 이룰 때 좋은 결과를 얻을 수 있다는 것을 영화는 보여주고 있다.

구글 회장 에릭 슈미트는 "사원들을 대하는 가장 좋은 방법은 그들을 단순한 노동자가 아닌 똑똑한 동료로 생각하는 것"이라 했다. 결국 회사가 직원의 생각과 마음을 읽기 위해 얼마나 끊임없이 질문을 던지고 그 답을 찾으려고 노력했는가가 중요한 것이다. 일단 그 위치에 적합하다고 판단되어서 채용된 사람에게는 누가 어떤 지시를 내리는 것이 아니라 본인이 자신의 할 일과 업무성과를 극대화 할 수 있도록 믿고 맡겨야 한다. 또한 성과를 극대화하기 위한 동료들간의 유기적인 협조를 중요하게 생각한다. 구글 엔지니어링 부문 채용과정에서도 후보자의 기술적인 역량뿐 아니라 구글리 여부도 함께 평가하고 있는 것도 그러한 이유에서다.

구글이 찾는 인재는 똑똑하고 흥미롭고 열정적이며 그와 동시에 기술 이해가 뛰어나고 우수하면서 무언가에 관심을 두고 열정을 갖고 활동하는 사람들이다.[7] 기업의 경영자들은 구글과 같이 직원의 생각과 행동에 더 많은 관심을 기울인다면 보다 탄탄해지고 계속해서 성장하는 조직을 만들 수 있을 것이다. 경영자들은 기업의 이익을 증진시키고 건전한 기업 문화를 만들며 직원들이 그들의 개인 능력을 마음껏 뽐낼 수 있게 성장할 발판을 마련해주어야 한다는 것이 이 영화가 주는 메시지일 것이다.

우리가 구글직원들(구글러)의 업무수행 방식을 생각하면 '넛지(Nudge)'라는 단어가 떠오른다. '넛지'는 보통 '팔꿈치로 슬며시 남의 옆구리를 찌르기'로 정의할 수 있다. 넛지라는 말은 리처드 탈러와 캐스 선스타인이 공저한 책의 이름이기도 하다. 두 저자는 책에서 "사람의 행동을, 어떤 선택권을 금지하거나 경제적 동기부여를 크게 바꾸지 않은 채, 예측 가능한 어떤 방식으로 수정하는 선택 구조의 한 측

면이다."라고 정의하고 있다.[8)]

실제로 구글에서는 의사결정의 순간에 개입하는 넛지를 다양한 방식으로 응용한다. 넛지의 대부분을 구글러들은 학술적인 연구 결과를 현실에 응용할 때 활용한다고 한다. 구글에서 넛지를 사용하는 목적은 의사결정을 대신하는 것이 아니라, 사람들의 자유를 제한하지 않는 범위내에서 분별없이 혹은 부적절하게 설정된 환경을 건강과 부를 증진하는 체제로 대체하기 위함이다. 따라서 넛지는 문자 그대로 은근하게 옆구리를 툭 치는 것이지 거칠게 요구하는 행동은 아니다. 슬쩍 암시만 주어도 효과가 나타나는 경우가 많기 때문이다.[9)]

이러한 구글의 문화에 잘 적응하는 인재가 채용과정에서 선택될 것이라고 생각된다. 구글의 '문화에 의한 경영', 눈에 보이지 않는 넛지 경영에 익숙한 사람이 구글러가 되는 행운을 얻게 될 것이다.

참고문헌

1. Henley, William Ernest (1888). *A Book of Verses.* London: D. Nutt. pp. 56–57.; Connell, J. (1949), *W. E. Henley.* London: Constable.
2. Lodge, Tom (2006). Mandela: A Critical Life. Oxford: Oxford University Press.
3. Roger Ebert (December 9, 2009). "Invictus". *Chicago Sun-Times.*
4. Brockovich, E. (2002), *Take It From Me: Life's a Struggle But You Can Win.* New York: McGraw-Hill.
5. Oppenheimer, J. (2005), *Front Row: The Cool Life and Hot Times of Vogue's Editor In Chief,* New York: St. Martin's Press.
6. 김성국 (2011), 『인적자원관리 5.0』, 서울: 탑북스.
7. 라즐로 복 (2015), 『구글의 아침은 자유가 시작된다』, 이경식 옮김, 서울: RHK.
8. Thaler, R. H. & Sunstein, C. R. (2008), *Nudge*, New Haven: Yale University Press.
9. 라즐로 복 (2015), 『구글의 아침은 자유가 시작된다』, 이경식 옮김, 서울: RHK, p. 442 - 445.

제5장 모멘트 리더십과 미래의 도전

5

Chapter

모멘트 리더십과 미래의 도전

1. 규제혁파와 창조경제

100년 전, 이사벨라 버드 비숍이라는 영국 여성이 조선을 네 차례 방문하여 여러 곳을 다니면서 조선의 신기한 풍물을 접하고 1897년에 『한국과 그 이웃나라들(Korea and Her Neighbors)』이라는 기행문을 펴냈다.[1)] 비숍은 한국인의 특성에 대해서 '역경에 잘 견디는 강인하면서도 공손한 민족'이라고 긍정적으로 묘사하면서 당시 관리들의 부패와 부정 때문에 한국인들의 잠재력이 제대로 활용되지 못하는 현실에 대해서 매우 안타까워했다. 그녀는 조선의 지배계급인 양반 및 관료들이 인구의 8할에 달하는 평민계급을 무자비하게 착취하고 겁박하는 사실을 통렬히 비판하며 '희망이 없는 나라'로 기술하였다. 흥미로운 것은, 그녀가 조선을 떠나 연해주와 시베리아에 거주하는 조선인들을 만나보고 난 후 관점이 확 바뀌었다는 것이다. 비숍에게는 블라디보스톡 근처에 살고 있던 조선인들에게서는 본토 조선인 특유의 풀죽은 모습, 나태하고 낙심한 모습은 찾아볼 수 없었고 의연함과 강한 자부심, 그리고 진취성과 성실성이 두드러져 보였다. 그들은 번창하는 부농이 되어 있었고 하나같이 근면하고 성실한 한국인들이었다. 그 영국인은 본토의 조선인과 시베리아 정착촌의 조선인이 판이하게 다른 양상을 보이는 원인을 분석하고 결론을 내렸다. 즉 시베리아에서는 조선에서 흔히 볼 수 있었던 양반과 관료 등 특권계층의 착취, 가혹한 세금과 불공정한 규제가 없었기 때문에 그들은 기회의 땅에서 활발하게 농업과 산업에 종사하며 근면하게 일하고 절약을 하여 부자가 될 수 있었다.[2)]

비숍의 조선 여행기는 100년이 지난 오늘날 한국의 창조경제를 위한 희망의 불씨를 보여주고 있다고 생각한다. 우리 한민족에게는 본디 우수한 잠재능력과 억척같이 잘 살고자 노력하는 DNA가 있다. 문제는 안타깝게도 100년 전이나 지금이나 잠재력을 억압하는 규제와 구조적 부패가 만연해 있다는 것이다. 대통령이 스위스의 세계경제포럼에 가서 우리나라의 '창조경제와 기업가정신'에 대해 연설을 하는 순간에도 관행으로 고착화된 수많은 규제들이 창조경제의 싹을 옥죄고 있다. '손톱 밑의 가시'를 없애겠다고 공언한 현 정부 1년간 규제는 오히려 114건이 늘었다. 오늘날 우리나라의 규제는 외국인 투자자들을 떠나게 만들고 일자리 창출을 방해하여 경제회복을 더디게 만드는 주범이 되고 있다. 본시 관료들은 문제가 생기면 책임 추궁을 당하기 때문에 규제를 만들기 좋아한다. 그러나 규제가 초래하는 비효율과 폐해를 없애는 일은 자기들에게 큰 유익이 없기 때문에 방치한다. 결국 규제의 최대 피해자는 서민 등 사회적 약자들이다. 규제관련 법규를 잘 아는 강자들, 예컨대 법률가와 같은 전문가들은 규제에 대응하는 방법을 사람들에게 컨설팅해주고 막대한 이익을 취할 수가 있기 때문에 오히려 규제가 많을수록 형편이 나아진다.

1981년부터 미국의 로널드 레이건 대통령은 강력한 규제완화 정책(deregulation)을 추진하였다. 그 결과로 변호사, 관료, 회계사처럼 규제 덕택에 고액연봉을 받을 수 있었던 상당수의 전문가들이 일자리를 잃게 되었다. 이들 전문가들의 거주지가 주로 보스턴에 몰려 있었기 때문에 보스턴의 실업률은 높아졌다. 이러한 현상을 언론이 보스턴의 강 이름을 따서 '찰스강변의 비극'이라고 표현하였다. 그러나 찰스강변의 비극은 서민대중들에게는 엄청난 축복이 되었다. 규제가 혁파되자 미국인 특유의 기업가정신이 살아나기 시작했고 창업절차가 간소화되면서 실리콘 밸리에서는 수많은 벤처기업이 생겨나게 되면서 특허와 발명건수가 급증함으로써 미국경제의 발전을 견인하기 시작했고 경기는 다시 살아났다. 미국인들이 지금도 레이건 대통령을 그리워하는 이유가 여기에 있다. 본디 창의적이고 성실한 한국인들이 자유롭게 생각하고 사업을 할 수 있도록 하는 것이 창조경제의 핵심이다. 이를 위해서 우리 경제 곳곳에 독버섯처럼 솟아난 약탈적인 규제를 혁파하는 것이 글로벌 시대를 맞아 우리민족을 다시 한번 도약하게 만드는 역사적 과업이 될 것이다.

2. 인문학적 소양과 리더십

어느 한국 기업체 사장이 독일 바이어와 판매 상담을 하였다. 고급 레스토랑에서 식사를 하면서 사장이 제품의 가격이 저렴하고 품질이 우수하다고 아무리 설명을 하여도 그 독일 바이어는 마음을 움직이지 않았다. 그러다가 화제가 자연스럽게 마시고 있던 와인(wine)으로 옮겨갔다. 마침 한국측에서 동석한 과장은 와인 매니아 였다. 그 과장이 독일 라인강 기슭에서 재배되는 화이트 와인과 리슬링(Riesling) 포도의 우수성에 대해서 칭찬을 하자, 그 독일 바이어는 반색을 하면서 자기가 바로 그 지방 출신이라고 하면서 자기 고향 와인의 장점에 대해서 침이 마르도록 설명하기 시작했다. 그렇게 두 사람은 한 시간 동안 재미있게 이야기 하더니 그날 저녁 계약이 성사되었다. 이러한 사례는 경영협상에서 수없이 많다.

협상 상대방의 국적과 고향, 학력, 취미 생활을 미리 파악하여 인문학적 소양을 미리 갖추고 있으면 협상에 매우 유리하다는 것은 잘 알려진 사실이다. 유럽인들과 상담을 할 때 와인에 대한 상식이 풍부하면 쉽게 친해질 수 있다. 그래서 와인을 '신의 물방울'이라고 하는 것은 아닌지… 유럽인은 절대로 아무 와인이나 마시지 않는다. 와인과 포도 생산을 둘러싼 기후와 토질, 역사에 대해서 잘 알고 있기 때문에 와인을 가리는 것이다. 이렇듯 문화나 역사와 같은 인문학에 정통한 경영자가 글로벌 환경에서 외국인과의 협상에서 절대 유리하다.

박근혜 대통령은 2013년 6월에 중국 베이징 칭화대에서 '새로운 20년을 여는 한중 신뢰의 여정'을 주제로 강연을 한 적이 있다. 박 대통령은 중국어로 "중국과 한국의 젊은이들이 앞으로 문화와 인문 교류를 통해 더 가까운 나라로 발전하게 되기를 바란다"는 말로 연설을 마무리했다. 박근혜 대통령은 칭화대 연설에서 중국어 실력과 중국 고전에 대한 식견을 보여 줬다. 박대통령은 연설 서두에서 중국고전 관자(管子)의 한 구절인 "일년지계 막여수곡, 십년지계 막여수목, 백년지계 막여수인(一年之計 莫如樹穀, 十年之計 莫如樹木, 百年之計 莫如樹人)"을 언급했다. 즉 곡식을 심으면 1년 후 수확하고, 나무를 심으면 10년 후 결실을 맺지만, 사람을 기르면 100년 후가 든든하다는 뜻이다. 이것은 한국과 중국관계가 장기적인 관점에서 우호선린관계가 되기를 바란다는 은유가 배어있는 스피치였다. 또 박 대통령은 '동북아 평화협력 구상'을 설명하면서 '군자의 도는 멀리 가고자 하면 가까이에서부터 시작해야 하고, 높이 오르고자 하면 낮은 곳에서부터 시작해야 한다'는 중용(中庸)의 한 구절을 인용했다. 박대통령의 중국 국빈 방문에 대해서 현지 중국인들의 반응은 매우 뜨거웠고 우호적이었다. 대부분 언론에서는 '중국은 박 대통령 방중 내내 높은 격의 예우를 다했다. 일반적인 외국 정상의 중국 방문에서 쉽게 보기 어려운 일이다'라고 썼다. 관영CCTV는 물론 홍콩의 매체들까지도 박 대통령의 수준 높은 중국어 실력과 적절한 중국 고사 인용에 중국인들이 감동을 받았고 중국어에 능통한, '중국통(中國通)'인 박대통령에 대해서 매우 호의적인 반응을 보였으며 중국방문이 기대 이상의 성과를 거두었다고 보도하였다. 평소 중국에 대한 인문학적 소양을 연마하고 있던 우리나라 국가 지도자가 우리나라의 큰 국익이 달린 중국의 국빈 방문이라는 결정적인 기회를 적극 활용하여 국제정치 및 외교관계와 인문학을 적절히 접목시킴으로써 양국간 우호증진에 기여한 성공한 사례라고 하겠다.

인문학의 중요성에 대한 또 하나의 사례를 들어본다. 19세기 미국의 오하이오 주에 살던 스토우(Harriet Beecher Stowe) 부인은 딸을 사고로 잃고 슬퍼하던 중 우연히 흑인 노예 시장을 지나다가, 제각기 다른 곳에 팔려 뿔뿔이 흩어지는 한 노예 가족의 슬픔을 보고 그 유명한 『톰 아저씨의 오두막집(Uncle Tom's Cabin)』[3)]이라는 소설을 쓰게 되었다. 자신도 큰 아픔을 겪고 있는 처지였지만, 비인간적인 대우를 받으며 생이별을 당하는 흑인 노예들이 더욱 안타깝고 불쌍하게 여겨져 휴머니즘을 주제로 하여 소설을 쓰게 되었다. 스토우 부인의 이 작품은 30만부 이상 팔리는 등 미국인들에게 큰 감명을 주었고 흑인 노예들의 비참한 처지에 대해 널리 알리는 계기가 되었다. 이 소설로 말미암아 국민들 사이에 노예해방의 정당성에 대한 공감대가 확산되었다. 링컨대통령도 스토우 부인의 이 소설을 읽고 노예 해방이라는 정치적 결단을 내리는 데 큰 영향을 받았다. 남북전쟁 중 링컨 대통령은 스토우 부인을 백악관에 초청하여 만나보고는 깜짝 놀랐다. 그녀는 특별히 강하거나 위대한 역량이 있어 보이는 작가가 아니라, 체구도 작고 그리 아름답지도 못한 평범한 여인이었기 때문이었다. 링컨은 부인의 손을 잡고 외쳤다고 한다. "하느님은 가장 약한 자의 손을 빌려 세계의 역사를 바꾸고 계십니다.” 지극히 평범하고 연약한 스토우 부인이 가졌던 자비심, 곧 딱한 이웃을 불쌍히 여기는 마음으로 쓴 그녀의 책이 노예 해방, 인류 평등이라는 대역사를 이룩해냈던 것이다. 한 권의 책이 미국의 역사를 바꾼 셈이다.

인문학은 인간에 대한 학문이다. 서양에서 인문학을 휴머니티(Humanity)라고 하는 것도 인간성, 인간적인 것을 탐구하는 학문이라는 뜻이다. 원래 인문학은 그리스, 로마의 고전에서 시작되었으며, 근세 르네상스 이후로 신에 예속되었던 인간을 재발견하는 과정에서 고전을 재평가하게 되고 근세 인문학이 태동한 것이다. 인문학은 인간과 인간의 문화에 관심을 갖는 학문분야로서 인문학이라는 용어는 라틴어 ‘후마니타스(humanitas)’에서 유래한다. 오늘날 인문학은 흔히 ‘문. 사. 철(文. 史. 哲)’, 즉 문학, 역사, 철학에 대한 이해와 연구로 알려져 있다. 인문학은 르네상스시대 이래로 인간의 정신을 고귀하고 완전하게 하는 학문으로 추구되었으며 서양의 19세기경에 와서 자연과학과 분리되면서 사실을 추구하기 보다는 근본적인 인간 내면의 문제, 즉 ‘인간다움’이 무엇인가를 밝히는 학문으로서의 정체성을 찾게 되었다.

오늘날 성공하는 최고경영자는 인문학에 정통한 리더인 경우가 많다. 그 이유는 조직 구성원의 단결과 통합을 이루기 위해서 리더는 인간 본성에 대한 이해와 성찰이 있어야 가능하기 때문이다. 인문학적 리더는 “나는 누구인가?” “조직은 우리에게 무엇인가?” “사람은 무엇으로 사는가?”하는 존재론적 질문을 던지고 이에 대한 해답을 구하는데 익숙한 경영자들이기 때문이다. 특히 인사관리자들은 조직내 여러 계층의 사람들과 관련된 인사 의사결정이 복잡할수록 기술적으로 해결하기 보다는 인문학적 소양을 통해 해결하는 것이 바람직하다. 미국의 경영자개발회사인 ‘Executive Development Program’에서는 인사관리자를 포함한 기업의 최고경영자와 중간관리자들을 위한 '인문학 훈련 프로그램'을 운영하고 있는데, 윤리학 강의와 아울러 셰익스피어나 소포클레스, 허먼 멜빌 등 작가들의 작품을 읽고 토의하는 워크샵이 포함되어 있다. "To be or not to be"와 같은 햄릿적인 갈등을 놓고 참석한 경영자들이 토론을 벌이거나 역할연기를 하는 프로그램이 도입되어 있으며, 허먼 멜빌의 '백경(白鯨)'에 등장하는 선장의 행동을 분석하여 경영의 목표란 무엇이며 목표지향적 행동은 어떠해야 하는지에 대해 토론하기도 하는데 경영자들 사이에 매우 인기 있는 프로그램으로 성장을 거듭하고 있다.

스티브 잡스는 경영과 기술에 인문학을 접목하는 것이 미래의 경쟁력이 될 것이라는 것을 픽사(Pixar)의 CEO로 재직하면서 「토이 스토리」 등 애니메이션 영화가 공전의 히트를 기록하는 것을 보면서 느꼈다. 그는 1년 남짓 다녔던 리드 대학에서의 철학공부를 통해서 이러한 생각을 오래 전부터 가졌던 것 같다. 그는 애플사의 CEO로 복귀하면서 야심차게 개발한 '스마트 폰(i-Phone)'을 대중들 앞에 소개하면서 강조한 것이 '기술과 인문학의 만남'이었다. 즉 스마트 폰은 단순히 전화기라는 기계가 아니라 사람과 사람을 이어주는 소통하는 곳이며 이야기가 있는 인문학적인 장(場)이다.[4] 스티브 잡스의 이 말은 이제 세계인들이 모두 인정하는 사실이 되고 있다. 오늘날 사람들은 스마트 폰을 사용하면서 인문학을 즐기고 있다. 스마트 폰으로 영화를 보기도 하고, 책을 읽기도 하며, 음악을 듣기도 하면서 자신의 글과 생각을 다른 사람들에게 보내기도 하고 받기도 한다. 이제 인문학은 따분한 고전 속에 머물러 있는 고루한 지식이 아니라 매일 매일 사람들이 살아가는 데 활력을 주는 모티브가 되고 있다.

조직관리를 담당하는 리더에게 가장 필요한 것은 인간에 대한 올바른 상(像), 즉 인재상을 정립하는 것이고 이러한 상을 통해 사람을 선발하고 개발하고 보답하는 것이라고 믿는다. 이를 위해서 리더는 단순히 특정 기능에 정통한 기능인이 되기보다는 인문학적 소양을 함양하고 직원 한 사람 한 사람을 비용이나 부채로 인식하기보다는 가꾸고 키워야할 소중한 자원(resource)으로 대우하고 잘 살필 수 있어야 한다고 생각한다. 한 권의 인문학 책이 역사를 바꾸듯이 인문학적 소양으로 무장된 유능한 리더가 있는 조직은 직원들이 꿈을 꾸고 불가능한 일에 도전하게 하는 판타지 세상을 꾸밀 수 있으며, 월트 디즈니와 스티브 잡스처럼 이제껏 보지 못한 전혀 다른 새로운 세상으로 조직을 인도할 수 있을 것이다. 경영자가 인문학 전도사가 되어 인간의 무한한 창의력을 자극하고 이를 통해 경영, 기술이 인문학의 토양 위에 조화를 이루는 조직을 만드는데 앞장서는 리더가 되는 일이 21세기에 긴요하다고 확신한다.

3. 개척자 바이킹의 리더십

바이킹(Vikings)은 8세기부터 11세기까지 주로 북유럽과 북해를 중심으로 활동하던 민족으로서 전사 집단을 의미한다. 이들은 오늘날 노르웨이, 스웨덴, 덴마크 지역에 거주했던 거민들로서 유럽인들의 입장에서는 북쪽에서 내려온 침략자들이었기 때문에 '북쪽 사람들(Norsemen)'로 불렸으며 엄청난 공포의 대상이었다. 뛰어난 항해술을 활용하여 상상을 초월하는 먼 거리를 항해하여 해안 마을을 급습하고 재물을 약탈하고 주민들을 노예로 끌고 가는 이들에 대해서 유럽의 일반주민들이 가졌을 공포는 짐작하고도 남는다.

그런데 학자들은 바이킹에 대한 오해와 잘못된 인식이 오늘날 확산되어 있다는 것을 지적한다. 그릇된 인식들은 다음과 같다. 첫째, 바이킹들은 약탈자들만은 아니고 살만한 좋은 땅을 발견하면 그곳에서 터전을 잡고 오래 살기도 한다. 때로는 자손 대대로 거주하는 경우도 있다. 프랑스 북부 노르망디 지방이 좋은 예다. 둘째, 바이킹들은 부족한 식량을 얻기 위해 약탈을 일삼는 '생계형 침략자'들만은 아니다. 바이킹들이 왕성하게 해외에 나가서 약탈과 무역을 일삼는 가장 큰 동기는 바이킹들의 장자상속 제도에 기인한다. 즉 부모는 모든 토지나 가축 등 재산을 장남에게만 상속하기 때문에 분깃을 받을 수 없는 차남들은 일찌감치 자신의 몫을 다른 곳에 가서 챙겨야만 했다. 또래의 바이킹 차남들은 집단으로 뭉쳐서 위험을 무릅쓰고 험한 바다를 항해하여 약탈을 하거나 무역을 통해 필요한 물건을 조달하거나 아니면 주인 없는 땅을 발견하여 소유함으로써 결혼생활에 필요한 재산을 확보해야만 했다. 이러한 사정이 젊은 바이킹들의 해외진출과 모험을 부추겼다고 볼 수 있다. 셋째, 바이킹들은 무식하고 무지막지한 전쟁광들이 아니다. 일반적으로 바이킹들의 무기체계가 우수하고 전투력이 매우 뛰어난 것으로 평가되고 있다. 기록상 바이킹들이 타 민족과 싸워서 패배한 적이 거의 없을 정도로 전략과 무술이 빼어난 것으로 알려져 있기는 하지만 이들은 호전광들은 아니고 주로 해외 무역이나 지리상 발견을 통해 부족한 부를 축적하고자 했던 벤처사업가들이었다.

과거 중세와 근대에까지 부정적인 이미지로 각인되어 있던 바이킹에 대해서 최근에 와서는 고고학적 발견과 이에 따른 학자들의 새로운 연구 결과물들이 속속 알려지면서 바이킹에 대한 관심이 증가되고 있으며, 보다 긍정적인 모습으로 재조명되고 있다. 바이킹들은 지금까지 알려진 바와 같이 잔인한 약탈자라기보다는 무역인, 항해가, 장인, 탐험가, 정착민 그리고 지배자 등 다양한 역할을 수행한 시대의 엘리트 집단인 것으로 드러났다. 이들은 시대를 앞서간 선각자였으며 국경을 초월하여 국제적 마인드를 가지고 무역에 앞장 선 사업가이기도 했으며, 15세기 유럽인에 의한 '대항해 시대'에 영감을 준, 개척자들이었다고 평가할 수 있다.

바이킹들의 파괴적인 힘에 가려진 이면에는 새로운 것을 만들어 내는 긍정적인 창조의 힘이 숨어 있었던 것이다. 이들의 용감한 선택과 불굴의 행동은 정체에 빠진 고대와 중세의 유럽세계에 큰 활력소 역할을 했다. 그들이 수도원과 마을을 습격하여 불과 칼로 사람들을 공포에 빠뜨리기도 했지만, 타고난 고장을 벗어나 본 적이 거의 없는 우물안의 개구리 같은 유럽인들에게 바이킹 정신은 도전과 개척 정신을 불어넣는 변화촉진자의 역할을 하였다. 바이킹 정신이란 현상에 만족하지 않고 생활과 사고의 지평을 넓히는 야망, 경영능력, 그리고 무한한 정열로 정의할 수 있다. 바이킹들은 부와 명예를 찾아 자유롭게 이동하면서 위험을 감수한 모험가들로서 세계의 역사를 변화시키는 데 기여하였다. 이들의 활동은 인근 도서나 해안지방에 국한되지 않고 지중해와 유럽대륙 깊숙한 곳까지 진출하여 영향을 미치기도 했는데 예를 들면, 프랑크 제국의 도시 파리를 공격하기도 하고 러시아 땅에 진출하여 바이킹 정착촌을 건설하고, 비잔틴제국의 수도 콘스탄티노플에까지 진출할 정도로 이들은 거침이 없었고 활달하였다.[5)]

시대의 선구자로서 모험적이고 개척정신이 충만한 바이킹 리더의 모습은 오늘날 '디지털 유목민(digital nomads)시대'를 살아가는 현대의 리더들에게 시사하는 바가 많다. 첫째는 바이킹 리더들의 유연한 전략을 오늘의 조직 리더들은 타산지석으로 삼을 수 있다. 9세기에 덴마크의 바이킹들은 타 지역을 공격하고 약탈물을 챙겨서 집으로 돌아오는, 익숙한 '치고 빠지는(hit-and-run) 전략'을 수정하고, 일단 공격한 지역에서 반영구적인 주둔지를 건설하고 겨울을 나는 등 점령정책을 상황에 따라 유연하게 적용하였으며, 때로는 점령한 땅에서 아주 오랫동안 정착해서 집단으로 거주하기도 했는데, 덴마크 바이킹의 영국 점령이 좋은 예이다. 이들은 과거에 성공한 특정 전략에 집착하지 않고 현지 사정에 따라 유연하게 전략을 변경하는 데 능숙하였으며 이러한 점이 현대의 조직 리더에게 시사점을 주고 있다. 둘째, 미지의 세계를 향해 겁도 없이 도전하는 바이킹 리더들의 개척자정신을 현대의 리더들이 배울 필요가 있다. 10세기에 노르웨이 바이킹인 에릭은 아이슬랜드에서 서쪽으로 배를 몰아 무려 725킬로미터를 항해하여 그린랜드를 세계 최초로 발견하고, 고향에 돌아와 초목이 무성하여 농사를 지을 수 있는 '푸른 땅(green land)'이 서쪽바다에 있다고 선전하여 그린랜드에 최초의 정착촌을 건설하는 데 성공한다. 그의 아들 리프 에릭손은 그린랜드에서 서쪽으로 항해하여 컬럼버스의 신대륙 발견보다 500년이 앞선 시기에 캐나다의 뉴펀들랜드에 상륙하여 정착촌을 건설하였다. 셋째, 바이킹 리더들은 과학적 지식과 혁신 기술로 무장한 전문가들이었다. 그들은 안개로 한 치 앞을 분간할 수 없는 거친 바다에서 정확하게 목표를 찾아 항해할 수 있는 천문학적인 지식과 항해술을 갖추고 있었다. 그리고 가볍고 속도가 빠른 바이킹 범선(longship)을 만들 수 있는 첨단 기술을 가지고 있었다. 이러한 바이킹의 전문적 지식과 기술을 바탕으로 한 정확한 항해와 민첩한 공격력은 유럽의 다른 국가들을 능가하였으며 정복 전쟁에서 승리할 수 있는 원동력이 되었다.

오늘날 조직에게는 바이킹 리더십이 필요하다고 생각한다. 왜냐하면 바이킹이 활동하던 '바이킹 시대'와 현 시대가 매우 유사성이 높기 때문이다. 국가의 경계선이 의미가 없고 수평선과 지평선을 넘어 어디든 갈 수 있었던 바이킹 용사들처럼 오늘날 세계는 글로벌 리더가 마음만 먹으면 어디든지 가서 비즈니스를 펼칠 수 있는 여건이 갖추어져 있다. 미지의 세계를 향해 마음껏 꿈을 펼칠 수 있는 자가 모든 것을 얻을 수 있는 창조경영의 시대가 도래하였기 때문에 현대 조직의 성공하는 리더들은 바이킹 리더로부터 교훈을 얻을 것이 많다고 생각된다. 현대적 의미의 바이킹 리더들은 주어진 환경의 한계를 초월하고 새로운 지평을 열어 원대한 계획을 달성하는 글로벌 리더들이며, 불확실한 미래를 향해 창의력과 도전정신으로 무장하여 미지의 영토를 향해 개척의 항해를 떠나는 창조경영의 리더들을 의미한다.

바이킹 리더들은 용맹하기로 유명한데, 그것은 그들의 사생관에 기인하고 있다. 전투에서 전사한 바이킹 용사들은 죽어서 발할라(Valhalla)라는 이른바 '명예의 전당'에 들어간다고 믿었다. 그렇기 때문에 그들은 미지의 나라에 가서 적과 싸우다가 죽는다고 해도 내세에서의 명예로운 대우가 보장되어 있기 때문에 성실성과 정직성으로 열심히 거친 현세를 살아갔다. 이는 바이킹 전사들이 잘 조직되고 충성심이 뛰어나며 용맹했던 이유를 잘 설명해준다. 현대의 바이킹 리더들은 목전의 사사로운 작은 이익을 추구하기 보다는, 궁극적인 성과와 명예를 중시하고 윤리의식으로 무장한 성실한 용사의 모습을 하고 있을 것이라고 생각한다.

4. 빅 데이터 분석의 격차와 리더십

요즘 빅 데이터(big data)분석이 사회의 트렌드로 자리잡고 있다. 빅 데이터를 활용하여 은행고객의 신용도나 신도시의 상권을 분석하는 일은 이제 고전이 되었고, 개봉 예정 영화가 얼마나 호응을 얻어 영화관 관람객이 몇 명 정도나 되겠는지를 예측하는 일이 일상이 되고 있다. 사람들은 부지불식간에 '빅 데이터'의 세계에 발을 들여놓게 된다. 인터넷을 검색하다가 남의 글에 간단한 댓글을 달거나, 회원카드를 만들어 음료대금을 결제하면 그 신상정보가 빅 데이터 사냥꾼들의 먹잇감이 된다. 세상 사람들의 일거수 일투족을 감시, 통제하고 온 세계를 지배한다는 조지 오웰의 소설『1984』에 등장하는 '빅 브라더(big brother)'가 바로 오늘날 '빅 데이터'일 수 있다고 우려하는 목소리도 있지만, 대부분 기업들은 빅 데이터가 분석해내는 정보들에서 영업과 마케팅의 감춰진 비밀코드를 읽어내려고 엄청난 돈을 투자하고 있는 상황이다. 빅 데이터가 정의롭고 투명한 사회 건설에 긍정적으로 기여한다고 보는 시각도 있다. 세무서나 감사원 같은 공공기관에서는 빅 데이터 분석을 활용하여 조사능력을 획기적으로 높이려고 애를 쓰고 있으며, 옛날 같으면 도저히 알아낼 수 없는 부정을 칼같이 잡아내고 부정을 저지를만한 소지를 사전에 차단하고 있다. 요즘 서민들을 울리고 있는 보이스 피싱 사기도 빅 데이터 분석을 통해 범죄자의 통화수법, 시기, 통화내용, 요구사항 등을 정밀 분석하면 범죄를 예방하여 한해 5,000억 원 이상의 피해를 조금이라도 줄일 수도 있을 것이다.[6)]

빅 데이터란 데이터베이스, 텍스트, 이메일, 멀티미디어, 센서나 사물정보 등 다양한 종류의 대규모 데이터로부터 가치 있는 정보를 추출하고, 생성된 지식을 바탕으로 개인이나 조직에 유용한 가치를 창출하는 것을 총칭하는 말이다. '빅(big)'이라는 수식어가 붙는 것은 종래 데이터베이스 관리의 범위를 넘어서는 매우 다양하고 대규모의 데이터를 다루고 있다는 의미이다. 사람들은 빅 데이터에 열광하면서 빅 데이터 분석이 마치 도깨비 방망이처럼 모든 경영문제를 해결하는 만병통치약으로 착각하고 있는 것 같다. 미국에서 수요일마다 아기 기저귀와 맥주의 매출이 특히 높다는 것을 빅 데이터 분석을 통해 알게 된 마트 측에서 기저귀와 맥주를 함께 진열하였더니 두 상품의 매출이 5배로 늘었다는 전설이 있었다. 그 이유는 주말에 쇼핑한 아기 기저귀가 수요일쯤 재고가 바닥이 나게 되자 아기 엄마는 아기 아빠에게 퇴근 무렵 마트에 들러 기저귀를 사오라고 전화를 한다. 마트에 들린 아빠는 기저귀를 사는 김에 자신이 즐겨 마시는 맥주를 함께 구입해서 귀가하게 되기 때문이라는 것이다. 그렇지만 이러한 성공사례는 전문가의 의견에 따르면 기저귀 구입과 맥주 구입이라는 두 데이터간의 상관관계가 깔끔하게 분석되어 추출될 수 있는 데이터 환경이 조성되어 있어야 가능하다고 한다. 평소 기업의 데이터베이스가 온갖 무의미한 데이터로 가득 차 있다면, 정확한 데이터 분석은 불가능에 가까워서 "garbage in, garbage out" 밖에는 되지 않을 것이다.

빅 데이터도 결국 데이터일 뿐이다. 데이터 자체는 의미 있는 메시지를 직접 던지지는 않는다. 빅 데이터 분석을 통해 얻어진 결과는 마치 살인사건 현장에 남겨진 유리조각 한 점과 같다. 여기에 범인의 DNA라도 묻어 있다면 결정적 증거가 되겠지만, 아쉽게도 아무 표식이 없는 그저 유리 한 점일 뿐이라고 한다면, 사고현장의 상황과 유리조각을 연결해서 의미 있는 결론을 유도하는 '성찰(reflection)'은 오랜 경험을 갖춘 유능한 수사관의 능력에 의존할 수밖에 없다.[7)]

오늘날 데이터의 홍수 속에서 수집한 데이터를 활용, 분석하여 가치 있는 정보를 추출하고 가치 있는 지식을 얻어내서 실무에 적용하고 변화를 예측하는 것은 결국 사람이 해야 한다. 즉 '빅 데이터 리더'의 역할이 중요하다. 이러한 '빅 데이터 리더십'이 없다면 빅 데이터 열풍은 봄철에 지나가는 황사같은 것일 뿐이다. 일찍이 정보기관에는 정보 분석관이라는 직책이 있었다. 정보 분석관은 현장에서 수집되어 온 각종 정보를 정리, 분류, 분석하여 의미 있는 정보를 추출하는 역할을 하는데, 반드시 분석관의 필터링 과정을 거쳐야 그 정보는 최고 의사결정자에게 올라갈 수 있었다. 정보 분석관의 실수는 치명적인 결과를 초래한다. 예를 들면, 조지 W. 부시 대통령 시절, 미국이 사담 후세인의 이라크와 적대관계에 있을 때 이라크 내에 대량살상무기시설이 실제로 존재한다는 정보가 그 공장에서 근무했다고 주장하는 한 정보원의 진술을 근거로 하여 미국의 국방부에 전달되었다. 유일한 증인에 의한 엄청난 제보를 받아들을 것인지를 놓고 최고 정보기관의 분석관들이 고민을 거듭하다가 결국 대통령에게 그대로 보고하기에 이른다. 미국은 대량살상무기를 제거한다는 명분으로 이라크 침공을 감행하였으나 결국 대량살상무기는 발견되지 않았고 미국은 판단 미스로 인한 전쟁으로 국제적 비난을 사게 되었다.

그러면 빅 데이터의 시대에 기업 경영자에게 요구되는 리더십 자질은 무엇일까? 그것은 나무만 보는 것이 아닌, 숲을 보고 큰 그림을 그릴 줄 아는 능력일 것이다. 좀 더 구체적으로 말한다면, 때로는 사소한 정보에도 귀를 기울이는 섬세함을 갖추고 있으면서도 시대의 큰 담론과 스트림을 이해하고 터득할 수 있는 능력을 갖추어야 한다. 예를 들면, 한 도시에 교회의 숫자가 늘어남에 따라 술집이 늘어난다는 정보를 수집하였다고 하면, 두 변수 간에 상관관계가 있을 것이라고 단정하면 제대로 된 분석이 어렵다. 그 도시의 교회 증가와 술집 증가 간의 상관관계가 높다고 하여도 인과관계가 있다고 보기는 어렵고, 숨어 있는 거대 변수, 즉 인구의 증가가 교회와 술집 수의 증가를 야기하였다는 종합적이고 정확한 판단을 내릴 수 있는 리더의 능력이 필요한 것이다. 그러나 너무나 큰 변수만을 보다가 디테일한 부분을 놓쳐서 낭패를 당할 수도 있다. 예를 들면, 시장점유율, 연 매출액 등 거대 변수만을 챙기다가 소비자의 소비패턴 변화를 챙기지 못해 낭패를 당한 케이스로 한국의 맥주시장을 들 수 있다. 국내 맥주회사가 오랫동안 유지된 과점을 통해 높은 시장점유율에 안주하다가 에일 방식의 외국 맥주의 맛에 흠뻑 빠지게 된 소비자들이 늘어나면서 수입맥주 선호도가 폭발적으로 증가하게 되어 국내 맥주회사들이 옛 아성을 빼앗긴 사례도 이와 같이 숲만 보고 나무를 보지 못하다가 손해를 입은 경우라고 할 수 있다.

빅 데이터 분석은 경영자와 기업에 있어서 양날의 칼이라고 생각된다. 그 칼을 잘 다룰 줄 아는 리더의 역량이 있으면 그것은 경쟁력이 되지만, 그렇지 못한 리더가 그 칼을 잘못 휘두르다 자신에게 상처를 나게 할 수 있다. 금융기관의 예를 들어보자. 신용도에 대한 정확한 평가는 금융기관의 생존과 경쟁력을 좌우하는 매우 중요한 요소이기 때문에 금융기관은 신용평가 능력을 키우기 위해 빅 데이터 분석에 힘을 쏟고 있으며, 신용불량 가능성을 측정하는 평가모형을 구축하여 신용 위험관리에 활용하고 있다. 그런데 의사결정자인 심사담당 임원이나 경영자가 과학적인 신용평가모형의 구축과 적용에 대한 이해와 신뢰가 부족하여 심사담당 임원이나 경영자가 시스템을 무시하고 자신의 감이나 경험, 인적 네트워크, 또는 비윤리적 관행에 의존하여 대출의사결정을 하게 되면 빅 데이터는 무용지물이 될 것이다.

빅 데이터 분석은 생각보다 쉽지 않다. 통계패키지처럼 공식에 따라 일정한 해답이 도출되는 것도 아니고 뉴스, SNS, 블로그 등 온라인상에서 생성된 대량의 데이터들을 긁어내서 의미 있는 지식을 찾아내기 위해서 여기에 훈련된 리더를 체계적으로 양성하는 것이 필요하다. 통계기법에 숙달하거나 컴퓨터나 IT 기술로 무장되어 있다고 해도 빅 데이터를 잘 분석한다고 자신할 수 없다. 어쩌면 빅 데이터 분석은 학제적 종합기술이라고 말할 수 있다. 따라서 '빅 데이터 리더'들은 경영 · 경제에 관한 지식은 물론이고, 인문 · 사회과학적 소양, 통계, 컴퓨터 기술 등 학제적 융합능력으로 무장된 첨단 인재들이다. 이들은 난지도처럼 대규모 쓰레기장에 널브러져 있는 한도 끝도 없는 데이터들을 뒤져서 기업이 필요로 하는 의미있는 지식을 적시에 추출해 낼 수 있는, '반지의 원정대' 같은 개척자들이라고 할 수 있다.

5. 강소국 룩셈부르크 번영의 교훈

'통일은 대박이다'라는 박근혜 대통령의 신년 기자회견에서의 발언은 그간 국내에 만연해 있던 통일에 대한 부정적인 시각을 불식시키고 외국인들에게 통일 한국은 기회의 땅이라는 인식을 심어준 기폭제 역할을 하였다. 세계적인 투자자들이 연일 남북통일이 갖는 경제적, 정치적 가치에 대해 높이 평가하는 멘트를 쏟아내고 있다. 통일된 대한민국은 과연 어떤 모습을 갖게 될지에 대해 국민들의 관심도 높아지고 있는 시기에 필자는 2014년 2월, 학생들을 인솔하여 유럽의 강소국 룩셈부르크를 방문한 적이 있다. 필자가 독일 유학시절에 가끔 가본 적은 있었지만, 이번 방문에서 과거와는 다른 큰 충격과 함께 많은 시사점을 얻고 돌아왔다.

룩셈부르크는 독일과 프랑스 그리고 벨기에에 둘러싸인 내륙국이다. 면적은 우리나라 제주도 보다 조금 큰 정도이고 인구는 54만 명가량인데 그나마 45%가 외국인으로 구성되어 있다. 룩셈부르크는 10세기 건국이후 지정학적 위치로 인해 오랫동안 이웃 강대국들의 침략과 간섭을 받아왔으면서도 19세기 이래 독립을 유지해오고 있다. 오늘날 룩셈부르크는 유럽연합의 핵심적 국가로서 2차 세계대전 직후 유럽경제공동체를 출범시킨 초기 6개국 창립멤버에 속한다. 회사로 비유하면 창업자 중 한사람으로서 EU라는 회사의 지분을 가지고 있는 셈이다. 룩셈부르크는 공식 언어로서 독일어와 프랑스어 그리고 룩셈부르크어(독일어의 방언)를 사용하고 있으며 학생들은 학교에서 영어도 배우기 때문에 젊은 사람들은 웬만하면 4개 국어에 능통하다. 그리고 룩셈부르크의 위치는 유럽의 중심으로서 유럽 어디나 쉽게 연결될 수 있는 허브에 위치한다. 육상과 항공교통이 편리할 뿐만 아니라 국제

감각과 언어능력을 갖춘 젊은이가 넘쳐나고 세제혜택까지 있기 때문에 일찍이 수많은 글로벌 기업들은 자신들의 본사나 유럽지역 본사를 룩셈부르크에 두고 있다. 미국계 글로벌 기업인 아마존과 스카이프의 유럽지역본사, 세계 1위의 철강회사 아르셀로미탈의 본사가 룩셈부르크에 있다. 이 밖에도 유럽재판소, 유럽감사원, 유럽투자은행, 유럽연합집행위원회가 이 조그만 나라에 밀집되어 입주해 있다. 한 마디로 룩셈부르크는 유럽의 관문이며 유럽연합의 사무실이라고 표현할 수 있다. 룩셈부르크는 약소국이라는 콤플렉스를 성공적으로 극복하고 1인당 GDP는 8만 여 달러로서 세계 2위, 이코노미스트 발표 '삶의 질 지수'에 있어서 세계 4위를 랭크하는 등 경제적 번영과 정치적 안정이라는 두 마리의 토끼를 다 잡고 오늘도 승승장구하고 있다.[8)]

통일 한국은 룩셈부르크의 성공모델에서 교훈을 삼아야 한다고 생각된다. 그 이유는 다음과 같다. 한국은 룩셈부르크와 마찬가지로 중국, 일본, 러시아라는 강대국의 각축 속에서 영토를 잃고 주권을 빼앗긴 역사를 가지고 있다. 그런데 이러한 지정학적인 위치 때문에 통일 한국은 오히려 큰 덕을 볼 수 있다. 세계적 투자 전문가인 로저스홀딩스의 짐 로저스 회장은 "남북한 간 통합이 시작되면 자신의 전 재산을 한반도에 쏟겠다"는 언급을 했는데, 그 근거로 내세운 것은 한반도가 소득수준이 세계 정상급인 강대국들로 둘러싸여 있다는 점을 지적했다. 즉 통일이 되면 한반도의 위치는 중국, 일본, 러시아라는 세계적 거대 시장의 한복판 목 좋은 곳에 백화점을 차리는 격이 되고, 중국 및 유라시아 철도, 항공 화물터미널과 같은 인프라를 확충하게 되면 한국은 물류비용 절감과 제조업의 경쟁력을 통해 세계 무역의 허브로 급성장할 가능성이 높다는 것이다. 그리고 한류문화가 룩셈부르크의 다중 언어방송인 RTL-TV처럼 한국의 미디어를 타고 동북아시아의 시청자들을 사로잡을 수 있다는 점도 공통점이라고 생각된다. '나중 된 자가 먼저 된다'는 성경말씀처럼, 오랫동안 분단의 시련을 겪어 온 우리나라가 통일을 이루어 세계의 경제, 정치, 문화의 중심이 되는 꿈은 결코 공상이 아니라는 확신을 룩셈부르크에서 얻고 돌아왔다.

6. 지속가능경영을 위한 리더십

최근 경영의 화두로 등장하고 있는 지속가능 경영(Sustainable Management)이란 이해관계자(stakeholders)의 가치를 창출하고 현재와 미래 세대의 복지에 기여하기 위해 모든 형태의 자원(인적자원, 천연자원, 생산물, 재무적 자원)을 보전하고 확충하는 방식으로 기업, 조직 또는 국가의 운영을 선도하는 능력을 의미한다.

오늘날 지속가능 경영은 경제, 환경, 사회 영역의 비재무적 이슈를 경영전략에 포함시켜 비즈니스 기회를 선점하고 재무성과에 기여하는 경영 패러다임으로 인식하고, 지속가능 경영을 기업의 브랜드 가치 향상을 위한 수단으로 생각하는 것에서 벗어나 전략적 차원에서 주요한 경영 이슈로 인식하여 핵심역량 강화 수단으로 삼는 경향을 보이고 있다.

최근 지속가능경영을 기업의 핵심역량으로 인식하고 이를 적극적으로 실천하는 기업들이 점차 늘어나고 있는 것은 바람직한 현상이라고 볼 수 있다.

이른바 TBL(Triple Bottom Line)은 지속가능경영을 완성하는 3대 축으로 ① 경제적 수익성, ② 환경적 건전성, ③ 사회적 책임성을 균형적으로 통합하여 장기적인 성장을 추구한다.[9] 주주뿐만 아니라 다양한 이해관계자의 이익을 반영하고, 환경적 책임과 사회적 책임을 다하면서 경제적 이익을 추구하는 기업만이 장기적으로 성장할 수 있다는 믿음에 기초하고 있는 것이다. 국제사회가 지속가능 경영에 동참하지 않는 기업에 대해 불이익을 가하려는 움직임을 보이고 있다. 국제표준화기구(ISO)가 환경, 인권, 노동 등에 관한 사회적 책임을 포괄적으로 규정한 ISO 26000을 제정한 것이 대표적인 예다. 이 규정이 국제 상거래 표준으로 자리잡을 경우 간접적인 무역장벽으로 작용할 수도 있다.[10)]

지속가능 경영의 핵심과제들 중 상당 부분은 인적자원관리에 관련된 것들이다. 예를 들면, 협력적 노사관계, 글로벌 인재양성, 기업 및 사회복지 등은 인적자원 관리의 핵심 주제이다. 결국 지속가능 인적자원관리(Sustainable HRM)는 지속가능 경영을 성공으로 이끄는 견인차 역할을 한다고 여겨진다.

일반적으로 지속가능 인적자원관리는 사회적 책임과 경제적 수익을 달성하기 위해 인적자원을 확보, 개발, 유지하는 것을 목표로 삼는 사고와 행동으로 정의할 수 있다. 인적자원관리의 지속가능성에 대해서는 사용자와 근로자의 관점에 차이가 있을 수 있다. 사용자는 장기적인 경제적 수익과 사회적 책임을 추구하는 데 관심이 집중되어 있으며, 근로자의 입장에서는 자기책임과 동기부여와 지속적인 자기개발을 통해 기업의 성과에 기여하는 데 관심이 집중되어 있다. 지속가능 인적자원관리를 위해 근로자 개인과 기업의 긴밀한 협력이 필요한 이유가 여기에 있다.

이러한 지속가능경영을 수행해 낼 수 있는 경영자의 능력은 그의 리더십으로 나타난다. 이런 의미에서 오늘날 지속가능한 리더십에 대한 관심이 증대되고 있다. 지속가능 리더십이란 조직이 인간적이고, 환경 건전성이 담보되며, 재무적인 성공을 지속할 수 있도록 영향력을 행사하는 과정이라고 정의할 수 있다. 지속가능경영의 3대 핵심과제의 성패 여부도 리더의 리더십 능력에 달려 있다고 할 수 있다. 즉 경제성장을 달성하면서도, 직원의 사회복지를 보장하며, 환경을 보호하는 데 리더가 앞장서야 한다는 것이다.[9)]

독일정부는 1993년 세계 환경문제에 관한 학술자문단(WEBU)을 결성하여 여러 학문분야의 전문가들이 기업활동의 환경 영향을 분석하여 보고서를 작성케 하고 있다. WEBU가 기업들에게 개선을 요구하고 있는 사항은 다음과 같다:[11)]

- 인간에 의한 온실효과의 확산
- 인구의 증가로 인한 식수부족 현상
- 인간에 의한 생물 다양성의 손실
- 인간에 의한 자연재해
- 인구의 변화
- 전세계적인 해양 오염
- 영양결핍과 건강에 대한 위협
- 전세계적인 경제발전 수준의 차이

WEBU가 기업의 환경적 지속가능성의 척도로 삼고 있는 위의 여덟 가지 기준을 '신드롬 접근법(syndrome approach)'이라 부르는 데, 그 이유는 기업활동의 결과로 환경에 가할 수 있는 악영향들을 병에 비유하여 '신드롬(증후군)'으로 분류하여 이를 감시하고 개선책을 마련하고자 하는 것이다.

환경적 악영향, 또는 병폐에 대처하는 리더는 불확실성하에서 의사결정을 하는 경영자라고 말할 수 있다. 지속가능 경영의 지표들이 중요하기는 하지만 이들의 변화를 사전에 예측해서 대책을 마련한다는 것은 정말 어려운 과제이다. 경영의 기본이 되는 미래에 대한 예측가능성과 통제가능성이 거의 결여되어 있기 때문에 지속가능 경영은 쉽지 않고, 이를 수행하여 소기의 목적을 달성해야 하는 리더의 리더십 발휘도 난관에 봉착하기가 쉽다.

따라서 지속가능 경영실현을 위한 리더십의 요체는 리더가 부하직원들에게 권한을 이양하여 이들의 자발성, 자율성을 높이는 한편, 문제가 발생했을 때 즉각적으로 대응하는 체제를 확립하는 것이다. 직원들의 자기책임감을 높이고 조직전체의 대응력을 향상시키는 것은 환경재앙이나, 소비자에 대한 피해에 직면하여 리더가 '진실의 순간'에 문제를 해결하는 데 큰 도움을 준다는 것이 지난 20년간 일련의 기업사고들을 통해 잘 알려져 있다.

안타깝게도, 지속가능경영 관련 재해가 발생했을 때, 지금까지 성공사례보다는 실패사례가 더 많은 것으로 일반인들에게 각인되고 있다. EXXON Mobile 의 알래스카 해안 유조선 원유 유출사건, 에너지 대기업 YY의 회계부정사건 등은 환경보호에 앞장서고, 일단 투자자에 대해 경영책임을 다해야 하는 경영리더가 위기를 맞아 평소 알려진 방향과는 다른 방향으로 잘못 의사결정을 하여 큰 재앙을 불러온 사건들이라고 볼 수 있다.

학자들은 지속가능경영이 성공을 거두기 위한 조건으로 리더와 추종자간의 비전과 전략 공유를 강조하고 있다. 일단 사고가 발생하게 되면, 리더와 추종자간의 충분한 의사소통과 토론이 어렵게 된다. 시간에 쫓기게 되고 자칫 사고해결을 위한 시간을 허비할 수 있기 때문이다. 가장 좋은 방법은 평소에 기업의 사명과 비전, 그리고 그에 기초한 전략과 액션플랜에 대해서 조직내 상급자와 하급자간의 물샐틈없는 공유가 되어 있다면, 환경재앙이나 환경사고, 대형 범죄를 사전에 예방할 수 있고, 사건이 발생하여도 신속하게 수습할 수 있기 때문이다.[12)]

끝으로 학자들은 지속가능경영을 위해 리더는 문제해결에 있어서 조직과 업무의 복잡성을 타파하고 가급적 조직운영과 규정을 단순화하는 것이 필요하다고 입을 모으고 있다. 단순성이야 말로 위기시에 리더가 조직을 효율적으로 운영하는 기초가 될 수 있다.

7. 미래를 위한 국가적 인재양성 시스템

미래를 위한 우리나라의 국가적 인재양성 시스템은 어떠한지를 살펴보면 현실은 매우 참담하다. 우선 양성평등 측면에서 보면, 국무총리를 포함한 국무위원 19명 중 여성은 여성가족부 장관 1명뿐이다. 경영계에 있어서도 양성평등이 잘 지켜지지 않는다. 국내 30대 그룹 계열사 10곳 중 7곳에는 여성 임원이 단 한 명도 없다. 세계경제포럼의 2014년 성 격차지수에 따르면, 한국의 성 평등 순위는 142개국 중 최하위권인 117위다. 성별 임금 격차도 경제협력개발기구(OECD) 회원국 가운데 가장 크다. 다문화·다인종 사회에 대한 시각 역시 편협하기는 마찬가지다. 외국인 노동자에 대한 차별은 여전하고, 해외 난민 수용에는 지극히 인색하다. 지역균형 문제는 다시 지적하기도 부끄럽다.[13] 특정 지역 특정 고등학교의 선후배가 같은 시기에 검찰총장과 경찰청장을 석권할 판이다.

선진국의 경우는 어떤지를 살펴보기로 한다. 아시아계 최초로 유럽의 장관직에 오르며 화제를 모았던 한국계 입양아 출신 프랑스의 플뢰르 펠르랭 장관. 현재 42세인 그녀는 올랑드 내각의 프랑스 문화부 장관직을 맡아 바쁜 일정을 소화하고 있다. 2012년 중소기업 디지털 경제부 장관에 아시아계로서는 최초로 임명되며 스포트라이트를 받았지만, 펠르랭 장관이 쌓아온 이력은 놀라울 뿐이다. 또래보다 2년 빠른 16세에 고등학교를 조기 졸업하고 대학입학자격시험인 바칼로레아에 합격해 프랑스 상경계 최고의 그랑제콜인 ESSEC에서 경제학을 전공한 뒤, 파리정치대학 시앙스포와 국립행정학교 ENA를 거치며 경제, 정치, 행정 분야의 명문을 두루 섭렵한 펠르랭은 2002년 정계에 입문해 2007년 세골렌 루아얄과 2012년 프랑수아 올랑드의 대선 캠프에서 활동하였으며 올랑드 대통령 당선 이후 38세의 젊은 나이에 장관에 임명됐고, 통상관광 장관을 거쳐 2014년 문화부 장관을 맡을 정도로 뛰어난 업무 능력을 인정받고 있다.

독일은 이민국가가 아닌 민족국가이기 때문에 외국인이 장관을 맡는 일은 과거에는 없었다. 그런데 지난 2009년에 기민·기사·자민당 연정 내각에서 베트남 난민 출신의 필립 뢰슬러라는 의사출신 자민당 정치가가 메르켈 총리로부터 연방 보건부 장관으로 임명되어 사람들을 놀라게 했는데, 이 사람은 외모부터 영락없는 아시아인이었기 때문에 사람들은 뢰슬러 신임장관의 임명에 대해 매우 놀라워 했다. 뢰슬러 장관은 베트남에서 태어났고 생후 9개월에 베트남 난민신분이 되었었다가 독일인 부모에게 입양이 돼 자라면서 의대를 졸업하고 의사가 된 후 군의관을 거쳐 만19세에 자민당(FDP)의 '영 소사이어티'의 멤버로 발탁이 된다. 그 이후로 줄곧 자민당 내의 여러 당직을 맡으면서 37세에 마침내 연방장관이 되는 '저먼 드림(German dream)'을 이루었다. 우리나라 경기도 안산에 가면 외국인 근로자와 그 가족들이 많이 거주하고 있는데 부모를 따라 한국에 온 자녀가 한국에서 학교를 마치고 37세 쯤에 과연 우리나라 보건복지부 장관이 될 수 있을까? 지금으로서는 쉽게 상상이 되지 않는다. 그러나 그간 보수적이었던 독일에서는 이젠 이런 일이 더 이상 놀라운 일이 아니다. 독일의 보수적인 성향의 자민당이 베트남 입양자 출신 청년을 당의 핵심 인재로 20년 이상 체계적으로 키워왔다는 사실이 놀라울 뿐이다.

독일에는 2010년에 유사한 다른 사례를 들 수 있는데, 아버지가 스코틀랜드인이고 엄마는 독일인이라 이중국적을 가지고 있던 베를린 태생의 데이빗 맥칼리스터는 사람이 역시 만 20세에 독일의 기민당 청년당원으로 입당을 해서 그 때부터 체계적인 정치 트레이닝을 받고 39세에 독일 니더작센주의 주지사로 선출된 이야기가 독일인들 사이에서 회자되었다. 기민당에서는 외국인 출신 청년들을 일찍부터 선발하여 당 중진급이 될 때까지 20년 간 멘토링을 통해 미래의 정치지도자를 육성하는 프로그램이 있었다는 것이 알려졌다,

2015년 11월 4일 공식 취임한 캐나다의 저스틴 트뤼도 총리는 새 내각의 각료들을 언론에 소개했다. 그의 내각은 가치 파격적이었다. 역사상 처음으로 남녀 15명씩 동수의 '성평등 내각'이었을 뿐만 아니라 난민 출신과 이민자, 원주민과 장애인을 장관으로 발탁했다. 연령을 30~60대로 다양하게 구성했고, 지역적으로 안배를 통해 균형된 인사를 실시하였다. 트뤼도 내각의 참신함을 상징하는 인사는 민주제도부를 맡게 된 여성 장관 메리엄 몬세프다. 30세로 최연소인 그는 아프가니스탄 난민 출신이다. 20년 전 어머니와 함께 파키스탄, 요르단을 거쳐 캐나다에 정착한 난민 소녀가 장관에 오른 것이다. 하지트 싱 사잔 국방부 장관은 터번을 쓰고 긴 수염을 기른 시크교도이다. 5세 때 인도에서 이민 온 그를 비롯해 시크교도 여러 명이 내각에 포함됐다. 법무부 장관으로 기용된 여성 조디 윌슨-레이보울드는 캐나다 역사상 최초의 원주민 장관이란 기록을 세우게 됐다. 켄트 헤르 국가보훈부 장관 등 2명은 장애인이다.

세계 역사상 선진국으로 발돋움한 국가들은 체계적이고 우수한 인재 양성 체계를 갖추고 있다는 사실을 우리는 알 필요가 있다. 좋은 예가 프랑스다. 프랑스는 엘리트 교육이 체계화 되어 있는 것으로 유명한데, 고위관료가 될 인재를 양성하는 고등교육 기관으로서 "ENA (Ecole Nationale d'Administration)"라고 불리는 고등행정대학교를 들 수 있다. 1945년 샤를르 드골 대통령에 의해 설립된 이 학교는 역대 프랑스 총리 대부분과 자크 시라크 대통령이 졸업한 명문대학으로서 프랑스를 움직이는 관료들과 정치 지도자들이 다 여기 출신이라고 해도 과언이 아니다. 미국에서는 하버드 대학의 행정대학원(Kennedy School)이 미국 행정관료와 정치리더들을 양성하는 기관이라고 볼 수

있다. 영국도 옥스퍼드와 캠브리지 대학은 전통적으로 영국의 리더 양성기관이었다. 옥스퍼드와 캠브리지 대학에는 성적만 좋다고 입학할 수 있는 것이 아니다. 이 대학들의 학부 재학생을 살펴보면 외국인 학생들 숫자가 많지 않은 것을 알 수 있다. 그 이유 가운데 하나는 옥스퍼드나 캠브리지대학교 학부과정의 입학사정에는 학생들의 학교 성적도 고려하지만 학생의 부모나 조상이 국가를 위해 어떤 헌신을 했느냐, 어떤 기여를 했느냐가 입학결정에 높은 비중을 차지한다고 한다. 아무튼 대영제국과 같이 한 때 세계에 '해가 지지 않는 제국'을 건설했고 세계 질서를 만들었던 선진국들에는 국가가 의도적으로 그리고 체계적으로 리더를 양성하는 과정을 가지고 있다는 것을 알 수 있다.

다음으로 독일의 정치지도자 양성체계에 대해서 살펴본다. 독일은 정치 지도자 양성을 위해서 정당마다 청년리더 양성체계를 가지고 있다. 가령 보수당인 기민당에는 초대 총리 아데나워의 이름을 딴 콘라드-아데나워 장학재단이 있는데 이 재단에서는 해외에 있는 독일에 유학하고자 하는 청년들이 독일에 와서 다년간의 공부를 마칠 수 있도록 충분한 정도의 장학금 혜택을 주어 학업기회를 장려하고 지원하고 있다. 그리고 졸업 후 고향으로 귀국 후에도 계속 관계를 유지하면서 그 나라에서 지도자로 성장할 수 있도록 돕고 있는 매우 장기적인 인재양성 체계를 갖고 있다. 사회민주당은 프리드리히-에버트 재단, 자민당은 프리드리히 나우만 재단이라고 해서 독일의 청년들은 물론이고, 전 세계의 개발도상국가에 이르기까지 글로벌 리더들을 키워서 언젠가는 이 사람들이 독일에 유리한 정책을 수립하고 집행할 수 있도록 한다는 취지이다.

일본의 경우에는 과거 제국주의 시절, 도쿄나 쿄토 제국대학에서 군국주의 일본의 인재를 양성하여 전체주의 체제의 전위대로 활용한 어두운 역사가 있다. 1945년 패전 이후 일본에서는 과거에 대한 반성으로 국가가 의도적이고 체계적으로 인재를 양성하는 전통은 단절되었다.

그런데 특이하게도 민간기업인 마쓰시타의 창업주 마쓰시타 고노스케가 1979년 공익재단법인인 '마쓰시타 정경숙(松下政經塾)'을 설립하여 국가적인 인재를 양성하기 시작하였다. 마쓰시타 정경숙은 지금까지 국회의원, 지방자치단체장, 지방의원 등의 정치가를 중심으로, 경영자, 대학교원, 언론관계자 등 각계에 다수의 인재를 배출하고 있다. 사업가로서 성공을 이룬 마쓰시타 고노스케는 만년에 일본의 차세대 국가지도자를 육성한다는 뜻을 세우고 자신의 사비 70억 엔을 들여 가나가와 현 치가사키 시에 마쓰시타 정경숙을 설립한 것이다. 정경숙에는 22세부터 35세 이하의 청년으로 소정의 선발시험에 합격한 사람만이 입학이 허용된다. 입학 후에는 교내 기숙사에서 함께 생활하며, 4년에 걸쳐 연수, 실천 활동을 실행하게 된다.

연수 커리큘럼은 정치학, 경제학, 재정학 같은 전문적인 것에서부터, 차도, 서도(서예), 좌선, 이세진궁 신사 참배 등 일본의 전통에 대한 교육과 더불어 자위대 체험입대, 무도, 매일 아침 3킬로미터의 조깅, 100킬로미터 보행훈련 등 폭넓게 준비되어 있다. 졸업생의 대부분이 사상적으로는 민족주의와 공동체주의를, 경제적으로는 국가자본주의와 중상주의 내지 실용적인 사회자유주의적 정책을 지향하는 경향이 있다. 졸업생의 43%가 정치의 길을 걷고 있으며, 현직 정치인인 졸업생은 2010년 8월 30일 기준으로 중의원 의원 31명, 참의원 의원 7명, 지방자치단체장 10명, 지방 의원 24명 등 총 72명에 달한다. 일본 사회를 발전시킬 인재들을 꾸준히 배출하는 명문 인재양성기관으로 성장하고 있는 마쓰시타 정경숙을 벤치마킹하여 우리나라에서도 유사한 기업주도의 리더 양성기관을 설립하자는 움직임이 최근에 있었다.

징기스칸의 몽골제국과 로마제국이 세계를 지배할 수 있었던 이유 중에 하나는 차별없는, 능력위주의 인재양성에 있었다. 몽골제국에서는 점령지에서 널리 인재를 충원하고 장교로 양성하여 몽골인들을 따르게 함으로써 진군하는 곳마다 군사가 넘쳐나는 현상을 보였다고 한다. 몽골의 수도인 하라코럼에는 다양한 종교를 가진 외국인들이 아무런 규제없이 종교생활을 영위하면서 경제생활을 할 수 있었고 오리엔트의 부와 정보가 모두 하라코럼으로 몰렸다고 한다. 로마제국도 이와 유사했다. 점령한 국가에서 쓸만한 인재가 있으면 로마군이 될 수 있도록 하였고 특히 우수한 자는 장교로 발탁하기도 하였다. 그리고 로마의 시민권을 가질 수 있는 요건을 완화하여 외국인이라도 로마에 공을 세우거나 경제적인 기여를 하면 쉽게 로마 시민권을 얻을 수 있었다고 한다. 몽골과 로마제국 내에서 외국인들이 그들이 속한 제국에 충성한 이유는 열심히만 하면 능력에 따라 차별없이 보상을 받을 수 있었기 때문이었다.

과거 민족국가로서의 자부심이 유난히 강했던 영국, 프랑스. 독일에서는 나라의 인재를 등용하는 데 있어서 성별, 인종적, 종교적 차별이 거의 없다. 철저히 능력위주로 인재를 등용하고 어릴적부터 국가나 정당이 인재를 체계적으로 육성하는 시스템을 갖추고 있다. 이제 우리나라가 통일을 앞당기고 중견 선진국으로 성장하기 위해서는 국가의 인재를 조기부터 양성하는 국가적 인큐베이션 시스템이 마련되어야 한다는 생각이 든다.[14)]

참고문헌

1. Gartlan, L. (2011), A *Complete Craze: Isabella Bird Bishop in East Asia*, in Photo Researcher, Vienna: ESHPh, 15, April 2011, pp. 13-26.
2. Glauber, C. (2002), *Isabella Bird Bishop: Korea, the Yangtze Valley, and Beyond,* Photo Review, Summer 2002.
3. Stowe, H. B. (1853), *Uncle Toms Cabin, or Life Among the Lowly,* Boston: John P. Jewett Company.
4. Schlender, B. & Tetzeli, R. (2015). *Becoming Steve Jobs: The Evolution of a Reckless Upstart into a Visionary Leader.* Crown (ebook).
5. Allan, T. (2010), *Vikings: The Battle at the End of Time.* Oxford: Watkins Publishing.
6. Foreman, J. (2014), *Data Smart: Using Data Science to Transfor to Information into Insight.* Indianapolis: John Wiley & Sons.
7. Provost, F. & Faucett, T. (2013), *Data Science for Business: What you need to know about data mining and data-analytic thinking.* Sebastopol: O' Reilly Media.
8. Kreins, J.-M. (2003). *Histoire du Luxembourg* (in French), 3rd ed., Paris: Presses Universitaires de France.
9. Korowitz, David (2012), *Ignorance by Consensus,* Foundation for the Economics of Sustainability
10. Brown, L. R. (2011). *World on the Edge.* Earth Policy Institute. Norton.
11. Bundesministerium für Umwelt, Naturschutz und Reaktor-sicherheit (2007), *Nachhaltigkeitsberichterstattung: Empfehlungen für eine gute Unternehmenspraxis.* Berlin 2007.
12. Rogers, P., Jalal, K. F. & Boyd, J. A. (2007). *An Introduction to Sustainable Development.* London: Routledge.
13. OECD (2015), Secretary-General's Report to Ministers.
14. Rao, T. V. (2014), *HRD Audit: Evaluating Human Resource Function for Business,* 2nd ed., London: Sage Publications.

/ 저자소개 /

■ 김 성 국 (金聲國)

서울대학교 인문대학 수석졸업
서울대학교 대학원 경영학과 졸업(경영학석사)
독일 Mannheim 대학교 경영학박사 학위취득 (Dr. rer. pol.)
노동부 공인노무사 시험 출제위원
삼성전자 등 주요 대기업 인사 · 조직 자문교수
대통령자문 새교육공동체위원회 자문위원
독일 FU Berlin, Hamburg, Paderborn, Halle-Wittenberg 대학 객원교수
미국 California 대학(Berkeley) 객원교수
유럽 학술저널 「Management Revue」 편집위원
(사) 대한리더십학회 초대 회장
(사) 한국인사조직학회 회장
(사) 한독경상학회 회장
현재: 이화여자대학교 경영대학 교수, 경영대학장
　　(사) 아시아-유럽미래학회 회장
　　(사) 한국경영대학 · 대학원협의회 이사장
　　독일학술교류처(DAAD) Research Ambassador

[저서 및 논문]

현대인과 노동 (번역), 법문사, 1994
트렌디 인사관리, 명경사, 1997
조직과 인간행동, 명경사, 1999
경영과 사회, 명경사, 1999
21세기형 인적자원관리, 명경사, 2000
인적자원관리 뉴패러다임, 명경사, 2003
이슈중심 인사관리, 삼영사, 2004
글로벌 CEO의 성공공식, 삼영사, 2006
신인적자원관리, 탑북스, 2010
인적자원관리 5.0, 탑북스, 2011
Zur Arbeitszufriedenheit der aus Korea in deutsche Niederlassungen entsandten Stammhaus-Mitarbeiter: eine empirische Analyse, Centaurus-Verlag: Pfaffenweiler, Germany.
기타 학술논문 다수

모멘트 리더십

2015년 8월 31일 1판 1쇄 발행
2016년 7월 10일 1판 2쇄 발행

저 자 김 성 국
발행인 김 광 식
조 판 아 람 기 획

121-876
발행처 서울특별시 마포구 대흥로2길 5, 202호
도서출판 탑 북 스
등 록 2009.12.21 제 2013-000101 호
전 화 02)365-2223 팩스 02)365-2224

정가 18,000 원
ISBN 979-11-85647-75-3-93320